此书为2012年度国家社会科学基金项目
《蒙古格斯尔文化传承、保护与发展研究》
（批准号：12XMZ059）研究成果

中国蒙古学文库

蒙古格斯尔文化传承、保护与发展研究

秋喜 著

辽宁民族出版社

图书在版编目（CIP）数据

蒙古格斯尔文化传承、保护与发展研究 / 秋喜著. —沈阳：辽宁民族出版社，2020.8
（中国蒙古学文库）
ISBN 978-7-5497-2273-0

Ⅰ. ①蒙… Ⅱ. ①秋… Ⅲ. ①蒙古族－英雄史诗－诗歌研究－中国 Ⅳ. ①I207.22

中国版本图书馆 CIP 数据核字（2020）第 157260 号

蒙古格斯尔文化传承、保护与发展研究

MENGGU GESI'ER WENHUA CHUANCHENG BAOHU YU FAZHAN YANJIU

出版发行者：辽宁民族出版社
地　　址：沈阳市和平区十一纬路 25 号　邮编：110003
印 刷 者：辽宁鼎籍数码科技有限公司
幅面尺寸：145mm × 210mm
印　　张：10.625
字　　数：280 千字
插　　页：8
印　　数：1–1000
出版时间：2020 年 8 月第 1 版
印刷时间：2020 年 8 月第 1 次印刷
责任编辑：王哈申
封面设计：杜　江
责任校对：王　荷

标准书号：ISBN 978-7-5497-2273-0
定　　价：48.00 元

网　　址：www.lnmzcbs.com　邮购热线：024-23284335
淘 宝 网 店：http:// lnmz2013.taobao.com
如有印装质量问题，请与出版社联系调换　联系电话：024-23284340

中国蒙古学文库

布赫

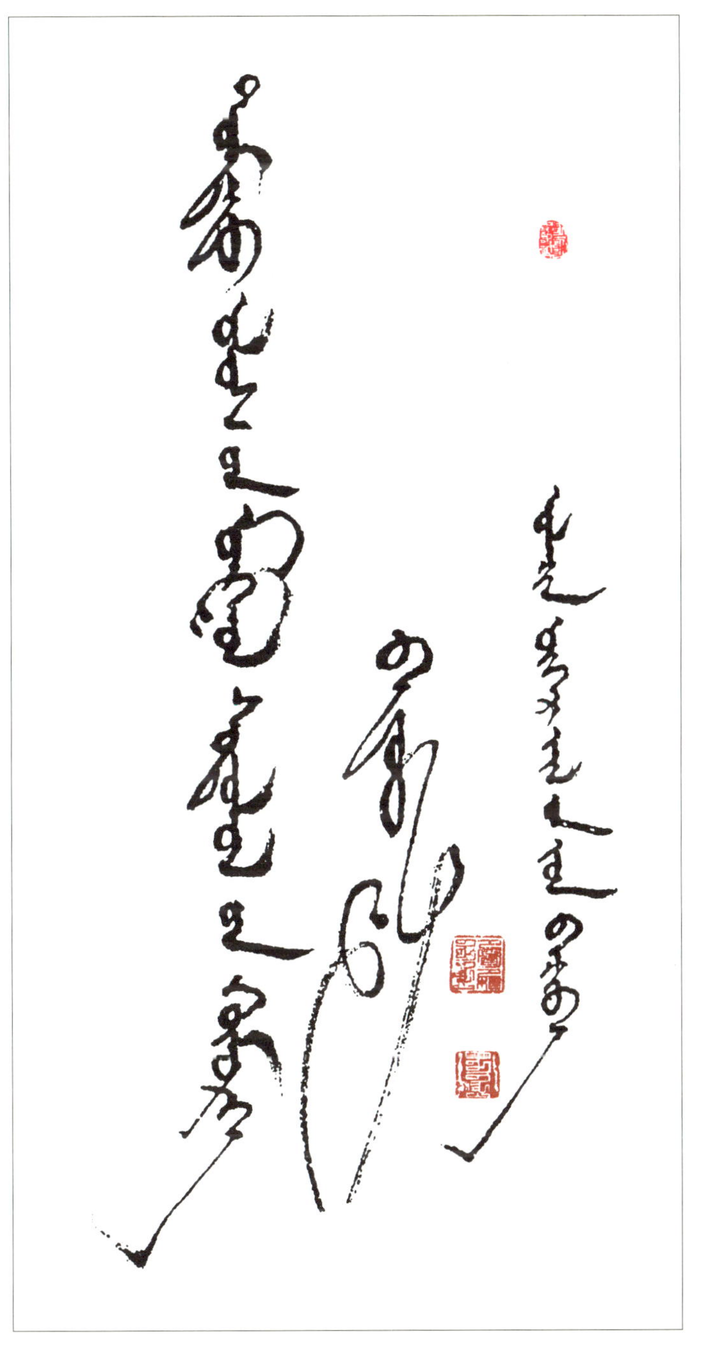

编写与出版《中国蒙古学文库》领导小组与编委会

《中国蒙古学文库》续版总序

《中国蒙古学文库》（以下简称《文库》）是在我国改革开放新的历史时期，在解放思想、实事求是思想路线指引下，在文化适应经济社会的发展而不断繁荣的客观要求下应运而生的。《文库》自筹备到出版以来走过了艰苦立业、敢为人先、追求一流、不断创新的十二年。到2009年9月正式出版了百部书，并以此向新中国六十华诞献礼。同时召开了"百部纪念会"，出版了《百部纪念册》，可以说《文库》编委会完成了一个阶段的工作。

《文库》是一套比较全面系统地反映蒙古学研究成果的系列丛书。它的编辑出版开辟了学术著作出版的新途径，成为蒙古学研究成果跨世纪的丰碑，在国内外引起广泛的关注，产生了良好的反响，将成为繁荣发展蒙古文化方面具有一定知名度的、品位较高的文化名牌。随着全面建设小康社会、构建和谐社会步伐的加快，不断增强各民族间平等、团结、和谐互助关系，为满足各族人民日益增长的物质和文化生活需要，促进内蒙古自治区文化大区的建设，为推进蒙古学研究事业的发展，提升文化软实力，突出民族特色，充分发挥文化优势和社会人才资源优势，传承和弘扬蒙古民族的优秀文化，很有必要继续编辑出版蒙古学方面的学术著作。

为此，《文库》领导小组向中共内蒙古自治区党委和政府呈报了《中国蒙古学文库》续版百部书的申请报告。自治区党委和政府的领导高度重视，全力支持，批准了申请报告，决定《中国蒙古学文库》继续出版。这是值得庆贺的好事，是自治区学术界的一件喜事，是贯彻落实科学发展观、为文化建设所做的一件实事，是继续推动蒙古学研究繁荣发展的重大举措。它标志着《中国蒙古学文库》的工作进入了一个新阶段。这对我们是个极大的鼓舞和鞭策，使我们深深体会到党的民族政策的英明正确，并使我们深刻认识和感知到，党和政府情系民生、执政为民，在推进经济社会又好又快发展中繁荣文化建设事业的良好形象。

蒙古民族在历史上彰显了游牧文明的优越性，成为游牧文化的集大成者，在人类历史上创造了辉煌的奇迹，造就了世界新的格局，展示了走向统一、走向开放、走向文明发展的总趋势，留下了珍贵的文化遗产，产生了许多重大的、至今还值得深思和研究的问题。从而形成了独具特色、充满生机、内涵丰富、博大精深的蒙古文化，形成了国际性、综合性的“蒙古学”。“蒙古学”就是以蒙古文化为研究对象的科学。其内容是研究蒙古族在形成和发展中创造的一切文化成果的传承和繁荣发展规律，是研究在漫长的历史进程中各民族之间相互交流、互助和谐、共同进步的过程和经验。

蒙古学是国际性的，世界上很多国家和地区都在研究，因此，我们的研究及其成果必须旗帜鲜明地突出中国特色。最根本的是以马克思列宁主义、毛泽东思想、邓小平理论、“三个代表”重要思想、科学发展观和习近平新时代中国特色社会主义思想为指导，高举中国特色社会主义伟大旗帜，坚持社会主义核心价值体系，贯彻执行党的民族政策和“双百”方针。这是中国蒙古学的一大特色和优势所在，是我们以往研究和创新所取得丰硕成果的根本原因，也是《文库》今后在编辑出版工作中必须坚持的基本原则。

在马克思主义普遍真理的指导下，遵照中国特色社会主义理论体系，如何认识和改造蒙古传统文化，如何借鉴吸纳其他民族的文化，是我们面临的艰巨任务。在这里必须坚持马克思主义与蒙古文化的实际相结合，充分体现马克思主义中国化、时代化、大众化的趋势，继续解放思想，坚持实事求是，运用马克思主义的立场、观点和方法，着力研究和传承蒙古族传统文化，进而改造传统文化，推陈出新，适应中国特色社会主义事业发展的需要，寻求现代化的路标；着力研究各民族文化交流的经验和趋势，探索巩固和发展各民族间的平等团结、互助和谐关系的新思路和有效途径；着力研究和总结建设中国特色社会主义实践中的新鲜经验和现实问题，全面提高民族的整体素质，为党和政府的决策提供智力支持和精神动力。

蒙古学是综合性科学，涵盖面广，内容丰富而全面。《文库》致力于编辑出版蒙古学方面的学术性研究成果。特别注重专题研究、系列研究、历史人物研究、哲学及社会思想史研究。这些内容的研究以及编辑出版，是《文库》的中心课题，是它的显著特点和优势。资料汇编、论文集、辞书、名词术语汇编、回忆录、个人选集或全集、杂记、传记、多卷本著作、文艺小说等不属于《文库》编辑出版范围。

《文库》优先选择以下著作：(1) 带有抢救性的著作；(2) 学术方面的国家课题、省部级课题的最终成果；(3) 以博士论文为基础充实修改的著作；(4) 新兴学科、薄弱学科、交叉学科、边缘学科的著作；(5) 理论研究，创立体系的著作。先出版用蒙古文或汉文撰写的一种版本，今后根据实际需要，选择一些有利于各民族文化交流，具有共同性使用内容、较高学术价值和实用价值的著作，翻译成另一种文字出版。

出版的著作要有鲜明特色，弘扬创新精神，体现精品意识。一切从蒙古族历史文化的实际出发，挖掘好、研究好、保存好、维护好、发扬好蒙古文化的固有特色，充分彰显蒙古文化的风格和气派。同时积极汲取世界先进文化，达到二者的有机结合，从而充分体现蒙古文化的世界性、民族性和地域性特点。鼓励大胆创造，发扬自主创新精神。创造性是蒙古文化固有的特点和发展的内在活力。《世界征服者史》作者志费尼曾指出，成吉思汗有关征服他国的方略，消灭敌军、擢升部属等措施，是“凭自己的脑子创造出来的”，“全是他自己领悟的结果，才智的结晶”。

《文库》以原创性、系统性和突破性作为编辑出版的基本要求。突出原创性，就是要求出版创新的、新颖的和具有较高学术价值的著作。注重系统性，就是要求出版学科建设中的系列著作，在某个学科方面具有权威性成果，为学科的理论研究和创立体系起到奠基性作用的著作。强调突破性，则要求从研究的领域、资料、观点、方法等某一方面超越前人的成果，具有开拓性、填补历史空白的著作。

质量是编辑出版的生命。精益求精，精心组织，高标准、严要求，以极端负责的精神，保证出书的质量。为此严格执行“编委责任制”“三审制”，把好“三道关”。书稿由总编辑根据书稿内容和编委的特长确定该书稿的责任编委，责任编委对书稿负责到底。编委会执行“三审制”，由两名专家审稿，编委会集体讨论，总编辑审阅定稿。出版社也要执行“三审制”：责任编辑初审，编辑室主任复审，总编辑终审。编委会和出版社共同把好政治思想、学术水平、文字技术三道关。

续版的百部书必须抓住重点，努力做到实证研究和理论研究并举，以理论研究为主；研究历史客体和研究主体思想并举，以主体思想的研究为主；系列研究和体系研究并举，以体系研究为主；历史问题的研究和现实问题的研究并举，以研究现实问题为主。突出重点才会显示《文库》的出版特色和优势，开创蒙古学繁荣发展的新局面，也标志着蒙古学的研究转入理论研究、创立体系的新阶段。这是在蒙古文化的发展史上具有重大意义的转变，是蒙古学研究中出现的实质性飞跃。

“一个民族想要站在科学的最高峰，就一刻也不能没有理论思维。”这是恩格斯在100多年前说的至理名言。这里说的“科学”当然包括哲学、自然科学、社会科学和思维科学。“理论思维”即哲学思维。我们提出的振兴中华，实现“四化”，其目标就是让中国各民族都要在中国共产党的领导之下“站在科学的最高峰”，把我国建成富强、民主、文明、和谐的社会主义国家。为此必须重视理论思维，必须强调理论思维的学习和锻炼。蒙古文化虽然经历了盛衰变迁，始终绵延不绝，这就足以证明，它必然有其优秀传统，有很多的优点和特点。但长期以来我们在吸收外来文化，并把它融合、消化进而变为自己的文化，形成蒙古文化方面下的功夫还不够；蒙古文化具有独立性，但系统性尚未形成，各学科的形成和发展也很不平衡；文化理论的研究和创新、各学科理论体系的形成和完善严重滞后。这也足以证明，蒙古文化也有其不可忽视的缺陷。这里除有政治、经济等诸多原因外，与文化研究方面长期以来忽视或轻视理论思维的地位和作用，忽略蒙古民族思想史和历史人物思想的研究，忽略哲学及社会思想史的研究也有直接关系，以致严重影响了蒙古文化的全面发展和繁荣，影响了各学科的理论研究和创立体系的历史进程和水平。

思想是文化的核心，哲学是文化的思想基础，是文化的精华部分，是文明的“活的灵魂”，这是被人类文化史研究证明了的普遍真理。理论研究和创新、创立体系是一个民族文化繁荣发展的标志，是一个民族文化走向成熟、进入文化自觉境界的表征，也是不断深入研究、开拓创新的必然结果。只有理论研究、理论创新，各学科创立并逐步完善的体系，才能使民族文化得到全面协调可持续发展；才能充分彰显民族文化在开放中仍然能够保存和弘扬的优秀成果，突出独具的特色和优势，使民族文化在有条件的流变中做到有选择地包容外来文化，并把二者有机结合起来；才能形成充满生机的开放性体系，找到与时俱进、蓬勃发展的活力；才能使民族文化随着时代的步伐不断创新，大胆应用，从而满足人民日益增长的需要。因此，文化研究中理论研究、理论创新、创立体系是非常重要的，是不可或缺的层次或阶段。智慧凝聚经验，思想闪耀光辉，理论显现魅力，真理揭示规律。《文库》续版的百部书要紧紧抓住这个主题，充分利用新世纪赋予的难得的良好机遇，使蒙古文化焕发出强大的生机和活力。在这方面要有新的作为，要有新的建树和创新，以弥补蒙古学研究中的历史性缺憾或薄弱环节。把蒙古学研究推进到新的发展阶段，这是我们的事业、我们的希望、我们的目标，也是我们应尽的职责和责无旁贷的历史使命。

《中国蒙古学文库》的原版"总论"是由《文库》总编辑，内蒙古社会科学院蒙古史著名学者、研究员留金锁先生执笔，编委会讨论通过的。"总论"概括论述了蒙古文化发展的历史演变，叙述了研究蒙古文化的过程和取得的标志性成果，总结了以往的经验，明确提出了今后的研究方向，在编辑出版"百部书"的过程中起到了重大的宣传和指导作用。随着形势的发展、研究的深入，续版的百部书中将原版的"总论"和"序"重新修改，增加新的内容和要求，称之为"续版总序"。续版在封面设计、装帧等方面都做了一些调整和改进，以崭新的面貌问世，给人以耳目一新的感觉，将会引起作者和读者的兴趣和关注。

续版百部书，在组织机构方面取消了《文库》的顾问。对领导小组成员、总编辑和编委成员都做了一些适当的调整。原有的同志多位是离退休的领导、专家、学者。他们参与了《文库》的一系列具体工作，工作中任劳任怨、淡泊名利、不计报酬、默默耕耘，倾注了一片心血，做出了重大贡献。我们不会忘记，历史也不会忘记。他们的睿智、业绩和奉献精神，随着时间的流逝，将会永驻在《文库》的字里行间，记载于蒙古学研究的史册。

在我国，研究蒙古文化由来已久，而且资料文献甚丰、成果累累。但是将蒙古学真正作为一门科学，进行全面而系统的研究是新中国成立以后才开展的。尤其是改革开放以来，蒙古学研究方兴未艾、全面推进、著述颇丰，成为哲学社会科学百花园中一朵绚丽的奇葩。我们编辑出版《中国蒙古学文库》续版的百部书，在继承以往成果的基础上，将在更高层次上整体推进蒙古文化的繁荣发展，使其成为反映时代特征、适应实践的发展、满足人们日益增长的文化生活需要的崭新的蒙古文化。自治区领导的这一决策和编委会的一系列举措，对加快内蒙古自治区的文化建设、促进国际蒙古学向纵深发展、推动中国特色社会主义建设的伟大事业必将发挥应有的作用。其意义是重大的，也是深远的。

我们深知，《中国蒙古学文库》是繁荣图书出版事业的创新之举，是传承文明、繁荣学术、继往开来的薪火工程，是功在当代、惠泽后人、流芳百世的宏伟事业。我们要认真总结以往经验，在新的起点上继续发扬优良作风，再创新的业绩。编委会要以新的姿态，振作精神，全力以赴，齐心协力，埋头苦干，认真审阅，精心修改，力求编辑出版精品力作。我们的工作是艰巨而光荣、任重而道远的。由于我们才智的局限，以及理论基础、学术水平和编辑能力等方面的原因，可能会出现一些问题，存在一些缺点，恳请专家学者和广大读者不吝赐教。

《中国蒙古学文库》编委会

2010年3月

目　录

绪 论

史诗是人类口头非物质文化遗产，具有活形态的口头叙事传统。蒙古《格斯尔》与藏族《格萨尔》各呈异彩，代代口耳相传向前发展，丰富了世界文学宝库，于2009年被列入联合国教科文组织“人类非物质文化遗产代表作名录”。格斯尔文化在传承与发展的过程中，呈现出叙事宏大、内容精彩、文类多样化的特征。

一、问题意识和研究意义价值

《格斯尔》史诗是蒙古族古典文学的“三大高峰”之一，内容丰富，卷帙浩繁，是具有鲜明民族文化特征的英雄史诗。英雄史诗《格斯尔》历经长期的传承发展，从热带地区恒河一直传播到严寒地区黑龙江，从阳光普照的黄河一直传播到阴雨连绵的勒拿河畔，成了所有会说蒙古语的人民的遗产。格斯尔及其他勇士们惩除蟒古思恶魔的英雄故事以书面和口头形式在蒙古地区广为流传，成为了解研究蒙古社会历史、思想意识、道德伦理、宗教信仰等方面的“大百科全书”。自1716年最初的北京木刻本《十方圣主格斯尔可汗》问世至今，已有蒙古文、布里亚特蒙古文、汉文、俄文、英文、德文、日文、法文等多种文字版本。众所周知，18世纪中叶后格斯尔研究引起了中外学者浓厚的兴趣。自1776年П.С帕拉斯首次在俄国发表有关《格斯尔》的资料，国内松巴堪布·益希班觉于1779年写给六世班禅喇嘛巴拉丹耶希的关于《格斯尔》问题的两篇“答问”信件伊始，中外学者研究《格斯尔》已有200多年的历史。长期以来，国内外学者在版本搜集整理研究、故事内容研究、人物形象考证、文本比较研究、蒙藏《格斯（萨）尔》的关系研究、艺术特征研究等方面，取得了丰硕的学术成果。据不完全统计，国内外图书馆及科研机构等收藏的《格斯尔》版本（或手抄本）达100余种，国内外研究者发表的《格斯尔》研究著述达1000余篇（种）[①]，形成了多层次、多视角研究下的“格斯尔学”。

改革开放以来，蒙古族格斯尔文化的保护、传承与发展备受关注，特别是2009年蒙古族《格斯尔》和藏族《格萨尔》一并被联合国教科文组织列入“人类非物质文化遗产代表作名录”以来，如何更好地传承、保护与发展格斯尔文化成为重要的学术命题，也是保护传承非物质文化遗产、弘扬民族优秀传统文化的重要内容之一。

党和国家一直高度重视《格斯尔》史诗的整理、挖掘、保护、研究工作。2014年10月15日，习近平总书记在文艺工作座谈会上谈及“实现中华民族的伟大复兴需要中华文化繁荣兴盛”时提到了《格萨（斯）尔》《玛纳斯》《江格尔》三大史诗。在2018年3月20日召开的第十三届全国人大一次会议上，习总书记再次提及这三大史诗，称其为“震撼人心的伟大史诗”。2019年7月15日，习总书记考察内蒙古时，在赤峰市博物馆二层观看了由9位艺人表演的古典民族史诗《格萨（斯）尔》说唱展示，并做出重要指示。党和国家高度重视格斯尔文化传统的保护、传承，这是时代赋予我们的神圣使命。

① 朝戈金:《北京木刻版〈格斯尔〉:〈格斯尔〉研究新乐章——格斯尔研究丛书序言》，内蒙古文化出版社，2015年。

在东西方文明对话的进程中，在推进“一带一路”建设中，如何沿线讲好《格斯尔》的故事并传播蒙古族格斯尔口传文化，如何采取有效的政策措施，推进格斯尔文化在全球语境中拥有更广阔的发展前景，是需要学界深入研讨的问题。

蒙古族英雄史诗是民间文学的主要文类之一，在发展过程中融合蒙古族神话、传说故事、歌谣谚语、祝赞词等口头文学的特点，形成了悠久的口传史诗叙事传统，是传统文学宝库中弥足珍贵的瑰宝。研究格斯尔文化对蒙古文及外文《格斯尔》文本的研究，对揭示史诗的形成规律、史诗的地域特点、部族特点、艺术特点大有裨益。

20世纪末，东西方文明对话体现出人类文化的多样性。蒙古史诗的研究一直关注《格斯尔》的历史文化内容，从对共享族群、传播地域的探究逐渐转向对文类特征、表演语境、史诗艺人、特定集团文化认同及数据信息化等的研究。民间文艺学的学术转型促使研究者从文化学宏观视野来系统阐释《格斯尔》口头传统，需要拓展格斯尔研究基于蒙古族传统文化与地方传统的口头诗学和田野民族志的书写，需要结合《格斯尔》的众多文本和学术资源，对蒙古族格斯尔文化传承、保护与发展进行学理探讨。这不仅关涉格斯尔口传文学研究的发展，更是对格斯尔文化现实意义的深层解读。本文依据《格斯尔》史诗传统、资料文献，着重阐述《格斯尔》史诗源流和史诗文化传承、保护与发展轨迹，以及《格斯尔》史诗文化艺术特色、《格斯尔》史诗口头传统、格斯尔与蒙古民众的信仰习俗文化、巴林地区保护传承现状及格斯尔文化发展对策与思考等，开拓《格斯尔》史诗文化史意义探索的新视域。

蒙古格斯尔文化传承、保护与发展研究的学术价值和社会价值：首先，具有人文价值和方法论意义。格斯尔文化是传统民族文化，具有“勤劳智慧、抑强扶弱”的人文特点，蕴含“坚韧不拔、英勇奋战”的英雄主义精神，这些人文精神和特点是蒙古族人民创造并世代传承的精神财富，格斯尔文化的精神特质在蒙古文化中显示出独特的魅力。本课题对格斯尔文化价值和不断被创新的格斯尔文化进行阐述，弘扬和传承格斯尔文化，为人类非物质文化遗产保护、发展提供智力支持。因此本课题在创新研究方法、拓宽研究思路、转换研究视角方面具有重要的意义。其次，对蒙古族史诗文化研究具有重要的学术价值。内蒙古赤峰市巴林右旗在蒙古格斯尔文化传承、保护和发展方面最具代表性。史诗《格斯尔》在巴林草原广为流传，崇拜格斯尔英雄的巴林人民建寺庙、塑金身，出现了巴林《格斯尔》史诗、传说故事、祭词、格斯尔庙、格斯尔祭祀、巴林格斯尔风物传说遗址，形成了独具特色的巴林格斯尔文化，丰富和发展了蒙古格斯尔文化。巴林右旗也因此成为“中国格斯尔文化之乡”。研究蒙古格斯尔文化，必须研究巴林格斯尔文化。这里史诗专家辈出，成果丰赡；像金巴扎木苏等荣获“民间文化杰出传承人”称号的史诗艺人曾有数十位，对巴林格斯尔文化进行深入描写，进一步解读，对史诗艺人进行调查访谈等，对蒙古族史诗文化发展具有重要的实践价值，势必能为蒙古族史诗文化研究提供大量的、重要的参考依据。最后，对非物质文化遗产进行保护、传承及开发利用具有较高的经济文化价值。经济与文化历来是相辅相成的。文化是保持经济发展和社会进步的活力源泉，特色文化是地方发展的重要条件。本课题以格斯尔文化在巴林地区的发展情况为例，阐述文化品牌对经济社会发展的影响，结合格斯尔文化进入巴林中小学乡土教材，当地打造格斯尔庙、格斯尔文化遗迹旅游及自然景观文化旅游等方面，从学术的角度提出了传承、保护格斯尔文化的策略，从而探究非物质文化遗产在保护、推进地方经济社会发展方面的借鉴参考价值。

二、 国内外研究现状

在蒙古族文学发展史中，备受关注的《格斯尔》研究主要包括两个方面：一是文本的搜集整理出版；二是科学研究。文本的搜集整理、抢救保护是研究的基础。除1716年的北京木刻本《格斯尔可汗传》外，中华人民共和国成立后，我国学者开始搜集整理、录音记录、出版多种《格斯尔》文本。如从北京隆福寺街上的旧书摊发现蒙古文隆福寺本（也写作《隆福寺〈格斯尔〉》）；从伊克昭盟（今鄂尔多斯市）发现的鄂尔多斯本（1956年）（也写作《鄂尔多斯〈格斯尔〉》）；从呼和浩特乌素图召发现的乌素图召本（1958年）（也写作《乌苏图召本〈格斯尔〉》）；由道荣尕、苏雅拉图等搜集整理，琶杰说唱，时长80小时的《格斯尔传》（1959—1960年）；从新疆发现的两章托忒文的《新疆卫拉特蒙古格斯尔传》（第一章、第四章）（1983年）；由乔苏荣记录、艺人诺尔金讲述的《青海格斯尔传九章》；由内蒙古自治区社会科学院、内蒙古自治区《格斯尔》工作领导小组办公室编印的“格斯尔系列丛书”[①]，以及对巴林格斯尔、乌兰察布格斯尔、青海格斯尔、新疆格斯尔等的集中出版、翻译。自2000年起，中国社会科学院已出版了重点项目11卷《格斯尔全书》（第9卷分上、下册）；内蒙古文化出版社“格斯尔系列丛书”出版了《岭格斯尔》（上、下册）；2013年，新疆人民出版社出版了列入“新疆文库”出版工程计划的由娜仁花主编的《格斯尔》（史诗歌手演唱原文记录本）[②]，该文本是根据1980—1985年新疆民间文艺家协会从新疆伊犁地区尼勒克、特克斯、

① 参见《格斯尔资料索引》，《蒙古学资料与情报》1990年第1期。

② 娜仁花主编：《格斯尔》（史诗歌手演唱原文记录本），新疆人民出版社，2013年。

昭苏三县，巴音郭楞蒙古族自治州和静县、和硕县、博湖县及博尔塔拉蒙古自治州温泉县，塔城地区和布克赛尔蒙古自治县、乌苏市等 24 个蒙古族聚居区采录到的 70 多盘《格斯尔》原始录音资料，以忠实于原唱录音的原则，进行托忒蒙古文记录而形成的版本。内容由前言、编选说明、正文、格斯尔奇（蒙古语音译，即演唱史诗格斯尔的艺人）简历、编后记等组成。该版本无任何增减，尽可能地保留了作品的原样。该版本包括吕日甫、加·朱乃、卓·道尔吉、欧特卡等 27 名格斯尔奇说唱的 61 种异文（变体）。在新疆卫拉特《格斯尔》出版史上，该版本是所涉及的格斯尔奇最多、各种不同异文数量最多、所包含的内容最广的版本，它能够反映新疆卫拉特《格斯尔》全貌，为《格斯尔》研究提供了更多的资料。这部托忒蒙古文的《格斯尔》（史诗歌手演唱原文记录本）获得了第五届“天山文艺奖”作品奖，是保留了格斯尔文化原生态面貌的新文本。2016 年，民族出版社出版了《〈格斯尔之乡〉新格斯尔奇艺人：敖干巴特尔演唱的〈阿其图·莫日根·格斯尔可汗〉史诗》。国内翻译方面，由安柯钦夫汉译、其木德道尔吉整理的著名民间艺人琶杰演唱的《英雄格斯尔可汗》，于 1959 年出版，1953 年和 1955 年分别出版了《格斯尔故事》上、下册。1960 年，桑杰扎布汉译本《北京版格斯尔传》出版。2016 年，为纪念北京木刻版《格斯尔可汗传》出版 300 周年，作家出版社出版由陈岗龙、哈达奇刚等汉译的《十方圣主格斯尔可汗传》，该版本具有极高的学术价值。2017 年，内蒙古文化出版社出版了蒙汉合璧的《圣主格斯尔故事》[①]。2018 年，上海古籍出版社出版的《格萨尔文库》第二卷蒙古族《格斯尔》中，包括董晓荣翻译的《隆福寺格斯尔传》、齐

① 金巴扎木苏口述，钱德海编：《圣主格斯尔故事》，内蒙古文化出版社，2017 年。

玉花翻译的《十方圣主格斯尔可汗传》等。汉译本的相继出现使蒙古族格斯尔传到汉族地区，进入汉族读者、研究者的视野，这使得对格斯尔史诗与汉民族文学、文化进行比较研究具有了可行性。多方学者在国内不同地区搜集整理、陆续出版的格斯尔史诗、故事传说，为格斯尔文化研究提供了丰厚的文献资料，有关口头文本和手抄本、印刷本等将在本书第一章做详细的梳理，这里不再赘述。

学术研究方面，从国内范围来看，1779 年松巴堪布·益希班觉（1704—1788）写给六世班禅巴拉丹耶希（1737—1780）的关于格斯尔可汗历史的两篇“答问”信件，成为察哈尔格西等持续关注格斯尔是否为历史人物的开端。松巴堪布曾说：“《格斯尔传》不是佛教经典著作，而是历史人物传记，格斯尔本人曾是安木多地区的小国王[①]。在国内现代学科意义上的格斯尔研究，起始于 20 世纪 50 年代后期至 60 年代初。1958 年，白歌乐汉译蒙古人民共和国（今蒙古国）学者策·达木丁苏荣的《格斯尔传的三个特征》，撰写《格斯尔王传介绍》[②]；托门发表《一部光辉的史诗——评介〈英雄格斯尔可汗〉》[③]和《试论〈格斯尔传〉》[④]。此外还有《蒙族史诗〈格斯尔传〉简论》[⑤]。当时编辑和学者在报刊上刊发文章对蒙古《格斯尔》史诗进行研究，主要成果有《古代蒙古人民的英雄形象——读〈格斯尔传〉》[⑥]，对桑杰扎布翻译的北京

① 朝戈金：《史诗学论集》，中国社会科学出版社，2016 年，第 54 页。

② 白歌乐：《格斯尔王传介绍》，《草原》1958 年第 6 期。

③ 托门：《一部光辉的史诗——评介〈英雄格斯尔可汗〉》，《文艺报》1960 年 4 月 26 日。

④ 托门：《试论〈格斯尔传〉》，《草原》1962 年第 3 期。

⑤ 中国科学院内蒙古分院语言文学研究所：《蒙族史诗〈格斯尔传〉简论》，《文学评论》1960 年第 6 期。

⑥ 雷履平：《古代蒙古人民的英雄形象——读〈格斯尔传〉》，《成都晚报》1961 年 8 月 23 日。

木刻版进行了评析；《〈格斯尔传〉上册名词解释》[①]和《〈格斯尔传〉上册部分名词解释及下册名词解释》[②]，对《十方圣主格斯尔可汗传》两个文本的人名、地名等名词进行了最初的探讨。这些成果为后续研究奠定了基础。

20世纪80年代，格斯尔研究进入新阶段。关于各种格斯尔文本的人物形象、语言特色、艺术特色、蒙藏《格斯（萨）尔》的关系等专题研究成果陆续出现，如《试论〈格斯尔传〉》[③]、《蒙古北京本〈格斯尔传〉读后记》[④]、《蒙文〈格斯尔可汗〉各种版本及其相互关系》[⑤]、《关于卫拉特〈格斯尔〉》[⑥]、《北京版〈格斯尔王传〉的思想倾向》[⑦]、《北京版〈格斯尔王传〉特征之探讨》[⑧]等，专著成果有《蒙古格斯尔研究》[⑨]、《蒙藏格斯尔的关系》[⑩]及《格斯尔研究论文集》[⑪]等。纵观这一时期的研究，主要集中在格斯尔是否是历

---

① 仁钦戈瓦：《〈格斯尔传〉上册名词解释》，《内蒙古日报》（蒙古文）1962年7月21日。

② 仁钦戈瓦：《〈格斯尔传〉上册部分名词解释及下册名词解释》，《内蒙古日报》（蒙古文）1962年8月8日。

③ 齐木道吉：《试论〈格斯尔传〉》，《蒙古语言文学》1981年第2期。

④ 王沂暖：《蒙古北京本〈格斯尔传〉读后记》，《民间文学论坛》1982年第2期。

⑤ 齐木道吉：《蒙文〈格斯尔可汗〉各种版本及其相互关系》，《蒙古语言文学》1982年第3期。

⑥ 斯钦孟和：《关于卫拉特〈格斯尔〉》，《内蒙古大学学报》（蒙古文）1984年第3期。

⑦ 呼春：《北京版〈格斯尔王传〉的思想倾向》，《内蒙古社会科学》（蒙古文）1985年第5期。

⑧ 糖吉思：《北京版〈格斯尔王传〉特征之探讨》，《青海社会科学》1986年第5期。

⑨ 却日勒扎布：《蒙古格斯尔研究》，内蒙古教育出版社，1992年。

⑩ 马·斯·乌力吉：《蒙藏格斯尔的关系》，民族出版社，1991年。

⑪ 内蒙古社会科学院文学研究所自治区《格斯尔》工作办公室编：《格斯尔研究论文集》（蒙古文，内部发行），赤峰第一印刷厂，1985年。

史人物，抑或是虚构的艺术形象上。关于《格斯尔》产生年代、《格斯尔》的来源及蒙藏《格斯（萨）尔》的关系、《格斯尔》语言艺术特色等文本本体研究的文章居多。1983年，全国少数民族史诗学术会议上，有关蒙古族《格斯尔》的研究是一项重要的内容，会上提交的论文有哈·丹毕扎拉桑的《蒙藏〈格斯尔〉的关系和蒙古〈格斯尔〉的特殊性》、齐木道吉的《浅论蒙文〈格斯尔可汗传〉》、张文桂的《蒙古族〈格斯尔〉的民族性》等。1985年秋，在赤峰市召开了全国首届《格萨尔》学术讨论会，会上却日勒扎布的《蒙文〈格斯尔〉渊源管见》、徐国琼的《论〈格萨尔〉与〈格斯尔〉的同源异流关系》、王沂暖的《蒙文〈岭格斯尔〉的翻译与藏文原本》、瓦·萨仁高娃的《关于〈格斯尔〉的民族特色》、齐木道吉（也写作尤其木道尔吉、齐木德道尔吉、优·其木德道尔吉、尤·齐木道吉等）的《关于蒙文〈格斯尔〉的几个问题》、乌力吉的《关于蒙藏〈格斯（萨）尔〉的关系》等显示了20世纪80年代初期的研究内容范围。

1985年9月的《格斯尔》工作会议后，学术界基本认同藏族《格萨尔》和蒙古族《格斯尔》是“同源异流”、各成体系的并列史诗。《格斯尔》并非藏族《格萨尔》的翻版或简单的译作，而是蒙古文化的产物，其人物、语言、故事范型、民俗信仰等方面彰显了蒙古民族文化特色。随着《格斯尔》研究的深入，进入21世纪，期刊上公开发表了《20世纪蒙古格斯尔史诗研究》[①]、《内格斯尔而外关公——关公信仰在蒙古地区》[②]、《“一带一路”建设背景下的蒙古族格斯尔保护、传

① 巴·苏和：《20世纪蒙古格斯尔史诗研究》，《西北民族学院学报》（哲学社会科学版）2002年第6期。

② 陈岗龙：《内格斯尔而外关公——关公信仰在蒙古地区》，《民族艺术》2011年第2期。

承与发展》[1]等蒙古文、汉文专题论文；还有先后八届《格斯尔》国际学术研讨会论文和相关格斯尔文化专题学术会议论文成果，中国社会科学院文学研究所2003年编辑出版的《〈格斯尔〉论文集》。随着学科建设的发展，新的时期各高校和科研机构扎实系统地推进《格斯尔》研究工作，形成了《德都蒙古〈格斯尔〉及其艺人研究》《北京木刻版〈格斯尔〉中的萨满信仰》等成果。关于《格斯尔》史诗的产生、版本间关系、最早文本的探究及文艺学的专题研究成果陆续问世，如《卫拉特格斯尔研究》[2]、《〈格斯尔传〉西蒙古变异文本研究》[3]、《蒙古格斯尔文化渊源性研究》[4]、《〈格斯尔〉研究》[5]、《图瓦〈格斯尔〉蒙译注释与比较研究》[6]，2013年以来由内蒙古文化出版社陆续出版或再版的"格斯尔研究丛书"，以及鲁娜、道日娜合著的《江格尔奇演唱的〈格斯尔〉比较研究》[7]；20世纪末开始关注史诗的活形态口头传统，有《口传史诗诗学——冉皮勒〈江格尔〉程式句法研究》《蟒古思故事论》《蒙古史诗：程式到隐喻》等著述，有蒙古文、汉文的《〈格斯尔〉论集》[8]，从蒙古史诗历史渊源、口头传统、表演文本等角度进行阐述，对《格斯尔》史诗、传说也进行分析

---

① 哈森其木格：《"一带一路"建设背景下的蒙古族格斯尔保护、传承与发展》，《丝路》2016年第7期。

② 玛·乌尼乌兰：《卫拉特格斯尔研究》，民族出版社，2004年。

③ 玛·乌尼乌兰：《〈格斯尔传〉西蒙古变异文本研究》，民族出版社，2006年。

④ 哈顺图雅：《蒙古格斯尔文化渊源性研究》，内蒙古人民出版社，2005年。

⑤ 巴雅尔图：《〈格斯尔〉研究》，内蒙古教育出版社，2006年。

⑥ 斯钦巴图：《图瓦〈格斯尔〉蒙译注释与比较研究》，民族出版社，2008年。

⑦ 鲁娜、道日娜：《江格尔奇演唱的〈格斯尔〉比较研究》，新疆人民出版社，2015年。

⑧ 中国社会科学院民族文学研究所编：《〈格斯尔〉论集》，内蒙古人民出版社，2003年。

研究。蒙古史诗这种“活鱼在水中看”式的口头传统研究转型有重要而不可替代的方法论意义，足见国内对格斯尔史诗、传说、训谕诗等有更加深化、细化的研究成果。从史诗文学到文化渊源的研究，对史诗本身蕴含的民族精神、审美价值、文化传统的探究，还有对蒙藏《格斯（萨）尔》关系的深入探讨，尽管有部分蒙古文本译自藏族《格萨尔》史诗，但学界基本认同其与史诗《格萨尔》的同源异流之说。学者、专家通过系统化、类型化的研究发现，《格斯尔》经过长期与藏族、土族、汉族等其他民族文化的交流和相互影响，得到了持续发展。

放眼国外学术界，搜集整理和研究并举，有效推进格斯尔文化向前发展。在《格斯尔》研究方面，俄罗斯、蒙古国学者做了大量的工作。1776 年，西伯利亚的旅行家和研究者帕拉斯在其著作《在俄国奇异的地方旅行》中以俄文翻译介绍了北京木刻版《格斯尔》史诗，书中对格斯尔英雄做评述的同时，还论述了史诗的演唱形式及有关的经文，使得俄国读者首次了解《格斯尔》史诗，该文本先后被译成英语和法语。Ф. 季姆科夫斯基在 1820 年和 1821 年经蒙古国到中国的游记中记述了收集到的有关《格斯尔》的两首诗，这也是国外比较早的记载。从整理文本挖掘文化学的意义上，相关成果如下：苏联学者 C.Ю. 涅克留多夫在其著作《蒙古人民的英雄史诗》中指出：“《格斯尔传》在蒙古文化发展中起到了重要作用。由于当时采取了急进政策，在文学创作上出现了各种不同的表现形式，这一切对蒙古民族的叙事文学及民间口头创作都产生了一定的影响。”[①] 他不仅关注叙事传统，也谈及表现形式。俄罗斯学者 B. 柏格曼在研究卡尔梅克人的过程中，记录了八九首《格斯尔》的诗歌，他认为《格斯尔传》是具有蒙古传统宗教

① ［俄］Ⅱ. 乌雷姆吉耶夫著，金淑华译:《俄国对史诗〈格斯尔传〉的研究》，《蒙古学信息》1996 年第 3 期。

观念的文学作品。国外学者对格斯尔进行学术研究的同时，外译史诗文本促进了格斯尔史诗、传说的向外传播。喀山市的穆辛·普希金区的教育监护人通知科瓦列夫斯基，即：他们完成了关于《格斯尔汗传》的手抄本的蒙古文译本的翻译工作。这是蒙古文诠释《格斯尔》的最早、最完整的译本之一，是喀山的年轻的东方学家们在1828—1829年完成的[①]。1836年，俄国科学院院士 Я.N. 施密特把分成7章的北京木刻版《格斯尔传》的正文，用活字版俄文刊行，在圣彼得堡出版；1839年，他将其译成德文的《功勋卓绝的圣者格斯尔王》，在圣彼得堡和莱比锡分别出版。德文版《格斯尔》在北京木刻版的基础上，翻译介绍了英雄格斯尔的诞生传奇、儿童时代，以及在惩处恶魔的过程中历经种种磨难和地狱救母、降伏妖魔等故事。施密特最早翻译出版北京木刻版《格斯尔可汗传》并向欧洲介绍该版本，这一译介文本《格斯尔传》为欧洲学者的研究提供了重要学术资源，是“完整意义上在西方的最早译本，也是现在极为罕见的善本之一。此后在1925年再版，1966年又再次重印，足见其传播的影响力和持久性”[②]。俄国著名蒙古语专家 A.A. 博布罗夫尼科夫对北京版《格斯尔传》的相关阐释进行对比分析研究，研究成果于1849年发表。

俄国汉学家相继翻译文本，大力推动格斯尔故事向外流传。P.H. 波塔宁在《中国的唐古忒和西藏边区及中亚的蒙古》中，曾把著名口头创作搜集家 M.H. 罕加洛夫记录的布里亚特蒙古文版《格斯尔传》翻译成87页的俄文本并出版。而 M.H. 罕加洛夫用俄文记载了另一本布里亚特版本《格斯尔

① ［俄］Π. 乌雷姆吉耶夫著，金淑华译：《俄国对史诗〈格斯尔传〉的研究》，《蒙古学信息》1996年第3期。

② 王治国：《蒙古族英雄史诗〈格斯尔〉翻译的多维研究》，《民族翻译》2014年第2期。

传》，于1905年刊登在《巴拉甘斯基文集》[①]上。随着《格斯尔》史诗的传播，1927年，艾达·伊特林根据施密特德文版《功勋卓绝的圣者格斯尔王》并参考贝格曼的《格萨尔》翻译的《格斯尔汗》英文本，由纽约乔治多兰出版社出版。该文本分为9章，包括《格斯尔传》基本情节内容，并于1972年再版。1930—1931年，ц.扎姆察朗诺用合乎语言规范的科学方法，把布里亚特《格斯尔博格多》转写成埃希里特人方言版的22000句诗行并出版。Б.Я.弗拉基米尔佐夫深入研究蒙古《格斯尔》史诗，较早提出了“正确判断格斯尔汗与西藏格萨尔王的关系问题，还是未来需要解决的问题”[②]。俄国科学院院士C.A.科津于1939年把北京版蒙古文《格斯尔传》译成俄文在莫斯科和列宁格勒（今圣彼得堡）同时出版，使俄国读者不断了解《格斯尔》等蒙古文学巨著。Н.Г.巴尔达诺等汇编布里亚特史诗巨著《格斯尔传》，并于1986年由B.索洛乌钦译成俄文的两卷本译文。该书的序言中，两位文学研究家B.Ц.奈达科夫、C.Ш.洽戈杜洛夫写道：“民间创作的巨著——英雄史诗《格斯尔传》，鲜明地表现出民族勇士的高尚思想和英雄形象，记述了民族勇士是真理和正义的忠实捍卫者。同时，不仅说明民间口头创作早已存在的说法已成为事实，而且说明了民间口头创作已成为布里亚特文化中不可分割的一部分。蒙古史诗《格斯尔传》反映出的中心思想以及所塑造的勇士的生动形象，始终活跃在我们同代人的精神生活中。”[③]

1961年，巴尔达诺在乌兰乌德出版《阿拜格斯尔——布

---

① ［俄］Π.乌雷姆吉耶夫著，金淑华译：《俄国对史诗〈格斯尔传〉的研究》，《蒙古学信息》1996年第3期。

② ［俄］鲍·弗拉基米尔佐夫：《蒙古文学》，载《〈东方文学〉论文汇编》，1920年，第105—107页。

③ ［苏联］Н.Г.巴尔达诺：《布里亚特民间英雄史诗格斯尔》（第一卷），乌兰乌德，1986年，第12页。

里亚特的英雄史诗》（简称《阿拜格斯尔》），随后著名的汉学家李福清将其译成俄文。这一口头说唱文本因流传于俄罗斯布里亚特共和国，故称为《布里亚特格斯尔》。《布里亚特格斯尔》以优美的布里亚特蒙古语及韵体形式诗文来创编，与其他蒙古文《格斯尔》虽有诸多差异，但与各种蒙古史诗文本有着相互依存的关系。蒙裔美国学者萨拉吉尔·欧迪冈把《阿拜格斯尔》译成英文并在线传播，使其成为比较研究的学术资源。1983 年，德国蒙古学家海希西出版了专著《北京木刻版〈格斯尔可汗传〉的续六章研究》，是近年来研究格斯尔的一部力作。1985 年，蒙古人民共和国（今蒙古国）著名学者策·达木丁苏荣以斯拉夫蒙古文在乌兰巴托出版了《格斯尔传》，1985 年 9 月，在国际蒙古史诗讨论会上，对蒙古文《格斯尔传》里直接借用和意译的藏语名词术语进行解释，指出《格斯尔》里还有不少人名是藏文《格萨尔》中没有的，这对后来研究蒙古文《格斯尔》的起源具有重要的意义。日本学者若松宽致力于蒙古学研究，他自 1983 年发起格斯尔读书会，这个研读会每月举行两次，至 1991 年共举行了 120 次会议。在召开研读会的过程中，他参考了汉译本《格斯尔故事》[①]，以吉日木图改编的《格斯尔的故事》[②]（该文本是根据 1956 年由内蒙古人民出版社出版的《十方圣主格斯尔可汗传》上、下册改编的）为底本，把蒙古文《格斯尔》译成日文，并做了大量的注释，于 1993 年由日本东京平凡社出版了日文译本《格斯尔可汗的故事——蒙古英雄史诗》。若松宽的译本全书 429 页，该书被列入东洋文库第 566 号，是研究格斯尔的一项重要成果，是格斯尔在东亚传播的重要译文，具有较高的研究价值，也对格斯尔英雄故事在东方传播起到了推动作用。英译

① 纳日苏译：《格斯尔故事》，内蒙古人民出版社，1989 年。
② 吉日木图改编：《格斯尔的故事》，内蒙古人民出版社，1985 年。

方面，在国内，有列入中华民族文库蒙古族系列中的《英雄格斯尔可汗》[①]，该书以琶杰说唱、其木德道尔吉整理、安柯钦夫汉译的《英雄格斯尔可汗》（人民文学出版社，1981 年）为蓝本进行英译，是汉英对照的通俗易懂的青少年阅读材料。在国外，英国蒙古学家鲍登翻译了北京版《格斯尔》中的第三章《格斯尔治理汉地贡玛汗朝政》和第六章《格斯尔变驴》，收入其编选翻译的《蒙古传统文学作品选》中，于 2003 年出版[②]。李娜仁高娃、罗依果将北京版《格斯尔》中的第一章翻译成《觉如的青春》（讲述了觉如即格斯尔小时候的故事），于 2017 年由澳大利亚国立大学出版社出版。国外蒙古文《格斯尔》的译介工作，是蒙古学的重要组成部分，是蒙古族民间艺人集群文化向外传播的重要方式。史诗《格斯尔》在蒙古国、俄罗斯布里亚特与卡尔梅克、美国、德国、日本等国家和地区的译介，在不同族群中广泛流传，加强了彼此间的文化交流，为蒙古史诗的发现整理、传播文本的形态及文本类型研究和跨文化、跨学科研究开启了新路，也充分体现了蒙古民族的文化创造力量，推动现代学术史中的民族学、语言学、宗教学及史诗研究等诸多学科向前发展。

国外的研究对翻译介绍、跨文化交流与传播起到了重要作用。国外学者在译介活动中多以蒙古文北京木刻版《格斯尔》为原文。从早期俄文本、德文本到北美英文本的出现，开拓了《格斯尔》不同语种文本的对比研究、译介学研究及跨文化研究的广阔空间。反观这些译介活动，我们也清醒地意识到：截至日前，《格斯尔传》的英译、俄译等版本基本是由海外汉学家完成的，缺少了本土译者的参与，不仅影响了本土译者与

① 吴松林主编：《英雄格斯尔可汗》（上、下册），宝成关、汪榕培审订，王民华、刘甜等译，吉林大学出版社，2012 年。

② 陈岗龙：《十方圣主格斯尔可汗传》，哈达奇刚等译，作家出版社，2016 年，第 10 页。

海外译者的互动和对话，而且影响了蒙古活形态史诗文化的传播与国际化发展。“《格萨（斯）尔》是族际文化互动、国际文化交流以及人类文化多样性的鲜活例证。”[①]《格斯尔》与蒙古族历史生活、民俗仪式与文化认同联系紧密，学界对蒙古《格斯尔》的最早文本、早期向外传播情况、口传文本和手抄本的问世等问题不断探索、深化研究，产生近千份研究成果，充分展示了蒙古《格斯尔》在世界文学界、全球文化中的地位和影响。基于这些丰厚的学术成果和当前《格斯尔》口头传统面临的现状，提出如何科学有效地保护、发展人类这一灿烂的文化艺术，正是本课题研究的主旨。

三、基本思路与研究方法

本课题研究主要以国内格斯尔活形态文化为核心，运用民族学、民俗学、民间文艺学、文化人类学等学科理论和方法阐述格斯尔史诗渊源、文本历史及文化艺术特色；应用表演理论、文本分析来研究格斯尔史诗创编的特征，阐发格斯尔的活形态口头传统的创编规则；结合田野调查和问卷调查，对内蒙古自治区赤峰市巴林地区格斯尔文化传承、保护与发展现状进行个案研究，进而阐明蒙古格斯尔文化保护、发展的措施与对策建议。

四、课题的重点、难点及创新之处

课题重点论述《格斯尔》史诗的历史文化根源，对史诗《格斯尔》口头文本进行个案研究，阐述程式化表演，并对内蒙古自治区赤峰市巴林右旗格斯尔文化传承、保护与发展情况进行历时研究，突破史诗口头与书写文本在内容、形式研究的

① 朝戈金:《北京木刻版〈格斯尔〉：格斯尔研究新乐章——格斯尔研究丛书序言》，内蒙古文化出版社，2015 年。

二元模式上存在的难点，讨论个人表演创造与艺人集体性，在史诗文化生态中力求挖掘出史诗文化意义研究的新张力。

系统收集国内外相关学术资料，克服《格斯尔》田野调查工作中的难点，以《格斯尔》发展历时线索梳理国内外文本概况、学术研究成果，结合田野作业和学术钩沉的结论，提出现时关于《格斯尔》人类非物质文化遗产抢救、保护与发展的对策。

保护、发展少数民族传统文化是时代赋予我们的责任。本课题对《格斯尔》口头传统的发展历程进行系统的学理论述，并以人类非物质文化遗产保护视域来研究格斯尔文化的传承、发展，这既是文化创新的要求，也是综合研究《格斯尔》的新形式。全文坚持正确的文化遗产保护理念，以文化创新精神来重构新时代格斯尔文化，这既是其学术价值之所在，又是其创新意义之所在。

第一章 《格斯尔》史诗的源流及其文化传承、保护与发展的轨迹

“史诗”一词最早出现在欧洲，来源于希腊文 epikos，原意是“说话”或“故事”，后来词义逐渐发生演变，与用诗体写的英雄冒险事迹联系起来，成为古老英雄史诗的通称，最终变成现代诗学专用名词。史诗既有鸿篇巨制，也包括几百行的短篇。“（口传）史诗（Oral）epic：史诗是长篇叙事诗。它叙述某个或某些英雄，并关注历史事件，如战争或征服，或英雄追求某些壮丽的神话性和传奇性功名——这些要素构成了传统的核心或是文化信息。史诗常在口头文化的社会里得到发展，其时该民族正在形成其历史的文化的宗教的传统。史诗的中心是英雄，他有时是半神性的，从事艰巨的正义事业。他常常卷入神与人类的纷争。史诗中事件往往影响到普通人类的日常生活，并往往改变该民族的历史进程。典型的史诗是篇幅宏大，细节描述充盈，并依照顺序结构的。史诗中大量使用程式化人物，扩展的明喻，其他风格化的描述，例如对武器和铠甲的细节描述、献祭和其他仪式的描述等。重复性叙述特征包括：以交相夸耀自己为序幕的勇士间正规的格斗，游戏或是竞赛规则的说明，难以置信的冒险，有时有超自然力量的介入，并往往需要超人的力量和计谋。史诗自身不仅使用叙事诗歌的

方法，也会使用抒情诗或戏剧诗的方法。”[①] 依据以上对史诗的解释，史诗的特点可归纳为以下三点：一是英雄史诗中的英雄一般都是民族精神的化身；二是英雄史诗常以一定的历史人物和事件为基础，有传说色彩，但又有比较具体的历史含义；三是英雄史诗是早期人类艺术的范本，同时又是民族语言、艺术的精华。“史诗关注的是群体意识、群体观念、群体的荣誉，以及群体的利益，群体的事业和命运是史诗的基础，因此，史诗具有宏伟性和神圣性。史诗包容的信息量大，史诗的内容和文化底蕴古老而丰富，在漫长的传承过程中，融入大量的神话、传说、民间故事、歌谣及谚语，一部宏伟的民族史诗，是一座民族民间的文学宝库，是认识一个民族的百科全书。”[②] 古希腊哲学家、文艺理论家亚里士多德说：“史诗与悲剧相同的地方，只在于史诗也用韵文来模仿严肃的行动，规模也大；不同的地方，在于史诗纯粹用‘韵文’，而且是用叙述体；就长短而论，悲剧力图以太阳一周为界，或者不起什么变化，史诗则不受时间限制。”[③] 从亚里士多德对史诗的解释中，我们可以知晓西方对史诗的研究历史之长远。而我国对史诗的关注从 20 世纪 20 年代才刚刚开始。德国古典哲学家黑格尔说：“史诗是民族的形象化历史，如果把各民族的史诗都结集起来，那就成了一部世界史，而且是一部把生命力成就和功勋都表现得最优美自由和明确的世界史。”[④] 黑格尔在《美学》中对史诗的美学思想进行了深入的探讨，对史诗的美学价

① 朝戈金：《史诗学论集》，中国社会科学出版社，2016 年，第 108 页。

② 降边嘉措：《格萨尔论》，内蒙古大学出版社，1999 年，前言第 2 页。

③ ［古希腊］亚里士多德［古罗马］贺拉斯：《诗学·诗艺》，罗念生、杨周翰译，人民文学出版社，1962 年，第 17 页。

④ ［德］黑格尔：《美学》（第三卷，下），朱光潜译，商务印书馆，1981 年，第 156 页。

值给予高度的肯定。在我国历史上，汉族学者关于史诗的研究成果寥寥无几，也许是与主体民族在历史上缺少这种宏大叙事文类有关。少数民族由于文字作品较少，有关于史诗的研究也只有零星的资料。20 世纪 50 年代后，中国少数民族史诗研究格局逐步形成。围绕《格斯（萨）尔》《江格尔》《玛纳斯》等的史诗研究、史诗理论建设不断展开，主要研究者有钟敬文、降边嘉措、杨洪恩、王沂暖、朝戈金等；研究蒙古族《格斯尔》的学者较多，自中华人民共和国成立至今，其木德道尔吉、白歌乐、托门、尤·齐木道吉、仁钦戈瓦、纳·赛音朝克图、巴·布林贝赫、哈·丹碧扎拉森、仁钦道尔吉、安柯钦夫、却日勒扎布、莫德乐图（安巴）、尼·巴图孟和、玛·乌尼乌兰、斯钦孟和、呼·才仁巴力、乌力吉、巴雅尔图、格日勒扎布等百余位学者致力于《格斯尔》的组织、搜集、整理、出版与研究工作，取得了丰硕成果[①]。20 世纪 90 年代以来，中国少数民族史诗研究步入了新时代，逐渐形成了中国少数民族史诗学，我国学者开始运用多学科的方法，把本土诗学理论与国际诗学理论结合起来阐述本民族史诗，确立了“活形态”史诗观，完成了学术中心的转换，形成了新的学术范式，代表人物有巴·布林贝赫、仁钦道尔吉、朝戈金、尹虎彬、斯钦巴图、巴莫曲布嫫、乌·纳钦、达·塔亚等。《格斯尔》口头叙事传统的研究也推进了中国史诗及其他民间文类的研究。

第一节 《格斯尔》史诗的源流

一般认为英雄史诗最早产生于原始社会解体、奴隶社会开

① 陈岗龙、哈达奇刚等译：《十方圣主格斯尔可汗传》，作家出版社，2016 年，第 3 页。

始之初。它既充满着神话和幻想的色彩，又以具有异能、奇才和神勇的英雄及其业绩为题材。它对氏族、部落间的战争进行讴歌式回顾，对氏族先祖、部落英雄进行崇拜式颂扬。这个不凡的英雄时代不仅是人类走向文明的开端、国家产生的前夕，而且也是人类首次战胜自然力的反映。与此相适应，这一特定历史范畴的文学——英雄史诗是人类早期的艺术范本，它标志着一个民族文学成熟期的到来。史诗属于叙事的范畴，但叙事诗可以产生于不同的时代，而史诗是特定时代的产物。在世界范围内已发现的上古时期和中古时期产生的英雄史诗，主要集中分布在欧亚大陆。有学者从文化地理学的角度出发，认为史诗的产生与文化的运动和撞击密切相关。关于在欧亚大陆产生众多史诗的原因，叶舒宪曾这样写道："欧亚大陆众多民族的不同文化由于地理上的联系，在各自历史发展的过程中往往要突破其原始的居处疆域而作空间上的生存拓展或种族大迁徙，由此而导致的文化运动与冲突远较美洲、非洲和澳洲要频繁得多、激烈得多，这也就为各民族英雄史诗题材的发生提供了现实的社会条件。"[①] 随着生产力的逐渐发展，人类征服自然的能力不断增强，社会开始由野蛮时代迈入文明的门槛，这时包括氏族、部落、族群在内的群体意识觉醒，形成足以与敌人对抗的群体势力。在频繁的群体对抗中涌现出许多英雄的氏族首领、部落首领，涌现出一批能征善战的英雄。这是英雄的时代，也是史诗的时代。在英雄的时代，艺术生产与物质生产融为一体，部族的每一个成员都要参加体力劳动，亲手生产自己所需要的一切生活用品，但同时他们又是诗人，用口头诗歌的形式反映自己的生活，表现朴素的民族意识。正是因为他们集诗人与劳动者的身份于一身，集体创作的作用才能得以充分

---

① 叶舒宪:《英雄与太阳——中国上古史诗的原型重构》，上海社会科学出版社，1991 年，第 18 页。

发挥，这在本质上是集体思维的特殊表现形式。它是艺术，又是世界观本身。这种情况只能发生在艺术发展的早期阶段。正如车尔尼雪夫斯基所说，“史诗是在一个民族的智慧生活缺乏时，又同宗法社会生活风俗最紧密地连接起来的情况下产生的”。因此，史诗必须以民族的形成为前提，是民族生活最初的产物，反映民族全体的命运和生产生活情况，代表了全民族的思想意志。如特洛伊战争发生在公元前12世纪，而以它为内容的荷马史诗《伊利亚特》则最后完成于公元前7世纪—公元前8世纪，中间相距数百年。《尼伯龙根之歌》中的许多英雄人物源自4—5世纪，但它却是在12世纪完成编撰的，并且被染上了中世纪封建社会骑士文化的色彩。英雄史诗是描述英雄故事、歌颂英雄业绩的叙事诗。在北方草原民族民间，至今还流传着数百部英雄史诗。史诗是一种古老的、宏伟的文学体裁，它在人类文化史上具有划时代的意义[①]。史诗是特定时代的产物。如古希腊史诗《伊利亚特》《奥德赛》、印度史诗《罗摩衍那》《摩诃婆罗多》都是鸿篇巨制。古希腊史诗《伊利亚特》《奥德赛》从公元前6世纪开始出现繁简不同的抄本；印度史诗《罗摩衍那》《摩诃婆罗多》现在的版本也是依据公元前3世纪—公元前2世纪的抄本整理而成的。最初也是由口头传说的诗篇，经过数百年民间艺人的加工和润色，才形成宏伟的民族诗篇。史诗的形成一般都要经历漫长的岁月，史诗中所发生事件的时间与史诗形成的时间，尤其是史诗书面化完成的时间，要相距几百年，甚至千年以上。因此，著名的史诗研究专家仁钦道尔吉先生根据蒙古英雄史诗的情节框架和结构模式，按照历史与逻辑相统一的原则，将其分为单元情节型史诗（即英雄史诗产生发展之雏形阶段的作品）、

① 仁钦道尔吉：《蒙古英雄史诗流源》，内蒙古大学出版社，2001年，前言第1页。

单篇型史诗（即史诗发展第一阶段的作品）、串联复合型史诗（史诗发展第二阶段的作品）、并列复合型史诗（史诗发展第三阶段的作品）等四个基本的历史发展类型。《格斯尔》史诗属于复合型史诗。

蒙古族是世界上史诗遗产最丰富的民族之一，据专家统计，除举世闻名的长篇史诗《江格尔》《格斯尔》之外，其他已被记录的中小型英雄史诗及异文（变体）多达600部以上。仅从我国境内搜集到的蒙古族史诗及异文（变体）就有170余部。蒙古英雄史诗在世界范围内共有七大流传中心，其中三大中心在我国境内，即内蒙古呼伦贝尔市陈巴尔虎地区、扎鲁特——科尔沁地区、新疆一带的卫拉特地区。这些地区的英雄史诗，都具有明显的地区特征、部族特征和渊源上的共同特征。具有活态性和高度模式化（或程式化）是蒙古英雄史诗的重要特征。史诗作为一种民间口头传统，和民间文学的其他类型一样，在创作和形成过程中有其特定的规律。史诗最初是由个人创作，但经过公众的认可，就有公众传播的可能，也就进入口头传诵的阶段。史诗辗转传下去，其内容经过多位民间艺人的改变，更换角色人名、章法、句法、韵律或结局，许多人在传唱中成为二次创作的作者。史诗的广泛传播有两个因素，亚里士多德在《诗学》中进一步证明了这两个因素：一是人从婴儿时起，就自然会模仿；二是求知是最大的快乐。从理论层面上看，《格斯尔》的流传是集体创作的成果，人的模仿和求知的快乐促使其形成了口头叙事的鸿篇巨制。

《格斯尔》史诗是一部并列复合型长篇英雄史诗。它是活态史诗，一直以口头形式在民间传承，由一代又一代的民间艺人传唱至今。因此，它在不同程度上保留着原始社会、奴隶社会和封建社会的内容。《格斯尔》的手抄本和木刻本虽然流传于世，但大多数内容一直以说唱形式口耳相传。在《格斯尔》成为长篇英雄史诗之前，是否存在过以格斯尔为主人公的传说和小型英雄史诗，这有待考证，但可以肯定的是，《格斯尔》继承和吸收了口头传统的素材，各个章节，故事单元是以口头传统为框架而形成的。史诗的起源、形成与发展是极其复杂的问题，因此，《格斯尔》最初产生的时代已经很难探求，学术界尚无定论，而它作为长篇英雄史诗的形成时代是可以探讨的。《格斯尔》产生年代较早，从《格斯尔》史诗叙述的故事情节，我们可以相信，“它产生于蒙古族氏族奴隶制社会，无疑早于公元 11 或 12 世纪”[①]。蒙古族《格斯尔》史诗由口头文学向书面文学作品发展演变的历史过程是极其漫长的。“从 1240 年左右成书的《蒙古秘史》、17 世纪问世的《蒙古黄金史纲》（佚名）、罗布桑丹津的《蒙古黄金史》和萨囊彻辰的《蒙古源流》等蒙古编年史的创作风格和语言特征上看，蒙古英雄史诗的黄金时代属于 13 世纪以前，而不是 17 或 18 世纪。”[②]巴雅尔图认为：“13 世纪以后，蒙古英雄史诗并没有停留在自身发展的高峰阶段，而是随着民族历史文化的迅速发展，蒙古经典史诗的形式和内容不仅发生深刻变异，并逐渐显现出了推动书面文学发展的特征。”[③]齐木道吉在《关于蒙文〈格斯尔〉的几个问题》中提出“格斯尔的故事”最早产生于 11 世纪末 12 世纪初以后，至于全部史诗则可能是 12 世纪，经过逐渐创作，历经几个世纪才能完成。因为从蒙古族的社会历史发展过程看，11—13 世纪，蒙古各部连年混战，互相掠夺和杀戮不止，社会局面动荡不安。从 12 世纪末开始，蒙古地区便完全陷入了“天下扰乱，互相攻劫，人不安生”的状态，此后，以克鲁伦河及斡难河流域为中心，逐渐开始了蒙古诸部落结合为统一整体的历史过程。这一风云多

①② 巴雅尔图：《〈格斯尔〉研究》，内蒙古教育出版社，2006 年，第 119 页。

③ 巴雅尔图：《〈格斯尔〉研究》，内蒙古教育出版社，2006 年，前言第 6 页。

变的历史时刻，蒙古部中出现了杰出的政治家、军事家铁木真（成吉思汗），他在蒙古各部的互相斗争中，顺应蒙古社会发展的趋势和蒙古各部人民要求统一的愿望，最后战胜了其他各部首领，完成了统一全蒙古的事业，建立了统一的蒙古汗国。到了13世纪末期，他的孙子忽必烈完成了统一全中国的大业，建立了元朝。但在整个元朝统治时期，蒙古地方的封建内战始终没有停止过，到14世纪末，元朝灭亡后，漠南、漠北蒙古地区再次陷入长期分裂割据的状态。蒙古社会中各封建主之间互相争夺领地、权位、人畜的内战从14世纪末开始，直到17世纪末完全被清廷统治才停止。蒙古族历史上频繁的战乱给劳动人民带来了深重的灾难。于是，人民向往和平，希望发展生产，过安定的生活。“这种思想反映在文学方面，是口头史诗的新发展，民间说唱艺人创作与发展的口头英雄史诗表达自己的思想感情和对理想社会的期盼，因此英雄史诗在民间中广为流传。”[①] 玛·乌尼乌兰认为，蒙古族《格斯尔传》产生和形成的年代是17世纪后半叶。“蒙古族自达延汗时期才开始逐步移牧青海。达延汗用武力统一蒙古全境，消灭封建割据势力。当时的两个较大的封建主亦不剌与满都赉阿固勒呼兵败率部远徙，移牧于青海湖周围和黄河源头的辽阔草原上。1523年至1529年，东蒙古卜儿孩也率部迁至青海湖地区，以上指的主要是蒙古骑兵、步兵和少量家属。而大量蒙古族人民群众移牧青海，继而定居，这是发生在1559年和1620年的事。在1559年，阿勒坦汗（又称‘俺答汗’）的大批属民移牧青海。其后又过了61年后，属四卫拉特部的和硕特部，接受黄教格鲁派的邀请，在固始汗率领下自乌鲁木齐一带迁至青海，支持了黄教格鲁派。在固始汗继而南下，还占领了西藏，

① 齐木道吉：《关于蒙文〈格斯尔〉的几个问题》，载《格萨尔研究》（第二册），中国民间文艺出版社，1986年，第59页。

成立了新的蒙古政权，其势力不断强大。固始汗去世后，其八子被称为青海八大台吉，其第四子被称为道尔吉达赖洪台吉，威震青海、西藏。其第八子达喜巴特尔获青海总官头衔，统治青海 24 年之久，势力极大。经过上述几次迁徙和固始汗建立蒙古政权之后，在青海湖畔和黄河源头才逐步集中了大批蒙古族人民群众，他们不断凝聚、繁荣、发展，到 17 世纪后半叶和 18 世纪初时，黄河河曲的蒙古族分左右两翼二十九旗，一万八千二百零五户，九万一千多人，形成了蒙古族的共同地域、共同政治经济和文化素质、共同语言文字基础。蒙古族《格斯尔传》就是在这一蒙古社会环境、蒙古文化土壤和精神氛围的基础上，受毗邻的藏族《格萨尔王传》的影响，并以其作为蓝本，在青海蒙古族草原上产生并形成的。”[①]17 世纪末，蒙古族已经被清朝统治者彻底征服。但是，在蒙古族社会经济基础崩溃、上层建筑发生急剧变化的时候，蒙古族优秀的文学艺术却呈现出人们意想不到的发展局面。在此期间，蒙古人回顾蒙古帝国的兴衰史，总结蒙古族被明、清统治者征服的历史教训，为振奋蒙古族民族精神而奋斗的进步思想意识，已经成为蒙古族民间口头文学的思想内容和思想倾向。不仅民族文学的发展与本民族的生活和斗争历史有着紧密联系，而且优秀的民族文学作品必然要以语言艺术形式把本民族社会历史特征生动地反映出来。由此，北京木刻本《格斯尔传》的出版，也是历史的必然。

关于《格斯尔传》的来源，学者们早在 19 世纪下半叶就开始探寻了。当时限于资料，还“没有取得一致意见”。到 20 世纪 50 年代，《格斯尔》研究得以深入展开。蒙古人民共和国（今蒙古国）学者策・达木丁苏荣在他的博士论文《〈格

① 玛・乌尼乌兰：《卫拉特〈格斯尔〉研究》，民族出版社，2004 年，第 18—19 页。

斯尔传〉的历史源流》中，在阐明蒙古《格斯尔传》的人民性和民族性的同时，认为史诗的主人公格斯尔是历史人物，并提出《格斯尔传》可能来源于西藏的看法。他说，在古代，蒙古人可能从藏族《格萨尔王传》中吸收过两章，那时藏族《格萨尔王传》也可能只有这么两章。而这两章传入蒙古之后，经过民间艺人们的代代相传，逐渐演变成蒙古《格斯尔传》了。蒙古人民共和国（今蒙古国）学者策·达木丁苏荣的观点对人们的影响很大，在很长一段时间里，被人们多次转述或引用。但人们对他的观点的理解是不同的，如有人认为策·达木丁苏荣否定《格斯尔传》的“藏族渊源”，并说“他倾向于认为：藏族《格萨尔王传》是从蒙古地区流传入藏族地区的”。而有人认为，“经过策·达木丁苏荣的比较研究，蒙古文《格斯尔传》的许多情节都与藏文本脱离不了关系”，是“根据藏文的部分情节而又有所发展创作”。还有人认为，蒙古人民共和国（今蒙古国）学者策·达木丁苏荣他们的研究表明，它既是“从藏族地区流传到蒙古族地区的”，又是“同源分流”的两部作品。人们对此有不同的理解，说明蒙古《格斯尔传》的来源问题至今尚未得到解决，人们对这个问题的看法也有一定的差别。

蒙古文、藏文《格斯（萨）尔》之间有无关系，这无须赘述。只要对两部史诗稍加比较，就会发现它们之间有不少相同或相似之处。

蒙古文北京版《格斯尔传》是分章本形式，而藏文《格萨尔王传》则有分章本和分部本两种本子。笔者对照蒙古文、藏文两种文字的《格斯（萨）尔》，主要是将藏文的贵德分章本和拉达克分章本，与蒙古文北京版第一至七章的内容进行对比，可见它们之间的相同或相似之处：北京版第一章、第二章、第三章的主要情节分别是在天上、投生下界、结婚称王，第四章是格斯尔铲除十二头魔王，第五章是格斯尔讨平锡莱河三汗，即白帐可汗、黄帐可汗、黑帐可汗；藏文贵德版本《格萨尔王传》第一章是天神章，第二章是降生章，第三章是结婚章，第四章是降伏妖魔章，第五章是降伏霍尔章。北京版第一章包括贵德版本第一章、第二章、第三章的主要情节，即在天上、投生下界、结婚称王。北京版第二章格斯尔斩除北方魔虎，贵德本与拉达克本均无类似情节。北京版第三章格斯尔治理契丹国固穆王朝的朝政，并纳契丹公主红娜高娃为妃。北京版第四章与贵德本第四章也是降伏妖魔，拉达克本也有降伏妖魔专章，藏文有一部分版本有降伏妖魔情节，并说这个妖魔有 9 个脑袋，蒙古文北京版则作“十二头”，基本情节与之相同。北京版第七章格斯尔进入地狱救出母亲，藏文有的版本有《地狱与岭国》，其中专门叙述格萨尔进入地狱，搭救母亲，升上天界，与蒙古文本格斯尔从地狱救出母亲后，将母亲的灵魂超升天堂的情节基本相同。贵德版本与蒙古文北京版对照结果：结构、顺序大体相同。

下面将以主要人物为例，分析人物名字发音的相似之处：蒙藏《格斯（萨）尔》的主人公都是格斯尔（或格萨尔），蒙古文中是 geser，藏文中是 ge–sar，都是一个词的不同译音。他们都是天王的儿子，为了消除人间灾难而降生到下界。格斯尔的小名，蒙古文中是 jo–ru（汉译为“珠儒”），是藏文 jo–ru 的音译，为“穷孩子”的意思，蒙古文有音而无义；藏文是 jo–ru。格斯尔的父亲，蒙古文中是 sang–lun（僧伦），藏文中是 sen–blon。格斯尔的母亲，蒙古文中是 geg–sa（格格莎），藏文中是 hgag–bzah。格斯尔的一个叔父，蒙古文中是 cho–tung（晁通），藏文中是 khra–rgan。另一个叔父，蒙古文中是 char–gin（乞尔金），藏文中是 khra–rgan。格斯尔的哥哥，蒙古文中是 zhe–se–shi–gir（哲色希给尔），藏文中是 rgya–sa–zhal–dkar。格斯尔的妃子之一茹格慕高娃（也有汉译为“若穆高娃”），蒙古文译作“茹格”，是只译了 vbrug 的下加字 ru 和后加字 g。藏族地区，也有只读下加字的习惯。藏文 vbrugIrno 是“龙女”的意思，是藏文 vbrugmo 的音译。vbrug 译为“茹格”，mo 译为“慕”。按一般藏文读音，vbrug 的前加字不读音，bru 读作“珠”，mo 读“慕”，有人把 vbrugmo 译为“珠牡”，mo 也有读作“毛”的，因此也可译作“珠毛”或“珠牡”[①]。这些人物名字，在蒙藏《格斯（萨）尔》中只是发音有些不同，其他方面完全一致，这能说它们之间毫不相干吗？在口头叙事传统中，不同民族文学间共享着相同或相近的主题、结构、情节、单元等，相互影响，互为推进。

从历史的角度来思考，无论是在匈奴、鲜卑、柔然和契丹发展时期，还是成吉思汗以后的历史时期，蒙古族都与藏族先民和北方其他游牧民族在政治、宗教和文化方面有过密切的交流。因此，作为文化遗产的蒙藏古代民间文学，无论在形式上，还是在思想内容上，都有多元民族文化的共性，以至在互相关系上表现出了既相互影响，又彼此渗透，甚至个别英雄史诗或英雄故事在特定的历史条件下趋同的显著特征。

《格萨（斯）尔》史诗在蒙古语里读为“geser”。在汉语中，以往沿用的是“格萨尔”之名。20 世纪 80 年代末，随着蒙古史诗和藏族史诗比较研究的推进和对蒙藏两种《格斯（萨）尔》认识的加深，学界统一将藏族的史诗称为《格萨尔》，将蒙古族的史诗称为《格斯尔》，统称为《格萨（斯）尔》。有关蒙藏《格斯（萨）尔》关系的问题众说纷纭，在欣赏和研究中很自然地出现了各种不同的说法，归纳起来主要有四种意见：

一是认为蒙古文《格斯尔》是从藏文《格萨尔》翻译过来的，是藏文《格萨尔》的译本；二是认为蒙藏《格斯（萨）

① 藏文读音参照王沂暖：《蒙文北京版〈格斯尔〉读后记》，《民间文学论坛》1982 年第 2 期。

尔》之间没有任何关系，二者都是独立的作品，蒙古文《格斯尔》纯属蒙古人自己独创；三是认为藏文《格萨尔》是蒙古文《格斯尔》的变本；四是认为蒙藏《格斯（萨）尔》是“同源异流”的关系，该观点得到学术界的广泛认可。蒙古《格斯尔》是蒙古人民的智慧结晶。相比较而言，研究《格萨尔》的成果更为丰富，“专门研究蒙古族《格斯尔》的学者数量偏少，《格斯尔》基础工作还没有全面展开，所以不能从根本上反映历史悠久的蒙古族《格斯尔》庐山真面目”[①]。蒙古《格斯尔》或藏族的《格萨尔》这部英雄史诗流传很广，正如蒙古人民共和国（今蒙古国）学者策·达木丁苏荣所说，“从热带的恒河到寒带的黑龙江，从阳光充足的黄河流域到阴雨连绵的勒拿河畔，都可以听到这部宏伟的叙事长诗。在这样广阔的疆域里……说唱艺人的声音过去和现在都鸣响在西藏的山谷里、蒙古的草原上和西伯利亚的原始森林里”[②]。笔者认为，流传在这广阔疆域的这部史诗跨越了民族性，因此，它们对人类文化的贡献是一致的。《格斯尔》史诗、训谕诗、赞词、格斯尔桑、格斯尔的歌《圣主格斯尔汗》[③]、30集蒙古语儿童广播剧《英雄格斯尔》[④]等口头文类中英雄格斯尔神圣事件的叙事广泛流传；带有格斯尔卡通画的文本小册等，生动展现了蒙古族游牧生活、民俗，将格斯尔文化精神内核扩延。《格斯尔》民间文类已趋向丰富多元的格斯尔文化，因而对格斯尔文化这一“蒙古百科全书”的多维度阐释和研究就显得尤为重要。

① 巴雅尔图：《〈格斯尔〉研究》，内蒙古教育出版社，2006年，前言第4页。

② 齐木道吉：《关于蒙文〈格斯尔〉的几个问题》，载《格萨尔研究》（第二册），中国民间文艺出版社，1986年，第59页。

③ 斯钦孟和作词，扎木钦诺日布作曲，阿荣巴特尔演唱：《圣主格斯尔汗》。

④ 内蒙古自治区少数民族古籍与《格斯尔》征集研究室、内蒙古广播电台蒙古语频道联合制作儿童广播剧《英雄格斯尔》，2019年。

第二节 《格斯尔》史诗文化传承、保护与发展的轨迹

《格斯尔》是蒙古族民间流传的一部长篇史诗，是具有浓厚神话传奇色彩的浪漫主义叙事巨作，也是劳动人民精心创作的口头文学作品。蒙古族《格斯尔》史诗是蒙古族文学“三大高峰”之一（其他两个是《江格尔》《蒙古秘史》），它以绚丽多彩的生活画面、气势磅礴的高昂格调、质朴纯真的艺术风格，对后世蒙古族的语言、文学产生了深远的影响。《格斯尔》不仅是优秀的文学作品，而且是珍贵的历史文献。《格斯尔》作为牧民们理想与希望的集中体现，已成为人们喜闻乐见的艺术作品，人们通过说唱该史诗，表达理想与愿望，鼓起生活与斗争的勇气，呼唤幸福平安。

对《格斯尔》史诗的文化传承、保护与发展进行研究，我们首先应理解“文化”的深刻内涵。有许多学者对“文化”一词进行了解释，如英国人类学家爱德华·伯内特·泰勒认为：“文化是包括全部的知识、信仰、艺术、道德、风格以及作为社会成员的人所掌握和接受的任何其他的才能和习惯的复合体。”[①]C. 恩伯、M. 恩伯在《文化的变异》中是这样论述的：“文化是指人类的主要行为特征，是人类群体所共有和习尚的行为，思维、情感和交流的选择性模式。人类是一种进化了的特别动物，是文化把人类从动物世界中分离出来，也只有人才具有使用和发展的能力，因此，文化是人类生物进化的因素之

① ［美］爱德华·伯内特·泰勒：《原始文化》，上海文艺出版社，1992年，第1页。

一。”[①]他们认为："按照人类学的一般定义，文化一词指的是特定的或社会的传统思维方式和行为特征。因此，某个社会集团的语言、一般知识、宗教信仰、食物偏好、音乐、劳动习惯和某种禁忌等便构成了它的文化。”[②]可见，文化一词的内涵是如此丰富和深广。他们的观点对我们探索史诗文化的产生、发展与演变的历史是有启迪作用的。史诗作为人类古代文化的一个重要组成部分，不仅代表着特定历史时期的文学艺术成就，而且还具有文化价值和史料价值，为研究古代社会的多种学科，诸如文化学、民族学、历史学、宗教学、民俗学、古代思想史和哲学史等，提供了在文献中难以找到的信息资源。因此，对《格斯尔》史诗的传承、保护与发展的研究就显得尤为重要。我国少数民族文化资源丰富，但是挖掘出来的不多，就蒙古族《格斯尔》来说，它是蒙古族人民创作的一部伟大的英雄史诗，其内容包括语言、宗教、民俗、政治、军事、历史、地理、神话、传说等，卷帙浩繁，博大精深，流传甚广：从西部新疆、甘肃、青海，到辽宁、吉林、内蒙古等地，再到蒙古国、俄罗斯。《格斯尔》在流传过程中，与其他民族的社会生活和传统文化相交融，形成了蒙古民族的特色，并与藏族《格萨尔》的传播紧密联系、相互融合，现今在学术领域形成"格斯（萨）尔学"。《格斯（萨）尔》被列入世界八大著名史诗之一（世界八大著名史诗：古巴比伦的《吉尔伽美什》，古希腊的《伊利亚特》和《奥德赛》，古印度的《摩诃婆罗多》和《罗摩衍那》，中国的《玛纳斯》《江格尔》和《格斯（萨）尔》）。《格斯尔》史诗艺人们口耳相传，使其成为活形态的智慧遗产。

---

①② ［英］C. 恩伯、M. 恩伯：《文化的变异》，杜彬彬译，刘钦审校，辽宁人民出版社，1988 年，第 8 页。

一、《格斯尔》的民间传承与发展

史诗文本、演唱史诗的民间艺人、史诗的接受者——听众，这三者构成了史诗传承的立体结构。《格斯尔》说唱艺人是《格斯尔》的保存者、传播者和创作者。他们世世代代在民众中说唱《格斯尔》，延续了史诗的生命力，使它活在民间、得以保存，同时还满足了民众的艺术享受与艺术追求。古往今来，史诗艺人是"神"赋予使命的诗的表达者，是一个肩负着唱诵神的活动和英雄业绩的独特群体。即使命运给他带来厄运，但"神"会用另一种方式给予弥补。"就像荷马一样，尽管命运捉弄他，给他一双看不见的眼睛，但缪斯极为钟爱此人，赋予了他甜蜜的歌喉。所以艺人的内心是平静的，一生都为世界宣讲他心中敬拜的那位神的化身英雄而活着。"[①] 蒙古高原的说唱艺人以自己独特的说唱方式，演绎、传承与发展着《格斯尔》史诗，并矢志默默地奉献着自己的全部才智，像诗人荷马一样为演绎英雄而活着。《格斯尔》说唱艺人是史诗的载体，是创作者、保存者和传播者。说唱艺人的师徒传授活动为《格斯尔》的活态传承奠定了良好的基础。杨恩洪曾把《格萨尔》说唱艺人分为闻知艺人、吟诵艺人、神授艺人、掘藏艺人、圆光艺人等。而《格斯尔》的说唱艺人基本都属于闻知艺人，"闻知艺人"意为"闻而知之的艺人"，他们是在听到别人的说唱后或看到《格斯尔》的文本后才学会说唱的。依据其演唱方式，可再细分为清唱艺人、潮尔伴奏艺人、胡尔伴奏艺人、陶布秀尔伴奏艺人等。目前，非物质文化遗产《格斯尔》项目国家级传承人有金巴扎木苏、罗布生二人，自治区级传承人有拉西敖斯尔、孟和吉日嘎拉、尼玛敖斯尔三人，这些

① 诺布旺丹：《艺人、文本和语境》，青海人民出版社，2014 年，第 56 页。

已被认定的传承人基本都属于闻知艺人。而《格斯尔》传承中代际传承和多师授艺的特征在保证传承多样性的同时，也使老艺人的艺术风格能在熔铸汇总中焕发出新的色彩。如青年史诗艺人特·呼和牧仁师从于罗布生和乌力吉图，掌握20多个小时的《格斯尔》说唱。特·呼和牧仁的7位学徒也在跟罗布生学习史诗、好来宝等说唱艺术，经年不懈的坚持成长为传诵史诗的艺人而努力。

口传史诗的传承离不开听众。史诗的社会功能和美学价值是“潜在的功能”和“潜在的价值”，只有听众接受，史诗的潜在功能才能发挥，史诗的潜在价值才会产生效应。史诗的价值结构是史诗与听众的合成结构，在这一结构中，听众是价值的主体，听众接受，史诗才能流传；听众拒绝接受，无论史诗多么精彩、歌手演唱的技艺多么高超，歌手也不会再进行演唱活动，史诗就会失传，是听众使史诗获得了生命。值得注意的是，听众接受史诗的过程，也是听众参与史诗创作的过程。听众对于口传史诗的传承与发展，发挥着巨大的能动作用。

《格斯尔》说唱艺人有晚上唱的习俗，并且一直要唱到某段故事的结尾。所以说唱《格斯尔》也是一个体力活，要求说唱者不仅有虔诚的心，还要有一定的体力。由于《格斯尔》说唱艺人对说唱《格斯尔》的虔诚传播，格斯尔成了英雄的偶像和战胜邪恶势力的神的化身。在民间，格斯尔成为牧民们的保护神。据传说，有一位搜集民间抄本的学者，从一位牧民家中借到了一本《格斯尔》抄本，还没有看完，就被牧民要回。牧民说，由于把《格斯尔》从家里借出，牛羊生病了，所以得把《格斯尔》要回来，免除家中灾难。格斯尔保护神的形象已经深入人心，浸润于牧民们的生活中。因此，这种文化的世代相传，成为保护和传承民族史诗的基石。内蒙古赤峰市巴林右旗查干沐沦苏木沙巴尔台嘎查布敦花独贵龙的格斯尔庙建于清乾隆四十一年（1776），于1993年、2016年分别重新修缮，每年春季在这里都举行祭祀活动，并定期举行关于格斯尔的文化活动，巴林右旗成为格斯尔文化的核心地带。内蒙古许多地方的名胜古迹还流传着有关格斯尔的传说，诸如高山洞口传说是格斯尔可汗的箭矢射穿的，洗刷红马时传说格斯尔可汗生云降雨等。赤峰市的亚玛图山和通辽市库伦旗的阿其玛山口，相传保留着格斯尔走过的脚印。查干沐沦苏木沙巴尔台嘎查的这座格斯尔古庙，正面是格斯尔可汗雕塑像，两旁是安钦和萧木尔各牵一匹战马，身后佛龛中依次排坐着格斯尔可汗的 4 位夫人：阿尔勒高娃（也译作图门吉日嘎朗、阿尔伦高娃、阿尔鲁高娃等）、若穆高娃（也译作茹格慕高娃、茹格牡-高娃等）、阿珠莫日根（也译作阿鲁莫日根、阿珠-莫日根、阿珠·墨尔根）和贡高娃。

《格斯尔》产生的年代是 11 世纪或 12 世纪，在近千年的时光中，《格斯尔》一代一代口耳相传至今。由于历史的变迁，许多原先无比繁荣的城邦和王国变成了废墟，各种自然的和社会的变迁湮没了许多珍贵的历史资料，使早期蒙古社会变迁的历史在许多方面变得有迹难寻。由于《格斯尔》反映的是蒙古氏族社会开始瓦解、奴隶制国家开始形成的历史时期，因此对《格斯尔》史诗文化进行研究，可以探寻蒙古族早期社会的生产状况和生活习俗。

史诗内容丰富，情节复杂，人名（包括神明）、地名俯拾皆是，各种饰词套语五花八门。要记住这一切，要准确、顺畅地咏唱这一切，需要掌握点窍门和一些规律性的东西，这样才能发挥好演唱者的技能，这是一件不容易的事。对著名民间说唱歌手琶杰来说，能记住并咏唱 80 个小时的史诗内容（根据他生前演唱本整理的《英雄格斯尔可汗》全文 13 卷，共 6 万余行，已经翻译出版的除《镇压十二头魔王之卷》和《北方部落保卫战之卷》《严惩奸凶朝通之卷》等 5 卷的单行本外，还有汉文版 12 章琶杰《格斯尔传》），一要有惊人的记忆力，二要有关于音律、格律说唱的技巧。《格斯尔》历代的说唱者，就凭借这样的技艺口耳相传，辗转演绎着《格斯尔》，使它世代传承与发展。

《格斯尔》的流传方式，包括口头传播和书面文本传播两大途径。优秀的说唱艺人一代又一代口耳相传，即《格斯尔》的传承依仗说唱艺人的师徒传授。史诗衍生文化及其文化产品的传播作用也较为重要。因蒙古族各类说唱艺术具有互通性，故说唱艺人的“一专多能”丰富了蒙古史诗《格斯尔》口头传播渠道下的各种语境，扩大了其受众群体。在《格斯尔》史诗流传的过程中，史诗的主要传播方式为口耳相传，是因为当时人们的生活需要这种文化的表现形式。随着社会的发展，出现了手抄本的形式，手抄本何时出现也是不确定的。因为《格斯尔》主要在民间流传，所以并没有确切的官方文字记载。蒙古族《格斯尔》史诗由于缺少文字记录，虽然少数演唱者有早期的抄本，大多是在20世纪50年代后陆续被发现，但《格斯尔》史诗的记录、搜集、整理及出版工作大规模展开，只是近三四十年的事情。《格斯尔》的搜集者、整理者、汉译者、研究人员，除少数是专业人员外，绝大多数都是利用业余时间开展这项学术活动的。《格斯尔》的研究，学界认为始于学者松巴堪布·益希班觉写给六世班禅巴拉丹耶希的关于《格斯尔》问题的两篇“答问”信件，其中提到了关于格斯尔的问题，这可能是对《格斯尔》最早的论述了，早期研究的讯息寥寥无几。自中华人民共和国成立后，关于《格斯尔》的研究不断推进，直到近三四十年才进入繁荣发展时期。经过国内外高等院校、研究机构的专家、地方学者和文人、蒙古族民间艺人，一代代人勤奋努力、刻苦钻研，为民族文化事业而奉献，民族史诗才得到传承、保护，现代语境下的格斯尔文化研究也不断拓展并深化。

二、《格斯尔》史诗的搜集、记录、整理及出版工作

从十七八世纪开始，蒙古族学者对《格斯尔》史诗的主人公格斯尔就有一定的论述。如蒙古族学者罗布桑楚勒图木（1740—1810）所著的《印度八王法王传》、松巴堪布·益希班觉（1704—1788）在“答问”信件中谈到了格斯尔的出生地、生卒年、部分经历和《格斯尔》这部著作的性质等问题，这是关于《格斯尔》比较早的论述了。《格斯尔》研究的起点最晚应从北京木刻本《格斯尔传》的出版年（1716 年）算起。如果从 1716 年算起，《格斯尔》学术史已有 300 余年，而已知最早的《格斯尔》研究者，便是北京木刻本《格斯尔传》的整理者和出版者，他们应该是一个学术群体。

早期《格斯尔》研究者中还应包括察哈尔格西·罗布桑楚勒图木、第二世章嘉活佛罗比多吉、第二世土观活佛罗布桑·却吉尼玛等。现当代以来，格斯尔史诗研究得到了较好的发展，白歌乐、哈·丹碧扎拉森、尤·齐木道吉、巴·布林贝赫、仁钦道尔吉、仁钦戈瓦、曹都毕力格（达尔玛僧格）、索德那木拉布坦、道荣尕、却日勒扎布、莫德勒图（安巴）、玛·乌尼乌兰、呼·才仁巴力、斯钦孟和、乌力吉、巴雅尔图、格日勒扎布、布和朝鲁、旦布尔加甫、斯钦巴图、乌·新巴雅尔、纳·宝音贺希格、跃进、巴图、格日乐图、龙梅等几十位学者致力于《格斯尔》的搜集、整理、出版与研究工作，取得了丰硕成果。其中，著名学者巴·布林贝赫（1928—2009）在他的著作《蒙古族诗歌美学论纲》和《蒙古英雄史诗诗学》中，运用本土诗学传统，从诗学的广义角度，构建了蒙古族英雄史诗诗学体系。他对蒙古族英雄史诗的发展轨迹、整体面貌及美学思想做了综合而深入的研究。他的诗学理论为现代蒙古族英雄史诗研究提供了理论依据。2018 年，陈岗龙汉

译的《蒙古族英雄史诗诗学》由中国社会科学出版社出版，大力推进了蒙古英雄史诗诗学理论在汉语语境下的传播，在中西诗学的比较研究、对蒙古史诗的多重阐释等方面具有极高的学术价值，这是不言而喻的。还有，仁钦道尔吉教授多年潜心研究英雄史诗，在其著作《蒙古英雄史诗源流》中将蒙古史诗分为单篇型史诗或单一情节型史诗、串联复合型史诗、并列复合型史诗等，并指出蒙古英雄史诗基本情节的结构类型。这些成果为蒙古史诗的研究奠定了坚实的基础。

20 世纪初，《格斯尔》口传史诗的搜集工作始于俄国伊尔库茨克稍靠北部的一些地方。1900 年，库尔丹在乌斯特乌尔特搜集到了说唱艺人曼苏特的一种格斯尔故事的版本，并发现《埃赛日·马兰和格斯尔·博格多》的故事[①]是由阿洛诺夫说唱的。1903—1918 年，莎莫卡拉诺先后从布里亚特的说唱艺人彼得鲁·米哈诺夫和若尔本·萨尔巴该那里记录了两种文本，共 4805 行诗。策·扎姆察莱诺从布里亚特著名歌手曼苏德·额默根的说唱中搜集到了 3 章格斯尔史诗，共 2.2 万行左右，名为《阿拜格斯尔》，于 1930 年在圣彼得堡出版，它成为许多学者研究格斯尔的主要文本。学者波塔宁搜集到大量流传的格斯尔资料并加以整理研究，出版了汉嘎罗夫在贝加尔湖以西和伊尔库茨克以北地区记录的《阿拜·格斯尔·博格多汗》。C.П. 巴拉达耶夫选择若干篇有关格斯尔的文章整理为著述，将其命名为《关于格斯尔的传奇故事和传说》，这是他在搜集和研究《格斯尔》方面的成果。季米特里耶夫对布里亚特口头演唱文本刊布工作的显著贡献也值得称道。

德国蒙古学专家 W·海西希多年潜心研究格斯尔史诗，他于 1980 年影印出版了德国传教士多米尼克·施瑞德在青海记

① 石泰安：《西藏史诗和说唱艺人》，耿昇译，中国藏学出版社，2005 年，第 66 页。

录的由土族艺人贡布嘉演唱的 1 万多行的《格斯尔》。此外，Д. 施雷捷尔用蒙古语记录过关于格斯尔的长诗[①]。蒙古国最早的文本是策·扎木察莱诺从库伦（今蒙古国首都乌兰巴托）获得的 15 部文本。1959 年，著名学者 B. 仁钦从不同文本中选出 7 章，在乌兰巴托出版。波塔宁研究蒙古国的资料发现，当地人认为格斯尔英雄确有其人，所以有的艺人将英雄对号入座[②]。20 世纪 30 年代搜集到在奥巴苏省、好布图省民间流传的 5 章托忒文《格斯尔》，现存于蒙古国中央图书馆和语言文学院图书馆，其中的部分内容是搜集者从民间获得的。波佩对喀尔喀口传文本进行论述，而且指出其口传本中一些故事遗漏的最重要的和必不可少的场面。从喀尔喀口传文本中，我们看到口传文本和书面文本的依存关系。

20 世纪 40 年代，一些民族学者开始注意到了我国各民族的史诗作品。中华人民共和国成立后，我国开展了史无前例的发掘民族史诗的工作，奠定了资料与信息的基础。随着社会主义新文化建设的加强，我国民间文学界也在重新审视各民族史诗的价值，开始了民族史诗学的理论建设。从 20 世纪 50 年代起，民族史诗学的建设正式开始，并被纳入我国民间文学的范畴。1958 年，中宣部召开编写少数民族文学史座谈会，开少数民族文学搜集研究工作之先河。1960 年春，全国民间文学搜集与研究小组组织了大规模的翻译工作，同时组织了全国大规模的民间文艺调查搜集活动，这是现代搜集整理和研究工作的开始。内蒙古地区根据国家抢救民族文化的号召，开展了《格斯尔》史诗抢救搜集工作。1959 年，诗人其木德道尔吉记录整理的琶杰演唱本《英雄格斯尔可汗》由内蒙古人民出版

① 中国社会科学院少数民族文学研究所编:《民族文学译丛》(第一册)，1983 年，第 170 页。

② 石泰安:《西藏史诗和说唱艺人》，耿昇译，中国藏学出版社，2005 年，第 143 页。

社出版，同时，录音保存了内蒙古哲里木盟（今通辽市）著名艺人琶杰的演唱本《格斯尔》，说唱时间长达 80 个小时，这是最为宝贵的精神财富。同时还搜集到了不少的抄写本，一并翻译出版。

汉译《格斯尔》文本方面，1959 年，安柯钦夫汉译的琶杰演唱本《英雄格斯尔可汗》由作家出版社出版，这是《格斯尔》的第一部汉译本。1960 年，桑杰扎布汉译的北京木刻本《格斯尔传》由人民文学出版社出版。巴林右旗史诗说唱艺人乌力吉图（艺名宝迪扎布）在 2013—2014 年为中国社会科学院和内蒙古民族事务委员会分别录制 30 小时、100 小时的《格斯尔》史诗。2016—2018 年，乌力吉图在文化与旅游部“史诗百部工程”的“《格斯尔》子课题”中录制了该史诗；2017 年，乌力吉图在巴林右旗《格斯尔》办公室录制 46 小时的《格斯尔》史诗。截至目前，乌力吉图总录制时间约为 240 小时。这种录制方式为留存资料，特别是保存老艺人的艺术风格提供了有力保证，但对史诗的活态性传承保证力度较小。

随着我国改革开放的不断深化，格斯尔文化研究也取得了巨大的发展。《格萨（斯）尔》的发掘、研究和出版工作在深入、迅速地进行着，如“六五”“七五”“八五”连续三次列入国家社会科学重点科研项目的《格萨（斯）尔》史诗和国家“九五”重点图书出版规划项目的《格萨（斯）尔文库》等，数以百计的研究专著和研究论文陆续出版、发表，这些优异成绩的取得充分说明了党和国家对少数民族工作的高度重视。近年来我国正在加大力度挖掘、收集、抢救各少数民族文化遗产，西部大开发正好给我们提供了一个非常难得的历史机遇。20 世纪 90 年代以来，各地的史诗搜集机构纷纷更名为史诗研究机构，甚至可以说，这是在搜集工作基础上必然的发展。研究的开展，又促进了搜集工作进一步深入。“在全国范围内开展《格斯尔》文本资料的搜集，发掘《喀喇沁格斯尔》抄本、托忒文《格斯尔》抄本、《格斯尔祭祀仪轨文》等；录音口传《格斯尔》资料400余小时，搜集整理《格斯尔》风物传说130余则。出版一批资料类和研究类学术成果。内蒙古《格斯尔》工作领导小组办公室制订‘蒙古族《格斯尔》丛书’出版计划，公开出版《格斯尔》文本资料17种，编印内部资料28本。”[①] 内蒙古《格斯尔》工作领导小组办公室于1985年在赤峰市组织召开第一届全国《格萨尔》学术讨论会；1993年在锡林浩特市举办第三届国际《格萨（斯）尔》学术讨论会。除此之外，内蒙古代表参加了第一届、第二届、第七届国际《格萨（斯）尔》学术研讨会；1991年，参加北京全国《格萨（斯）尔》艺人命名及成果展览会。2009年，由于《格萨（斯）尔》学的形成，蒙古族《格斯尔》与藏族《格萨尔》一并被列入联合国教科文组织“人类非物质文化遗产代表作名录”。中宣部对全国《格萨（斯）尔》工作做了重要部署，成立了全国《格萨（斯）尔》工作领导小组及其办公室；内蒙古自治区民族事务委员会于2012年起草《抢救保护〈格斯尔〉工作实施方案》，呈报自治区人民政府审批。自治区人民政府随即专门为《格斯尔》工作下达第145号文件，把《格斯尔》工作所需经费列入自治区财政预算，要求以课题形式开展相关工作。具体有数字化平台建设、研究基地建设、宣传推广、搜集整理资料、编纂出版大型《格斯尔》研究丛书等项目。2016年是《格斯尔》，即北京木刻本蒙古文《十方圣主格斯尔可汗传》出版刊行300周年。党的十八大以来，尤其是在2014年中央民族工作会议和全国文艺工作者座谈会上，习近平总书记两次强调《格萨（斯）尔》的政治意义和学术文化价值，使得《格斯尔》这部伟大史诗更加引起社会各界的广泛关注。为充

① 陈岗龙、哈达奇刚等译：《十方圣主格斯尔可汗传》，作家出版社，2016年，前言第6页。

分发挥学者专家在《格斯尔》工作中的指导作用，内蒙古自治区民族事务委员会于2013年8月同中国社会科学院民族文学研究所联合举办《格斯（萨）尔》与口传史诗国际研讨会，邀请相关专家成立内蒙古自治区抢救保护《格斯尔》工作课题专家组，并召开专家组第一次会议，初步商定编纂出版本套"《格斯尔》丛书"的计划。编纂出版《格斯尔》丛书是国家"十二五"和"十三五"期间内蒙古自治区抢救保护《格斯尔》史诗的重点规划之一，总卷数将达到60余册，内容包括研究专著、校勘注释本、搜集整理本、翻译本、修订再版本、论文集、艺人、辞典、文学读本等诸多种类，2016—2018年间全部已出版。这套丛书是《格斯尔》研究承前启后的系统性工程，对抢救、保护、传承和弘扬《格斯尔》史诗具有深远意义，对促进各民族之间的文化交流也将起到积极的作用，更是贯彻落实习近平总书记指示精神的具体体现，必将成为奏响《格斯尔》研究新乐章的序曲。

2016年8月11—14日，由内蒙古自治区民委、全国抢救保护《格萨（斯）尔》工作领导小组、内蒙古《格斯尔》工作领导小组联合主办的第八届国际《格斯（萨）尔》研讨会暨全国抢救保护《格萨（斯）尔》成果展在呼和浩特举行。来自北京、西藏、青海、内蒙古、四川、新疆、甘肃、辽宁等8个省、区、市的100多位专家、学者（有却日拉扎布、图·图如孟和、阿拉木斯、巴图等）和来自蒙古、匈牙利、俄罗斯布里亚特共和国、土耳其、日本等国家和地区的10多位专家学者，以及《格萨（斯）尔》演唱艺人参加本次会议。有关专家学者围绕《格萨（斯）尔》传承、抢救、保护工作进行了学术研讨。会议期间探讨的论文：阿拉木斯的《〈格斯尔博格多〉与〈关帝灵签〉的比较》、内蒙古大学特古斯巴雅尔的《新发现的〈格斯尔〉之第14章与隆福寺〈格斯尔〉之第12章之间的关系》、那木加拉的《论源于〈格斯尔传〉的故事谚语》、古·策仁巴拉的《论北京版〈格斯尔〉与德都蒙古方言关系》、乌·新巴雅尔的《蒙古文〈格斯尔〉与青海〈格斯尔〉比较研究》、陈岗龙的《格斯尔与阿卡德神话》、宝音图的《苏和演唱的〈格斯尔〉与蒙古民间文学的关系》、乌力吉巴雅尔的《蒙藏格斯（萨）尔传承特征管窥》、格·孟吉日嘎拉的《关于巴林格斯尔的起源与发展》和齐铁红、白志刚的《有关蒙古贞地区的格斯尔的简述》等等。以上论文内容涉及了《格斯尔》研究的多个领域，对格斯尔文化的推广、传承起到了促进作用，弘扬了蒙古族史诗文化。值得欣慰的是，与搜集、记录、整理工作相对应的是，蒙古族史诗的研究逐步在中国展开，在借鉴西方“口头史学”理论的前提下，形成了本土史诗学体系和理论构架。

史诗《英雄格斯尔可汗》整理者其木德道尔吉教授的父亲，曾经做过格斯尔庙的守门人，不仅给其木德道尔吉讲述了许多格斯尔的传说和故事，而且还保存了一部260多年前的木刻版蒙古文散文体《十方圣主格斯尔的故事》。这是一部极其珍贵的历史文献，中华人民共和国成立后由内蒙古人民出版社出版，成为国内外研究格斯尔不可多得的重要史料。《格斯尔》的搜集整理者、汉译者、研究人员勤奋的劳动为《格斯尔》史诗的流传、保护做出了贡献。

中国社会科学院研究院民族文学研究所乌·纳钦对《格斯尔》进行研究，他认为，纵观国内外《格斯尔》研究史，学界工作重点集中在以下六个方面：一是北京木刻本《格斯尔传》等10余种主要版本的整理与出版；二是《格斯尔》各种版本及其关系问题的研究，包括对版本成书年代、创编者与编译者的考证；三是蒙古族《格斯尔》与藏族《格萨尔》之异同与渊源问题的研究；四是《格斯尔》历史根源的研究；五是《格斯尔》各种版本和口头文本主要内容、体例结构、人物形象、修辞特征、语言风格的研究；六是《格斯尔》中佛教与萨满教间题的研究。但经过300年的研究，一些问题仍没有得到真正准确的解答。国内《格斯尔》研究真正意义上的勃兴是在中华人民共和国成立以后。从1949年到今天，《格斯尔》研究大约经历了三个阶段。

第一阶段为20世纪50年代初到60年代中期。这15年间，出现两项重要成果：一是整理和出版了《格斯尔》的重要版本，如北京木刻本《格斯尔传》、北京隆福寺本《格斯尔传》等；二是采录民间歌手演唱的《格斯尔》史诗文本，即《琶杰格斯尔传》，这是由歌手琶杰演唱的长达80小时的口头史诗文本，也是历史上第一次以录音手段搜集整理的《格斯尔》口头史诗文本。“文化大革命”十年动乱时期，《格斯尔》研究工作处于停滞状态。

第二阶段为20世纪80年代初到90年代中期。自1984年起，在中宣部直接领导下，中国社会科学院、文化部、国家民族事务委员会、中国文学艺术家联合会等4个单位同《格萨（斯）尔》流传的7个省、自治区——内蒙古、西藏、青海、四川、甘肃、新疆、辽宁，成立全国《格萨（斯）尔》工作领导小组，并在中国社会科学院民族文学研究所设全国《格萨（斯）尔》工作领导小组办公室，统一指导和协调《格萨（斯）尔》相关工作。在以索德那木拉布坦为代表的蒙古族《格斯尔》研究者的不懈努力下，《格斯尔》各项工作迎来蓬勃发展的学术春天。这一时期在四个方面取得重大成果。具体来讲，一是《格斯尔》列入了国家项目，开始全面普查格斯尔奇歌手并抢救《格斯尔》史诗，从内蒙古、青海、新疆、甘肃、辽宁等地采访登记的蒙古族格斯尔奇歌手总人数近100位，搜集录音口头演唱史诗资料达400余小时；二是整理出版《格斯尔》手抄本、木刻本、口头文本近30种；三是举办6次国际国内《格萨（斯）尔》学术研讨会和全国性《格萨（斯）尔》工作总结表彰大会，为《格萨（斯）尔》赢得了全社会的关注；四是出版一批《格斯尔》史诗资料汉译本。可以说，这一阶段是《格斯尔》研究承前启后、取得丰硕成果的重要时期。但从20世纪90年代中期开始，受国内市场经济大潮影响，《格斯尔》研究工作再次陷入低潮。

第三阶段为21世纪初至今，重大成果主要有两项。一是蒙古文版《格斯尔全书》问世。从2002年始，由斯钦孟和主编、巴图等人参与编纂完成的系列学术资料本《格斯尔全书》陆续出版，激活了《格斯尔》研究。《格斯尔全书》已出版11卷，集各国收藏的《格斯尔》珍贵版本完整扫描、文本拉丁文转写、科学整理、校勘注释于一体，是一套准确可靠的科学资料，是《格斯尔》资料整理出版的标志性成果，为今后《格斯尔》研究奠定了坚实的资料学基础；二是自2009年蒙古族《格斯尔》与藏族《格萨尔》一并被列入联合国教科文组织"人类非物质文化遗产代表作名录"以来，在"非遗"保护视野下，各地《格斯尔》工作全面复兴，并在新环境下产生新的变化，《格斯尔》研究也随之进入了新的发展阶段。

中华人民共和国成立以来，3个15年，共约45载，两度复兴，两度走入低潮，总体上取得上述8项重大成果，今天又进入新的发展阶段，构成当代《格斯尔》研究工作曲折发展的轨迹。可以说，经过几代人的努力，《格斯尔》研究取得了重大成绩，但也有着继续向前发展的巨大空间[①]。乌·纳钦对《格斯尔》的研究结论总结得非常全面，在此借鉴，用以说明《格斯尔》研究的总体状况。

《格斯尔》是蒙古族民间智慧的结晶，其深邃的思想、浓郁的民族气息、丰富多彩的故事和叙事艺术技巧，引起国

① 乌·纳钦：《论〈格斯尔〉史诗研究旨趣转向——敬贺北京木刻本〈格斯尔传〉出版300周年》，《内蒙古民族大学学报》（社会科学版）2016年第4期。

内外学者的关注，在此介绍几位《格斯尔》的搜集、整理和汉译者。

1. 托·巴德玛对《格斯尔》的贡献

托·巴德玛是搜集整理《格斯尔》和《江格尔》的先辈，史诗的著名学者。他录制了《格斯尔》录音带30余盒，包含10多个手抄本、61个章节的内容。他还采访了100多名《江格尔》说唱艺人，50多名《格斯尔》说唱艺人。托·巴德玛先生分别于1981年、1982年和1984年参加了全国第一、三、四次《格萨（斯）尔》工作会议，并被吸收为全国《格萨（斯）尔》工作领导小组成员。1985年，他又被吸收为新疆《江格尔》《格斯尔》领导小组成员。1983年，托·巴德玛先生将内蒙古人民出版社1956年4月出版的《十方圣主格斯尔可汗传》（上、下册）转写为托忒文出版发行。他为《江格尔》和《格斯尔》的搜集、整理、出版发行工作做出了重大贡献。

2. 贾木查对《格斯尔》的贡献

贾木查，1934年7月出生，新疆乌苏人，是新疆著名蒙古族学者、研究员，是搜集、整理《格斯尔》和《江格尔》的先驱。1984—1985年，他整理了资料本《江格尔》1 ~ 5册，由新疆人民出版社于1985年3月出版。在这5册资料本中，主要汇集了巴音郭楞州25名说唱艺人说唱的38章《江格尔》的内容，约5.5万行诗。其后，贾木查又负责编辑了《江格尔》资料本第6 ~ 9册，分别由中国民间文艺出版社于1987年、1988年出版发行。6 ~ 9册包括了巴音郭勒州、博尔塔拉州、和布克赛尔蒙古族自治县23名民间艺人说唱的53章《江格尔》的内容。1991年6月，在新疆成立了《格斯尔》资料丛书编委会，贾木查与阿木尔达来担任副主编，负责5种《格斯尔》资料本的整理和出版工作。

3. 其木德道尔吉对《格斯尔》的贡献

其木德道尔吉，1924年出生，内蒙古昭乌达盟（今赤峰市）巴林右旗沙布太苏木人，蒙古族当代著名诗人、作家，他曾在昭乌达盟文艺工作团、内蒙古文联及乌兰察布盟（今乌兰察布市）文化局工作。他在进行文学创作的同时，还从事保护、传承与发展蒙古族民间文学的工作，整理编辑琶杰说唱的《英雄格斯尔可汗》，包括《镇压十二头魔王之卷》和《北方部落保卫战之卷》两卷，于1959年7月由内蒙古人民出版社出版；后又整理改编《英雄格斯尔可汗》的三、四卷，即《严惩奸凶朝通之卷》《营救若穆高娃夫人之卷》，改编后由安柯钦夫汉译的文本于1984年8月由内蒙古人民出版社出版，之后被收入2004年由内蒙古文化出版社出版的《其木德道尔吉全集》（第四卷）之中。他汲取借鉴民间文学艺术，不仅对其文学创作起到了重要的作用，更为蒙古族《格斯尔》史诗的传承、保护与发展做出了不可替代的贡献。其木德道尔吉于1980年去世。

4. 道荣尕对《格斯尔》的贡献

道荣尕，1926年12月24日出生，内蒙古昭乌达盟巴林右旗照胡都格村人，编辑、著名学者，内蒙古社会科学院文学研究所研究员。1984年开始搜集整理蒙古族传统文化遗产。他早期搜集整理的有关《格斯尔》史诗传说的文本来自由内蒙古社会科学院文学研究所、自治区《格斯尔》工作办公室编印的（内部发行）资料丛书中的《巴林格斯尔传说（一）》（1985年），包括《吉日嘎郎图哈达（一）》《伊玛吐山岩洞》《吉布吐山》《格斯尔可汗的棋盘桌》《赛拉哈图山坡》《乌勒吉图山》《嘎西鲦诺尔》《查干淖尔》《格斯尔可汗的马桩》《钦达木尼石的来历（一、二、三）》《格特奇和强那奇》等；与都布钦整理了乌泽尔、苏和说唱的《青海格斯尔传》四章本，搜集整理《青海格斯尔风物传说》《琶杰格斯尔传奇（一）》。近70年来，学者道荣尕搜集整理古籍文献资料，深入田野搜集民族民间文艺，为《格斯尔》史诗抢救、保护、研究工作做出了重要的贡献，由他搜集整理的民间文艺资料除了《英雄史诗集》（1960 年）外，还有《琶杰格斯尔传》（上、下册）[①]、《宝格德格斯尔可汗传》[②]、蒙古《格斯尔》丛书中的《格斯尔故事传说》[③]、《阿珠莫日根传》[④]等。1986 年和 1997 年他两次荣获中国社会科学院等 4 个单位授予的《格斯尔》工作优秀个人奖。2009 年获内蒙古自治区党委、政府颁发的“内蒙古自治区文学艺术杰出贡献奖”金质奖章。2019 年在呼和浩特召开道荣尕搜集整理《格斯尔》文献出版座谈会。

5. 安柯钦夫对《格斯尔》的贡献

安柯钦夫，笔名漠南，1929 年出生，内蒙古赤峰人，著名作家，翻译家，中央民族大学教授。2009 年获内蒙古自治区党委、政府颁发的“内蒙古自治区文学艺术杰出贡献奖”金质奖章。安柯钦夫和道荣尕搜集整理的 12 卷蒙古文《青海格斯尔传》之前 4 卷的汉译本，由内蒙古社会科学院文学研究所、内蒙古《格斯尔》工作领导小组办公室于 1985 年 7 月以《青海蒙古族（格斯尔传奇）》之名，以内部资料形式发行。安柯钦夫与道荣尕于 1982 年 7—8 月间，一起赴青海省海西蒙古族藏族自治州调查青海蒙古族文学期间，搜集整理了苏和、斯仍、占布拉、朝格杜卜等人口述的 26 个有关格斯尔的传说故事，并与道荣尕联名为其写了后记，对《格斯尔》的产生地点以及思想意义等方面提出了自己的见解。该整理本由内蒙古自治区社会科学院文学研究所、内蒙古《格斯尔》工作领导小组办公室于 1984 年 12 月以内部资料形式铅印发行。安柯钦夫

---

① 琶杰说唱，道荣尕整理：《琶杰格斯尔传》，民族出版社，1989 年。

② 金巴扎木苏演唱，道荣尕整理：《宝格德格斯尔可汗传》，内蒙古人民出版社，2000 年。

③ 道荣尕搜集，贺·孟和吉日嘎拉编：《格斯尔故事传说》，内蒙古文化出版社，2018 年。

④ 道荣尕、罗布生搜集，阿拉木斯编：《阿珠莫日根传》，内蒙古文化出版社，2018 年。

还与斯钦孟和一起，于1981年夏天赴新疆维吾尔自治区蒙古族地区，搜集整理了7章《格斯尔》。该七章本，已由内蒙古文化出版社于1984年8月正式出版发行。安柯钦夫汉译《格斯尔》，始于20世纪50年代。他汉译了由琶杰说唱、其木德道尔吉整理的蒙古文本。其中的两章，即《镇压十二头魔王之卷》和《北方部落保卫战之卷》，以《英雄格斯尔可汗》之名，于1959年12月由作家出版社出版发行，1962年《英雄格斯尔可汗传》获内蒙古文学翻译一等奖，1980年修订再版发行；其后3章，即《严惩奸凶朝通之卷》《营救若慕高娃夫人之卷》《契丹国迎娶公主之卷》，以《英雄格斯尔可汗（二）》之名，于1984年8月由人民文学出版社出版发行。

6. 斯钦孟和对《格斯尔》的贡献

斯钦孟和，内蒙古赤峰市巴林右旗人。自20世纪80年代起，斯钦孟和曾几次赴新疆蒙古族地区，搜集整理《格斯尔》，并出版了《格斯尔》七章本（与安柯钦夫合作）和八章本，撰写了《论卫拉特〈格斯尔〉》等研究论文。他的论文开卫拉特《格斯尔》研究之先河，是全面研究卫拉特《格斯尔》之力作。他在上述论文中，对卫拉特《格斯尔》的内容、流传、人物形象、独立特点以及与其他《格斯尔》版本的联系等各个方面，进行了深入研究，提出了独到的见解，为后续的研究打下了良好的基础。多年来，他对《格斯尔》进行广泛的搜集整理与系统的研究，出版了蒙古文《格斯尔全书》10卷及《格斯尔》研究论文集。

在《格斯尔》的搜集整理、抢救保护工作中，乔苏荣、布和朝鲁、纳·宝音贺希格、龙梅、吉日木图（吉儒穆图）、都布钦等为搜集整理《巴林格斯尔传（三）》（1985年）、《青海格斯尔》（1986年）做了很多贡献。关于《格斯尔》的汉译本，自1960年4月桑杰扎布翻译的北京木刻版七章本由人民文学出版社出版后，陆续出现了一些汉译本。如内蒙古大学的那顺布和汉译了由吕日布、朱乃、冉皮勒等6名新疆《格斯尔》说唱艺人们口述，安柯钦夫、斯钦孟和整理的七章本畏兀体蒙古文《卫拉特格斯尔》。该七章本，已由内蒙古社会科学院文学研究所、内蒙古《格斯尔》工作领导小组办公室于1985年7月以内部资料本形式发行，其后由内蒙古文化出版社正式出版发行。毕力工（全名毕力工达来）汉译了吕日布、欧图卡、卓·道尔吉等说唱艺人们口述的《格斯尔》，后与斯钦孟和整理成八章本。该八章本《卫拉特格斯尔》，已由内蒙古自治区社会科学院文学研究所、内蒙古《格斯尔》工作领导小组办公室于1986年4月以内部资料本形式发行。20世纪80年代，同期汉译《格斯尔》口传文类不同文本的汉译者，诸如与安柯钦夫合译《青海格斯尔传奇》的朝格柱、《巴林格斯尔传说（一）》的译者宝音敖其尔、《巴林格斯尔》的译者布和巴雅尔等，对蒙古《格斯尔》故事的传播也起到了很重要的作用。这些搜集整理者或汉译者来自高校科研院所、文化机构，从事着不同工作，却对《格斯尔》研究开展了较扎实的相关工作，对《格斯尔》工作的复兴和研究的深化起到了不可替代的重要作用。

三、对说唱艺人的挖掘、保护与研究

古代蒙古民间，有专门演唱《格斯尔》的歌手，蒙古语叫“乌力格尔钦蟒古思”。每逢楚古鲁干（重大集会）或那达慕大会，喜庆宴会或流行瘟疫，便请他们来演唱《格斯尔》，以示欢庆祝福或驱魔除邪。在漫长的历史进程中，蒙古族先民曾经历过一个相当长的史前时期或无本民族自己文字的时期。早期的《格斯尔》的说唱是一种集体性记忆。在这个漫长的历史进程中，蒙古族的历史、文化，生产和生活经验的学习和传承全靠民间故事讲述者、歌手们的大脑记忆和口授代代相传。这种口耳相传，是最初接受和储存各种信息、传播信息的唯一途径。就《格斯尔》而言，蒙古族把听故事、讲故事当作艺术享受、学习和交流知识的渠道，甚至听故事、讲故事在蒙古族生活中具有极其重要的意义。每个艺人都有着惊人的记忆力、过人的智慧和天赋、充沛的激情和很强的思维能力，这种天赋和智慧是上天赐予他们专门来演述和传承《格斯尔》这份优秀的文化遗产的。在整理《格斯尔》近万行的史诗过程中，学者们被它厚重的文化内涵震撼了，大多数老人目不识丁，却能够记住这么多的故事、几十万字的语言内容，他们的记忆力超乎常人，可以整部、数章地背诵史诗的篇章，平均每部为5000行，如果会唱20部，就有10万行。许多诗行就储藏在他们的头脑中，说唱时可以自由提取，把所需要的部分说唱出来。同时，他们都有丰富的阅历，有着与众不同的好口才、好嗓音，受到群众的欢迎。尤其是他们在说唱《格斯尔》或说唱、讲述其他民间文学故事的过程中，经常即兴创作，不断增添新的内容和故事情节，使之不断丰富发展。所以《格斯尔》说唱艺人便是才华出众的民间艺人，他们以高超的技艺赢得了蒙古族听众的尊重。他们都是在传承和发展民族文化方面的不可多得的人才。对艺人进行全方位、多角度的研究刻不容缓。有人说，一位民间艺人去世，等于损失了一座图书馆。抢救艺人就等于抢救了《格斯尔》史诗。迄今为止，在蒙古族历史上究竟出现过多少位才华横溢的说唱艺人，我们无法进行追根溯源的考证和统计。因此，在研究蒙古族《格斯尔》的同时，对《格斯尔》艺人进行挖掘、保护、研究就显得尤为重要。

“歌手和他们的技艺是个古老的文化现象”，关于这一现象，各个民族有自己的神话式的、传说式的以及历史的、哲学的解释，现代民族主义者通常又把民间诗人称作本民族的文化英雄[①]。蒙古族说唱艺人史诗歌手都有较明确的师承关系，

① 尹虎彬：《口头传统史诗的内涵和特征》，《河北教育学院学报》2009年第3期。

他们完全从老师那里接受史诗内容及说唱风格，并以自己的理解来演唱，史诗的韵文占演唱的大部分，有些演唱一韵到底。这些民间艺人均具有超人的聪明才智，由于社会的发展变迁，史诗的书面作品大量涌现，口头说唱逐渐让位于书面抄本、刻本，久而久之，民间说唱艺人逐渐减少。“在 20 世纪 90 年代，在全国范围内开展格斯尔奇艺人普查，认定和登记 75 位艺人。其中有青海的乌泽尔等 18 人、新疆的昭·道尔吉等 32 人、内蒙古的罗布桑等 17 人、辽宁的敖习布等 3 人、甘肃的贾吉亚（女）等 15 人。”[①] 内蒙古的罗布桑等 7 位艺人于 1991 年被全国《格萨（斯）尔》工作领导小组办公室认定为“格斯尔奇”，已故的著名艺人琶杰被命名为“杰出的格斯尔奇”。蒙古族说唱艺人多为六七十岁的老人，从整体看，说唱艺人趋于老龄化，有些地区出现了后继艺人甚少的窘况。要改变这种状况，需要社会各界人士加强对《格斯尔》文化的大力宣传与关注，并注意培养《格斯尔》文化的传承人，还要政府加大对《格斯尔》文化发展所需资金的投入。国内蒙古族《格斯尔》说唱艺人主要分布在内蒙古、新疆、甘肃、青海、辽宁、吉林等地。目前《格斯尔》说唱的传承方式主要还是师徒传授，因此保护说唱艺人、保证说唱艺人的师徒传授活动顺利开展是保护史诗的关键。下面将结合《卫拉特〈格斯尔〉研究》[②]《〈格萨尔〉学史稿》[③] 及《首届保护与传承新疆伊犁厄鲁特蒙古人非物质文化遗产学术论文集》[④] 等，从蒙古族

① 陈岗龙、哈达奇刚等译：《十方圣主格斯尔可汗传》，作家出版社，2016 年，前言第 5 页。

② 玛·乌尼乌兰编著：《卫拉特〈格斯尔〉研究》，民族出版社，2004 年。

③ 扎西东珠、王兴先编著：《〈格萨尔〉学史稿》，甘肃民族出版社，2002 年。

④ 多尔吉拉·巴图加甫主编：《首届保护与传承新疆伊犁厄鲁特蒙古人非物质文化遗产学术论文集》，民族出版社，2016 年。

《格斯尔》说唱艺人中，选出几位加以介绍：

1. 内蒙古《格斯尔》说唱艺人简介

（1）琶杰

琶杰，男，1902 年出生于内蒙古自治区哲里木盟（今通辽市）扎鲁特旗回斯（今通辽市扎鲁特旗乌日根塔拉）嘎查。幼年为王府中的奴隶，后被强送到寺庙当喇嘛，曾受到著名艺人却邦的指教，18 岁就成了造诣较深的蒙古族民间说唱艺人。他酷爱蒙古族民间说唱艺术，能创造性地表演史诗、乌力格尔和祝颂词、好来宝等，《格斯尔可汗传》是其中的精品。他说唱了 6 万多行的《英雄格斯尔可汗》史诗，后由道荣尕整理出版了 4 万行的《琶杰格斯尔传》（上、下册）。这部史诗展现了琶杰全部的艺术功力，被誉为蒙古族著名的《琶杰格斯尔》，曾被译成汉文、英文并出版。此外他还说唱了《蟒古思征服记》《呼日勒巴特尔》等多部英雄史诗。他曾走遍内蒙古的哲里木盟、锡林郭勒盟等的 28 个旗县表演，1958 年 7 月他参加全国艺术工作者代表大会，受到毛主席的接见。他以丰富的语言、精湛的表演深得群众喜爱，1962 年因病不幸去世。1991 年 11 月 27 日，在北京人民大会堂召开全国《格萨（斯）尔》说唱家命名大会，已故的说唱艺人琶杰被命名为“杰出说唱家”。在他去世 30 年后，国家授予他这份荣誉，说明国家对这位具有精湛技艺的说唱艺人给予了高度评价，也表现了人民对这位蒙古族说唱文学一代宗师的缅怀之情。

（2）苏鲁丰嘎

苏鲁丰嘎，男，1923 年出生于内蒙古赤峰市巴林右旗白音塔拉苏木昭呼图嘎村的一个普通蒙古族牧民家。他从孩提时便听奶奶讲述格斯尔故事，1940 年前后，他拜在巴林草原上久负盛名的昭呼图嘎村的说唱艺人、牧民普日来为师，学习《格斯尔传奇》。后上学读书，1944 年开始工作，1952 年到内蒙古人民出版社从事编辑工作。他自幼喜欢说唱艺术，1980

年以后，根据记忆开始整理《格斯尔》的有关章节，1984—1985 年在内蒙古自治区《格斯尔》工作办公室编印的内部资料《格斯尔丛书》中刊载了由他演唱整理的 1200 行的三大诗章《巴林格斯尔》（二），即第十五章《格斯尔用如意石宝石平定罪恶的魔王》、第十六章《格斯尔镇压金角蟒古思》，还演唱了《圣主格斯尔可汗铲除毛斯海女妖之部》；1986 年布和巴雅尔汉译这两章并以内部资料形式刊印了《巴林〈格斯尔传〉》（1、2）。1986 年，苏鲁丰嘎被文化部、国家民委、中国社会科学院、中国民间文艺研究会授予全国英雄史诗《格萨尔》发掘工作优异成绩奖。2000 年，由他演述记录的三个章节史诗入选蒙古文系列丛书《格斯尔》，在索德那木拉布坦审订的《巴林格斯尔传》[①] 中出版。1991 年 11 月，在北京举办的《格萨（斯）尔》说唱家命名大会上，苏鲁丰嘎被授予“《格斯尔》说唱家”称号。

（3）参布拉敖日布

参布拉敖日布，男，1925 年出生在内蒙古赤峰市巴林草原一个普通牧民家里。巴林草原的牧民们酷爱听说书，尤其爱听《格斯尔可汗传》，即使是普通牧民，有时都能说上几段，在这样的文化土壤上，参布拉敖日布 9 岁时师从陶克陶师傅开始了说唱生涯。20 世纪 80 年代，他凭记忆记录并整理出陶克陶本《格斯尔可汗传》120 章，全书每章一般为 27 ~ 36 首诗，最长的一章约有 300 首诗，每首 4 行，每行 5、6、7 个音节不等，这在目前见到的手抄本、木刻本中也是少见的。他的表演精彩生动，在内容上也有许多独到之处。1986 年，全国《格萨（斯）尔》工作表彰大会上，他被评为先进个人。1991 年 11 月，在全国《格萨（斯）尔》说唱家命名大会上由中国

---

① 索德那木拉布坦审订：《巴林格斯尔传》，内蒙古科学技术出版社，2000 年。

社会科学院和中国民间文艺研究会授予他“《格斯尔》说唱家”称号。

（4）金巴扎木苏

金巴扎木苏，男，1934 年农历十二月初八日出生在内蒙古昭乌达盟（今赤峰市）巴林左旗努尔盖地区的查干乌苏斑巴沟村，是额尔顿陶格套呼和额尔顿其木格夫妇的长子，祖上属乌梁海部落。金巴扎木苏是当今杰出的格斯尔艺人，他演唱过包括神话传说、胡仁乌力格尔、本子故事、祝赞词、民歌和史诗等多种文类。他曾在说书馆和寺庙，在牧民家和那达慕大会的现场，在草原节日活动和学术会议上进行说唱，演唱活动持续 50 多年，他的歌声传遍了整个内蒙古草原。金巴扎木苏演唱的代表作有《五鼠闹东京》《施公案》《程咬金的故事》《宝格德格斯尔汗传》《格斯尔全书》《苦喜传》《全家福》《殇妖传》《程咬金寻酒》《穿风衣的羊》《唐王在水龙关被困》《金龟创造大地》，先后在巴林右旗广播站、内蒙古人民广播电台播出，并被内蒙古人民出版社出版，被中国社会科学院少数民族文学研究所少数民族文学资料库收藏。2000 年，由金巴扎木苏演唱、道荣尕整理的史诗《宝格德格斯尔汗传》出版发行。全书由 9 章《格斯尔》史诗组成，共有 12400 诗行。2001 年 5 月至 2002 年 1 月，金巴扎木苏为中国社会科学院少数民族文学研究所录制了 100 多小时的录音磁带。2001—2003 年，金巴扎木苏演唱的格斯尔史诗、传说由斯钦孟和整理为《格斯尔全书》（二、三卷），并分别于 2003 年和 2008 年由内蒙古人民出版社出版。其第二卷《圣主格斯尔可汗》，全书收录了 37 章《格斯尔》史诗，近 9 万诗行。这部文本是迄今为止的《格斯尔》文本之中内容最全、最多，篇幅最长的，创造了蒙古史诗文本沿革历史上的一次巨大飞跃；第三卷《宇宙主宰格斯尔可汗》是金巴扎木苏演唱的《格斯尔》史诗和用诗体演唱的 55 则格斯尔传说，共 78000 行。2004 年

5月，他获得了中国社会科学院少数民族文学研究所、史诗《格斯尔》演唱会组委会颁发的荣誉证书。迄今为止，他演唱了1130小时的《格斯尔》史诗，其语言之丰富优美、故事之精彩生动，令人叹为观止。2007年6月，他获得由中国文学艺术界联合会、中国民间文艺家协会授予的首批“中国民间文化杰出传承人”荣誉称号。他的个人资料被载入中国民间文艺家协会编撰的《中国民间文化杰出传承人名录（第一批）》。2018年5月，他成为第五批国家级非物质文化遗产代表性传承人，是非物质文化遗产《格斯尔》项目的唯一一位国家级传承人。2018年年底，他被推选为中国非遗年度人物。

2. 新疆卫拉特《格斯尔》说唱艺人简介

（1）吕日布

吕日布（又译李茹甫、罗日布、吕日甫），男，新疆四卫拉特之厄鲁特人，1932年出生于新疆维吾尔自治区伊犁哈萨克自治州尼勒克县胡吉尔台乡乌兰布鲁克村。其父宝格赛很有学问，精通托忒蒙古文字，他家藏有很多蒙古族传统经典著作，如卫拉特《格斯尔》手抄本、《阿拉坦格日勒》、《班吉日格其》、《扎登乃曼明安图》等。吕日布自小受其父亲影响很深，在父亲教导下学会了说唱卫拉特《格斯尔》。吕日布说唱《格斯尔》很有特点，他不用任何乐器，而是直接说唱。他说唱卫拉特《格斯尔》非常流利顺口，声音洪亮、平衡，极为动听。吕日布能说唱6章卫拉特《格斯尔》：《为使人间吉祥幸福，觉如遵旨从天而降》《竞技场上争斗激烈，觉如取胜大显神威》《征服沙莱高勒三部，勇士鲜血洒满疆场》《格斯尔遇难变驴子，阿鲁机智拯救圣主》《镇服魔王安都勒玛，扎萨降临助战取胜》《圣主寻母大闹地狱，送母灵魂升上天界》。这6章卫拉特《格斯尔》已被录音、记录整理，先后被收入内蒙古《格斯尔》工作领导小组办公室编印的《格斯尔》资料本以及其后出版的卫拉特《格斯尔》七章本、八章本、十二章本、十五章本等不同版本之中，并已汉译出版发行。除能说唱以上 6 章卫拉特《格斯尔》外，吕日布还能讲述许多民间故事、神话传说、祝颂词和英雄史诗。1991 年 11 月，文化部、国家民族事务委员会、中国社会科学院、中国民间文艺家协会联合授予他“《格斯尔》说唱家”称号。吕日布以最原始的口耳相传形式延续了格斯尔传奇，是享誉世界的著名格斯尔大师。2007 年，被文化部确定为第一批国家级非物质文化遗产项目代表性传承人。2018 年 5 月 1 日，吕日布在故乡逝世，享年 85 岁。

（2）加 · 朱乃

加 · 朱乃（又译朱那或昭那），男，新疆四卫拉特之土尔扈特人，1924 年出生于新疆维吾尔自治区塔城地区和布克赛尔蒙古自治县那仁和布克国有牧场。加 · 朱乃是五代世系的著名《江格尔》说唱艺人，同时他也是说唱《格斯尔》的艺人。加 · 朱乃会说唱 27 章《江格尔》，是说唱《江格尔》的一位全能手。加 · 朱乃说唱《江格尔》时，在严格掌握传统内容和艺术技巧的前提下，某些方面根据周围环境和自己的爱好、风格、习惯，进行适当发挥和再创作，使其更加丰富充实。加 · 朱乃还能说唱 9 章卫拉特《格斯尔》。1998 年 12 月 28 日，中国《江格尔》研究会授予他“著名《江格尔》说唱家”称号。加 · 朱乃说唱的《江格尔》和卫拉特《格斯尔》很有特色，其语言丰富幽默，声音时高时低，面部表情和手的动作变化多端，很能吸引听众。他说唱的卫拉特《格斯尔》，既有散文体，又有诗歌体，而且新创作成分较多，受《江格尔》影响较深。加 · 朱乃说唱的卫拉特《格斯尔》有：《为使人间吉祥幸福，觉如遵旨从天而降》《竞技场上争斗激烈，觉如取胜大显神威》《征服沙莱高勒三部，勇士鲜血洒满疆场》《镇服魔王安都勒玛，扎萨降临助战取胜》《圣主寻母大闹地狱，送母灵魂升上天界》《周游北方寻父灵魂，降伏六妖为民除害》《扎萨训斥朝通诺颜，圣主可汗宽容对待》《圣主可汗遇难丧生，阿鲁夫人设法营救》《格斯尔可汗一千个灵魂之一》等9章。加·朱乃说唱的卫拉特《格斯尔》，说唱章数较多、篇幅长、内容生动丰富、艺术水平高，在卫拉特《格斯尔》说唱家中首屈一指，是优异的卫拉特《格斯尔》说唱艺人。他说唱的9章卫拉特《格斯尔》分别被收入七章、八章、十二章、十五章本卫拉特《格斯尔》之中，影响极大，并已被汉译出版发行。

（3）坡·冉皮勒

冉皮勒（又译雅冉皮勒），男，著名《江格尔》和卫拉特《格斯尔》说唱艺人，新疆卫拉特之土尔扈特人，1923年生于新疆维吾尔自治区塔城地区和布克赛尔蒙古自治县牧民皮日来之家。冉皮勒是三代传承的著名《江格尔》说唱艺人，也是卫拉特《格斯尔》说唱艺人。其祖父阿穆尔巴图是当地有名的歌手、《江格尔》说唱艺人。其父亲皮日来是和布克赛尔王爷府的艺人，特别擅长吹笛子。冉皮勒以胡里巴尔·巴雅尔、西西那为师，学了近20章《江格尔》。冉皮勒自1979年起，共说唱了17章《江格尔》，同时也说唱了其他英雄史诗、故事和祝颂词。他能说唱两章卫拉特《格斯尔》，即《格斯尔只身闯魔窟，搭救赛吉尔胡爱妻》和《格斯尔征战龙王大魔》。

3. 青海《格斯尔》说唱艺人简介

（1）斯·胡亚克图

斯·胡亚克图，男，1933年出生于今青海省海西州德令哈市畜集苏木（原属柯鲁柯旗）。他从事牧业生产劳动，能说唱4章《格斯尔》。1991年，文化部、国家民族事务委员会、中国社会科学院、中国民间文艺家协会联合授予他“《格斯尔》说唱家”称号。

（2）普力吉

普力吉，男，1926年出生于今青海省都兰县。普力吉自小学习蒙古文和藏文以及医疗技术。他会说蒙古语、藏语、汉语三种语言，还是一位业余歌唱家，他能演唱许多优美的青海民歌，如《宽阔的戈壁》《辽阔的锡勒》等。他不仅能说唱很多祝颂词和英雄史诗，而且还能说唱青海《格斯尔》。他说唱的《黑心的阿卡朝通，善心的阿卡契尔金》便是青海《格斯尔》的一个重要片段。在这一片段中，通过两位“阿卡”的比较，突出了朝通卑鄙、阴险、虚伪、自私、凶恶、残暴的性格，将他的形象刻画得淋漓尽致，达到了很好的艺术效果。除此之外，普力吉还能讲很多民间故事，这些故事在当地很有影响力。普力吉所讲的《官吏选择三位女婿》等几则民间故事，已被收入齐·布仁巴雅尔主编的青海《德都蒙古民间文学精华集》（青海海西蒙古族藏族自治州文化局、海西蒙古族藏族自治州民族语文办公室的内部资料）和海龙、乌云其其格搜集注释的《青海德都蒙古地名传说》（内蒙古人民出版社，2001年）之中。

（3）诺尔金

诺尔金，女，1923 年出生于青海省都兰县诺木洪农场。她能说唱 10 章《格斯尔的故事》及其他许多民间故事、祝颂词和英雄史诗。她于 1986 年在其家乡说唱了 10 章《格斯尔的故事》，由却苏荣整理后，被收入齐·布仁巴雅尔主编的青海《德都蒙古民间文学精华集》（青海海西蒙古族藏族自治州文化局、海西蒙古族藏族自治州民族语文办公室编印的内部资料）之中。作者已撰写了本专著的研究论文，待发表。据作者观察，这 10 章《格斯尔的故事》是以北京木刻本 13 章《格斯尔可汗传》第一、四、五章的内容为基础，结合青海民间故事和英雄史诗的部分内容编创而成的。经比较分析，这 10 章《格斯尔的故事》的内容虽与北京木刻本的内容较相似，但新增加的内容不少，还有新增加的沙拉达尔罕之女等人物形象；尤其是使用的语言，完全是青海方言土语，所以它是一部包含着诺尔金辛勤劳动的新的作品。该作品内容丰富，艺术性很强，语言流畅，尤其最后一小段，对研究格斯尔原型具有一定参考价值。

4. 甘肃《格斯尔》说唱艺人简介

（1）贾吉雅

贾吉雅（1900—1986），女，肃北蒙古族自治县著名的蒙古族民间艺人，她曾生动又完整地演唱过英雄史诗《罕青格勒的故事》，她与呼和泰是甘肃省肃北蒙古族自治县著名英雄史诗说唱家，又是故事世家。他们能说唱多部英雄史诗和故事。呼和泰于1983年口述了《格斯尔可汗婚娶天仙女》和《格斯尔试探妻子》等散文体《格斯尔的故事》。前一个故事的开头部分，是根据北京木刻本13章《格斯尔可汗传》第五章的某些内容编创的。即格斯尔不在家时，魔王侵占了格斯尔的家乡，并掳走了牲畜、家产和两位夫人。格斯尔听到这一消息后立刻赶回来，与魔王大战，最后消灭了魔王，收回了被掳走的牲畜、家产，接回了夫人。这个故事的后半部分，讲述了格斯尔与天仙女之间的竞争。天仙女勇敢、果断、善射，与北京木刻本13章《格斯尔可汗传》中的阿鲁莫尔根的形象极为相似。因在竞争中失利而自愿与格斯尔成婚的结局，也与上述北京木刻本之结局一样。这个故事已被收入窦步青的《肃北蒙古族英雄史诗》（1998年）之中。

（2）查干夫

查干夫，男，1941年出生于今肃北蒙古族自治县盐池湾（即夏日格勒锦）乡。1986年说唱了《骑黑马的格斯尔可汗》（诗歌体）。该史诗完整、优美，有1900行。该史诗的前半部分与《格斯尔》关系不大，主要根据肃北民间故事改编，展示了以善胜恶败为结局的善恶之争。其后半部分是根据北京木刻本13章《格斯尔可汗传》第四章的内容和15章卫拉特《格斯尔》第六章的内容编创的，主要展示了格斯尔与魔王斗争的曲折场面，表现了格斯尔坚强、勇敢、嫉恶如仇的精神面貌。该史诗的语言特别优美，运用了许多肃北谚语、熟语和群众口头语，使人感到十分亲切。

（3）罗布桑敖斯尔

罗布桑敖斯尔，男，1926年出生于当时青海省柯鲁柯旗乌格图勒套海（套海相当于乡）。1942年与其他5个套海牧民一起搬迁至今肃北蒙古族自治县石包城乡。罗布桑敖斯尔自幼进庙当喇嘛，学习藏文和藏医。自20世纪50年代以来，他边放牧边行医，有时还到庙上念经，现已基本定居在县城，主要从事蒙医工作，他能说唱《尼苏海觉如》等3章《格斯尔》。

还有很多民间艺人致力于《格斯尔》史诗的传承，这里仅选取不同地区的几位歌手进行简要介绍，其他歌手将在相关章节里结合具体内容进行论述。

第三节 《格斯尔》不同文本概述

根据著名学者朝戈金在《史诗学论集》中的论述，“口传史诗”与“文本”是两个概念。“口传史诗”是相对于文人书面史诗作品的概念，至于如何界定“口传史诗”，有三种观点。“一是有的人类学家不承认有所谓‘单一的、世界性的’史诗样式[①]。二是在各民族的史诗之间虽然存在着相当的差异，但它们之间还是可以类比和互证的[②]。三是史诗常指描述一个国家或民族形成和发展过程中的英雄业绩的长篇叙事

① ［美］露丝芬侃根：《口头诗学：自然·意义和社会》（英文版），剑桥出版社，1997年。

② ［美］阿尔伯特·贝茨·洛德：《故事的歌手》，哈佛大学出版社，1960年。

诗。史诗多以历史事件为背景，但作用不在记载历史。它最初在民间以口头流传方式发展起来。文本是以传统语言学和文学研究中的文本定义为基准，再赋予它口头诗学形态学意义。具体而言，就是不用符号学家的广义‘文本’——任何释义或分析对象都是文本的说法。而强调史诗文本具有两层含义：它可以是显形的、书面的，也可以是声音的、口头的；它还是表演中的创作[①]。”以上论述，明确了现今史诗的文本概念，史诗的文本有五种存在形式：一是转述本，通过转述他人叙述的史诗故事，然后编辑整理而形成的文本。如贝格曼的《本亚明·贝格曼的卡尔梅克游记（1802—1803 年）》，他用德文首次向外界披露了一个消息：在俄罗斯境内的蒙古卡尔梅克人当中，流传着英雄江格尔和他的勇士们的故事。人们推测他并不懂得卡尔梅克书面语或口语，可能是当时有人翻译给他听的。因此，他根据听到的内容编撰、整理，然后发表出来。二是口述记录本，即录音设备没有发明之前，搜集者根据口述内容而记录的结果。俄国的蒙古学者康斯坦丁·郭尔斯顿斯基曾经于 1862 年主持过《江格尔》的口述记录工作，记录了两个诗章的《江格尔》，于 1864 年以卡尔梅克文原文出版[②]。这是继此前的德文本和俄文本之后，首次以原文形式出版的《江格尔》的史诗文本。三是手抄本，是搜集者亲自记录或雇佣他人记录的版本。记录后又被用于学术研究的则叫作口述记录本。如《江格尔》至少从 17 世纪中叶开始就有文字记录和整理的版本。这一传统一直延续到 20 世纪 50 年代。新疆古籍办（新疆维吾尔自治区少数民族古籍搜集整理出版规划领导小组办公室）、新疆民间文艺家协会和内蒙古社会科

① 朝戈金:《史诗学论集》,中国社会科学出版社,2016年,第 140 页。

② ［俄］郭尔斯顿斯基编:《乌巴什·洪台吉传、民间长诗〈江格尔〉和神奇的死尸》（托忒文），1864 年，伊孔尼科夫的石印本。

学院图书馆一共收藏10多种不同的《江格尔》手抄本。四是现场录音整理本，是利用录音设备把演唱者的演唱记录下来。相对于用手记录而言，录音设备能更完整地记录演唱者所唱的内容，不必让说唱者慢慢说唱而打断其思路。中国社会科学院民族文学研究所记录并保存了金巴扎木苏演唱的《格斯尔》9万诗行，是至今演唱过的最长的《格斯尔》录音作品。五是印刷文本，以印刷文字为载体的文本，这是现代社会史诗得以流传与推广的普遍方式。这种印刷形式的出现为史诗研究提供了更多的资料。如北京木刻版《格斯尔》，对格斯尔文化的传播起到了重要推动作用。蒙古族最著名的英雄史诗《格斯尔传》多年来通过口头与书面形式，在蒙古族地区广为流传。在其传播过程中，各地优秀民间艺人们传承地方口头文学的丰厚遗产，又接受了邻近兄弟民族文学的影响，不断完善着《格斯尔传》，所以形成了一些既相互联系又各有特点的地方性变异本。

从现在搜集到的《格斯尔》来看，18世纪以来，以卷本形式流传的《格斯尔》主要有北京木刻版、北京木刻版下册（隆福寺本）、托忒文本、鄂尔多斯手抄本、萨雅本（也叫咱雅本、札雅本、扎雅本）、策旺手抄本、诺木其哈敦手抄本、乌素图召本、卫拉特本等。

蒙古文《格斯尔传》于康熙五十五年（1716）在北京用木刻版刊印，全称《十方圣主格斯尔可汗传》，共7章，这是到目前为止所发现的最早的《格斯尔传》蒙古文版本。其后经过100多年，俄国学者多米尼·施密特于1836年用活字版刊印《格斯尔传》的蒙古文本，1839年又把它译成德文在圣彼得堡出版。从此，蒙古文《格斯尔传》便流传到国外，引起了东方学家们的关注。

据调查，曾在内蒙古境内流传的大型口传蒙古族《格斯尔》史诗文本主要有4种，即《琶杰格斯尔传》（蒙古文，民族出版社，1989年）、《巴林格斯尔传》（蒙古文，内蒙古科学技术出版社，2000年）、《乌兰察布〈霍尔格斯尔传〉》（蒙古文，内蒙古《格斯尔》工作领导小组办公室内部资料，1986年）、《格斯尔·博格达传》（蒙古文，民族出版社，2015年）。这些文本虽已陆续得到整理和出版，但它们还不能代表内蒙古格斯尔文化的全部内容。因为，内蒙古还有一系列格斯尔传说、祭祀和信仰等，与口传史诗相关文本产生紧密的互文关系，共同建构了格斯尔文化的本土传统格局。以往的研究较为注重文本，而忽略了作为文本根基的文化。

1954年，一部有6个章节的蒙古文《格斯尔》在北京隆福寺大雅堂旧书店被发现，学者们称之为《隆福寺本格斯尔》。其与上述北京木刻版《格斯尔》合起来就形成了一部较完整的13章蒙古文《格斯尔》。《蒙古文〈格斯尔可汗传〉的版本简介》中比较全面地分析了蒙古文《格斯尔》各种传本的内容和它们之间的演化、借鉴关系，《鄂尔多斯本》《诺木其哈敦本》《咱雅本》《卫拉特托忒文本》《乌素图召本》等版本既有相对的独立性，又互相依存、互相影响。学者斯钦孟和在《蒙古文〈格斯尔〉的几种版本的比较》中认为，迄今发现的蒙古文《格斯尔》共有109章，这些章节的出现是“由一些基本章节内容演变发展成为各种版本、抄本和异本的”。

在蒙古文《格斯尔》的基础上，汉译本、民译本和外译本的《格斯尔》为其走向更广阔的传播空间提供了便利。汉译本如作家出版社于1959年出版的《英雄格斯尔可汗》，该版本由琶杰演唱、其木德道尔吉整理；近两年出版的汉译本有中国国际广播出版社出版的《蒙古族民间英雄史诗：英雄格斯尔可汗》。英译本如国内流传的吴松林主编的中华民族文库：蒙古族系列《英雄格斯尔可汗》（汉英对照），该版本分上、下两册，由王民华、刘甜等人翻译，于2012年由吉林大学出版社出版。发表于《蒙古学信息》的《俄国对史诗〈格斯尔传〉的研究》一文基本上概括了18—20世纪俄国和其他周边国家学者对《格斯尔》的翻译和研究情况；学者陈岗龙的《蒙古英雄史诗搜集整理的学术史观照》主要从记录蒙古史诗的文字符号系统与史诗文本活形态口头特征之间的关系出发，梳理了对《格斯尔》和其他蒙古史诗的国外翻译研究情况，表明在蒙古国、锡金、尼泊尔和俄罗斯联邦卡尔梅克共和国、布里亚特共和国、图瓦共和国等地也有《格斯尔》流传，也提到了史诗译制情况等①。

“北京木刻版本和北京木刻版本下册（北京隆福寺本），是一种首尾基本一贯的、比较完整而又影响较大的十三章蒙古《格斯尔》本，这十三章本对其他抄本的形成提供了资料来源。可以说，北京木刻本和北京隆福寺本，是蒙古族《格斯尔传》各种抄本的祖本，而其他各种抄本都是以它们的内容为基础，在长期流传过程中派生出来的异本。”“其他各种异本的编纂者，都是按照己意有意识地从北京木刻本和北京隆福寺本中选取部分章节，加以整理和编辑而成的。因此在内容构成方面，它们大都基本相同，只是在文句、情节和章节安排等方面存在一定差异，表现出各自的编创特点。”②从卫拉特《格斯尔》及北京版《格斯尔传》之间的比较来看，卫拉特《格斯尔》是在北京版《格斯尔传》的基础上进行再创作而形成的。所以许多（将近三分之二的）章节中的许多情节都与北京版《格斯尔传》相同或相似。但卫拉特《格斯尔》绝不是照搬北京版《格斯尔传》，而是以北京版《格斯尔传》作为框架和基础，广泛吸收卫拉特传统故事、史诗、祝颂词的丰厚遗产，运

① 王治国：《蒙古族英雄史诗〈格斯尔传〉翻译的多维研究》，《民族翻译》2014年第2期。

② 荣苏赫、赵永铣：《蒙古族文学史》（第二卷），内蒙古人民出版社，2000年，328—329页。

用卫拉特方言，将卫拉特社会、历史的具体现实与卫拉特风俗相结合，进行再创作而成的丰硕成果。卫拉特《格斯尔》许多章节都增加了较新的内容，其中有些（将近三分之一的）内容是全新创作，构成了其他版本与变异本中没有的崭新内容。从而丰富了《格斯尔》的内容，使其出现了许多新的领域，丰富了研究课题，所以我们视卫拉特《格斯尔》为《格斯尔传》的独立异本，这对《格斯尔》的系统研究具有重要的学术意义。

鄂尔多斯抄本包括木刻本 7 章和续编第八至十一章的内容，另外还有两个派生故事。鄂尔多斯抄本的分章比较混乱，如第一章包括木刻本的第一、二章；第二章是一个派生故事（与萨雅本第六章相同）；第三章包括木刻本的第三、四章；第四章也是一个派生故事（诺木其哈敦本也有这么一个故事）；第五、六章与木刻本第五章相似；第七章包括木刻本的第六、七章；第八章有两个，前一个是续编的第八章，后一个由续编的第九、十章构成；第九章是续编的第十一章（残缺）。

从乌素图召发现的《格斯尔传》、鄂尔多斯发现的《格斯尔传》、托忒文七章本《格斯尔传》和诺木其哈敦本《格斯尔传》等版本的第一章和从新疆发现的单章本《格斯尔传》的第一章，在内容情节上与北京本基本一致的，只是由于手抄本不同的缘故，在词句上偶有不同，在具体的细节和结构上稍有差异。从萨雅院发现的十八章本《格斯尔传》抄本与其他《格斯尔传》不同，其风格也与其他文本不同。尽管它把故事情节分为多章来叙述，但它没有超越出北京本上、下两册的基本内容范围。以下是不同版本《格斯尔》目录的比较（表 1 至表 5）。

表1 北京木刻本与北京木刻本下册目录比较

	顺序	第一章	第二章	第三章	第四章	第五章	第六章	第七章
北京木刻本	各章目录	格斯尔十五岁时名声远扬	格斯尔斩除北方魔虎	格斯尔治理汉国固穆王朝的朝政	格斯尔铲除十二头魔王拯救阿尔伦高娃	格斯尔讨平锡莱河三汗	格斯尔镇压妖魔化身的呼图克图喇嘛	格斯尔下入地狱救出母亲
	1716年北京木刻本							
北京木刻本下册	顺序	第一章	第二章	第三章	第四章	第五章	第六章	—
	各章目录	格斯尔从天上求得圣水救活三十个勇士	格斯尔征服安都拉玛汗	格斯尔镇压罗布萨哈恶魔	格斯尔征服冉萨克汗	格斯尔镇压固么布汗	格斯尔和那钦汗之战	—
	说明：1949年后发现，1956年内蒙古人民出版社出版							

表2 托忒文本、策旺本和乌素图召手抄本目录比较

	顺序	第一章	第二章	第三章	第四章	第五章	第六章	第七章
托忒文《格斯尔》	各章目录	格斯尔十五岁时名声远扬	格斯尔斩除北方魔虎	格斯尔治理汉国固穆汗的朝政	格斯尔铲除十二头魔王拯救阿尔伦高娃	格斯尔从天上求得圣水救活三十个勇士	格斯尔征服安都拉玛汗	格斯尔下入地狱救出母亲
	1960年乌兰巴托影印							

续表

策旺本手抄本	顺序	第一章	第二章	第三章	第四章	第五章	第六章
	各章目录	格斯尔从天上求得圣水救活三十个勇士	格斯尔征服安都拉玛汗	格斯尔征服冉萨克汗	格斯尔镇压固么布汗	格斯尔和那钦汗之战	格斯尔斩除黑花魔虎
	1918年在大库伦（现乌兰巴托）发现，第一章简单地叙述了格斯尔的生平，以及讨平锡莱河三汗的主要情节，其他手抄本中无此内容						

乌素图召手抄本	顺序	第一章	第二章	第三章	第四章	第五章	第六章	第七章	第八章
	各章目录	格斯尔十五岁时名声远扬	格斯尔斩除北方魔虎	格斯尔治理汉国固穆王朝的朝政	格斯尔铲除十二头魔王，拯救阿尔伦高娃	格斯尔讨平锡莱河三汗	格斯尔镇压妖魔化身的呼图克图喇嘛	格斯尔下入地狱救出母亲	格斯尔救活三十个勇士
		1958年从乌素图召发现							

表3　鄂尔多斯手抄本与诺木其哈敦手抄本目录比较

鄂尔多斯手抄本	顺序	第一章	第二章	第三章	第四章	第五章	第六章	第七章	第八章	第九章	第十章	第十一章	第十二章	第十三章
	各章目录	格斯尔十五岁时名声远扬	格斯尔斩除北方魔虎	格斯尔娶阿鲁莫尔根为妻	格斯尔治理汉国固穆汗朝政	铲除十二头魔王	锡莱河三汗率部进犯格斯尔的故国	锡莱河三汗侵占格斯尔故国抢走茹格慕高娃	格斯尔讨平锡莱河三汗	格斯尔镇压妖魔化身的呼图克图喇嘛	格斯尔从地狱救出母亲	格斯尔救活三十个勇士	格斯尔征服安都拉玛汗	格斯尔镇压罗布萨哈
	1956年从鄂尔多斯扎萨克旗发现，其中第三章实际上是第一章最后部分（娶阿鲁莫尔根为妻）的异文													

续表

	顺序	第一章	第二章	第三章	第四章	第五章	第六章	第七章	第八章	第九章	第十章	第十一章
诺木其哈敦手抄本	各章目录	格斯尔十五岁时名声远扬	格斯尔斩除北方魔虎	格斯尔治理汉国固穆汗朝政	格斯尔铲除十二头魔王拯救妻子	格斯尔讨平锡莱河三汗	锡莱河三汗进犯格斯尔故国	救活三十个勇士	格斯尔征服十五头安都拉玛汗	格斯尔镇压妖魔化身的喇嘛	格斯尔镇压妖魔化身的呼图克图喇嘛	格斯尔下入地狱救出母亲
	1930 年从蒙古国北杭盖省发现，其中第六章是第五章的异文，不是完整的故事											

表4　萨雅本目录

	顺序	第一章	第二章	第三章	第四章	第五章	第六章	第七章	第八章	第九章
萨雅本手抄本	各章目录	天子投身于人间	皆乐	铲除七妖怪	修堂积德	娶茹格慕高娃为妻	娶阿珠莫尔根为妻	驯服残暴的斑斓虎	征服固穆汗	格斯尔归国
		第十章	第十一章	第十二章	第十三章	第十四章	第十五章	第十六章	第十七章	第十八章
		除掉可恶的魔王，救阿尔伦高娃	锡莱河三汗袭击岭国	从冉萨克地方回来修缮庙宇为父老享用	夺取锡莱河三汗政权	铲除魔王化身喇嘛	百姓享乐	征服安都拉玛汗	救活三十个勇士	征服二十一个头颅的冉萨克汗
	1930 年从萨雅班迪达的书库里发现，1960 年在乌兰巴托影印									

表5　卫拉特本与新疆抄本目录比较

<table>
<tr><td rowspan="6">卫拉特本</td><td>顺序</td><td>第一章</td><td>第二章</td><td>第三章</td><td>第四章</td><td>第五章</td><td>第六章</td><td>第七章</td><td>第八章</td></tr>
<tr><td rowspan="4">各章目录</td><td>为使人间吉祥幸福，觉如遵旨从天而降</td><td>竞技场上争斗激烈，觉如取胜大显神威</td><td>接受唐地使者请求，镇服北方黑花魔虎</td><td>劝导契丹固穆可汗，整其朝纲展示才略</td><td>朝通陷害娇妻受辱，深入虎穴铲除魔王</td><td>征服沙莱高勒三部，勇士鲜血洒满疆场</td><td>镇服魔王安都勒玛，扎萨降临助战取胜</td><td>日落方向魔鬼称霸，圣主讨伐震撼四方</td></tr>
<tr><td>第九章</td><td>第十章</td><td>第十一章</td><td>第十二章</td><td>第十三章</td><td>第十四章</td><td>第十五章</td><td rowspan="2"></td></tr>
<tr><td>格斯尔遇难变驴子，阿鲁机智拯救圣主</td><td>格斯尔只身闯魔窟，搭救赛吉尔胡夫人</td><td>铲除兄弟三大魔王，不畏艰险拯救夫人</td><td>扎萨训斥朝通诺颜，圣主可汗宽容对待</td><td>圣主可汗遇难丧生，阿鲁夫人设法营救</td><td>圣主寻母大闹地狱，送母灵魂升上天界</td><td>周游北方寻父灵魂，降伏六妖为民除害</td></tr>
<tr><td colspan="8"></td></tr>
<tr><td colspan="9">现在流行于新疆、甘肃、青海和内蒙古西部的版本</td></tr>
<tr><td rowspan="3">新疆抄本</td><td>顺序</td><td colspan="2">第一章</td><td colspan="2">第二章</td><td colspan="2">第三章</td><td colspan="2">第四章</td></tr>
<tr><td rowspan="2">各章目录</td><td colspan="2">格斯尔十五岁时名声远扬</td><td colspan="2">格斯尔征服安都拉玛汗</td><td colspan="2">格斯尔征服安都拉玛汗</td><td colspan="2">格斯尔镇压妖魔化身的罗布萨哈</td></tr>
<tr><td colspan="8">1981 年在新疆发现，单章手抄本</td></tr>
</table>

说明：以上表 1 至表 5 的内容是根据斯钦孟和的《蒙古文〈格斯尔传〉版本比较研究》整理。表 5 中卫拉特本《格斯尔》的第一至十五章目录从玛·乌尼乌兰的《卫拉特〈格斯尔〉研究》中摘录。

长期以来，《格斯尔》史诗以口头形式和书面形式流传，据统计，由国内外图书馆及科研机构等收藏的《格斯尔》版本(含手抄本)有100余种，其中包括口头文本(音声文档、听写记录本等)、手抄本(含托忒文抄本)、刻本的校勘注释本、翻译本、修订本、影印本等。20世纪以来还出现了数量可观的印刷本。按照其文本的形态，可将上述各类文本分为三个体系：一是口传文本。蒙古族艺人代代传唱的口头演述《格斯尔》史诗文本，如布里亚特《格斯尔》《琶杰格斯尔传》和金巴扎木苏《十方圣主格斯尔可汗》等口传文本，这些文本充分体现着《格斯尔》的民族文化特征。第二类是抄本、刻本体系。抄本、刻本是指蒙古《格斯尔》在流传过程中经各地僧俗文人不断加工整理的不同版本。具有代表性的有北京木刻版、北京隆福寺手抄本、乌素图召手抄本、鄂尔多斯手抄本、《扎雅格斯尔》（也叫《萨雅格斯尔》）、策旺本、诺木其哈顿本（也写诺木其哈顿《格斯尔》《诺木其哈敦格斯尔》等）、卫拉特托忒文本等。其中北京木刻版、诺木其哈顿本、乌素图召手抄本、鄂尔多斯手抄本、卫拉特托忒文本内容相近，北京隆福寺手抄本和策旺本内容相近，而《扎雅格斯尔》是比较独特的文本，内容上与北京木刻本、北京隆福寺手抄本和鄂尔多斯手抄本都有相同之处，大致上可以从藏族《格萨尔》中找到情节和人物等方面的印证，所不同的是其经过了编纂，即节译、省略、加工、缩写，当然有一些新的增补创编的部分，是有别于藏文《格萨尔》的蒙古文本。近年还出版了彩色影印的北京木刻版《格斯尔》、隆福寺本《格斯尔》、乌素图召本《格斯尔》、鄂尔多斯《格斯尔》、扎雅《格斯尔》、策旺《格斯尔》、诺木其哈顿《格斯尔》和喀喇沁《格斯尔》(上、下)等版本，为进一步开展研究提供了重要基础。第三类是翻译文本。该类是指从藏族《格萨尔王传》贵德分章本《霍岭大战》和《安定三界》等几个版本翻译而成的蒙古文《岭·格斯尔》，从中可见蒙古史诗与藏族史诗的渊源，也可以观察到藏族文学蒙译的过程和成果。此外，当代还出现了蒙古《格斯尔》诸种汉译本，并对这些汉译本进行了研究。《格斯尔》在裕固族、土族等阿尔泰语系蒙古语族地区广为流传，并发展成相对独立的传承体系，这在世界史诗传播现象中也是罕见的。

书面文本既来源于口头传播活动，又为口头传播资料的保存做出了贡献。书面各类译本又在一定程度上扩大了《格斯尔》史诗在地域上的影响力。因此，保证书面文本的科学性、可参考性十分关键。同时，推动书面文本的译介工作，保证书面文本的采集、转写质量也有助于提升书面文本的自身价值。口头传播、书面文本传播和史诗衍生文化的传播作用都是蒙古史诗《格斯尔》传承和发展的关键。将《格斯尔》史诗置于广阔的历史维度，推进其整体性开发和研究将非常有利于中国史诗文化的传承与发展。

第二章 《格斯尔》史诗文化艺术特色

“史诗往往是一个民族精神的载体，是民族文学生生不息的源头活水。”[①]《格斯尔》史诗是蒙古族创造的人类文明的精神遗产，也是中华文学艺术宝库中的一颗明珠。数百年来，《格斯尔》史诗的文化内涵已经渗透蒙古族生活的各个方面，并对蒙古族文学艺术的发展产生了重要的作用。“艺术是现实生活的反映，不是思想的反映，也不是科学。其构成一个可以通过读者的想象而树立起来的艺术境界，是具体的、形象的，可以感觉的。”一个民族的文化及其精神内核与她的文学艺术是息息相通的，从根本上说，一个民族的时代巨著正是受该民族当时的文化心理的熏陶而写就的。《格斯尔》作为蒙古族文学的巅峰之作，蕴藏着蒙古族文化的丰富内涵。《格斯尔》史诗的文化艺术是通过聆听而被感知的。《格斯尔》史诗的艺术特性正如樊第根在《关于民间诗的序言》中所言：“艺术情感是来自天上的同一光束，穿越雕刻成千姿百态的我们的感知性的晶体时，根据不同方位，分化并折射成千奇百态的不同颜色。”[②]《格斯尔》史诗中折射出的艺术之光，浸润于蒙古

---

① 朝戈金：《史诗学论集》，中国社会科学出版社，2016 年，第 42 页。

② ［法］让·贝西埃等主编：《诗学史》（下册），史忠义译，百花文艺出版社，2001 年，第 532 页。

族民族思想情感里，并根植于民族生活之中。从文化的角度分析《格斯尔》的艺术特色，突出表现在说唱艺人、神话思维和语言三个方面。

第一节 《格斯尔》说唱艺人的艺术技巧

《格斯尔》史诗经过一代代演唱艺人的传承和丰富，获得了高度发展，成为规模巨大、气势宏伟、人物众多、情节跌宕、语言丰富、韵律优美的英雄叙事史诗。这部英雄史诗，是汲取蒙古族远古先民丰富多彩的民间文学艺术创造之精髓，历经跨朝越代的历史锤炼、绵延数载的艺术加工，在扩充演绎和不断丰富之下，沉淀而成的具有强大生命力的精神产品。在它的整个孕生、成形过程中，自始至终从未离开过《格斯尔》说唱艺人，他们不但有超强的记忆力，而且有过人的智慧和天赋。《格斯尔》所蕴含的深邃生活内涵和它所呈现的艺术神韵，就是民间艺人在史诗创造过程中所展示的艺术匠心。在史诗流传的漫长过程中，他们用惊人的才华，进行着辛勤的创作活动。《格斯尔》说唱艺人人才辈出，正因为有了这些世代相继、层出不穷、具有文学修养和杰出艺术才华群体的辛勤耕耘和创作奉献，《格斯尔》史诗才以旺盛的生命力不断传播，流传至今。因此，才华出众的艺人群体是史诗最直接的创造者、保存者、继承者和传播者，又是活形态《格斯尔》史诗赖以生存的保证。

一、说唱艺人演唱艺术技巧的形成

在口头说唱史诗的发展过程中，说唱艺人不断创造新的语言，丰富了蒙古族的成语、谚语、格言等，获得了人民群众的喜爱。蒙古族观众也特别关心蒙古族说唱艺人的说唱艺术活动，在科尔沁民间经常评论说唱艺人的特点和风格。蒙古族民间流传着这样一句话："要听故事找扎纳，要听语言找琶杰，要听'好来宝'请你求见萨仁满都拉。"这句话就反映了这种情况。成为一名说唱艺人不是一件容易的事情，没有长期艰苦的磨炼，没有丰富的艺术经验是成不了说唱艺人的。说唱艺人没有专业学校，只能师承前辈并加以发展。所以，成为说唱艺人必须具备以下条件：

一是超强的记忆力。二是熟练的四胡演奏技巧。作为一名说唱艺人，必须学好四胡，它是说唱时的伴奏乐器。要掌握演奏四胡的各种指法和弓法技巧，熟悉尽可能多的曲调和四胡演奏技巧。三是熟练的说唱技巧。说唱艺人必须具备把一部书缩短或把故事拉长的表演技巧，即根据环境和听众的需要来安排说唱内容，在说唱过程中形成说唱风格特色，掌握说唱的基本规律。四是善于巧妙地安排故事。根据内容的需要，切合情节的进展和人物的感情编排故事，使史诗内容更丰富、更吸引观众。五是高超的模仿能力。模仿别人的说唱技巧或模仿师傅的说唱技巧、语言艺术、唱词风格、声调等，在此基础上，形成自己的说唱风格。蒙古族说唱艺人常有一人兼唱多种角色的情况，通过不同的唱腔来表现不同人物的思想情感，这是带有一种模拟性质的演唱。所以若要当一名说唱艺人，必须学会多种角色的表演艺术和多种曲调，例如掌握《征战曲》《行军曲》《赞颂曲》《上朝曲》《苦难曲》《怀念曲》等曲牌，在必要的地方使用。一名合格的说唱艺人必须具备以上条件。成为成熟的说唱艺人是一份艰苦的工作，对民间文学的爱好是最好的老师。

在古代，《格斯尔》故事在部众中的编创和传播也无疑经历了这样的阶段。在经过某个人的初步创作阶段后，这一故事便进入了大众的传播领域，然后整个部落成员进行集体的加工、扩充和传唱。这种大众参与创编史诗的现象，笔者在巴林右旗的田野调查中得到了证实。笔者在赤峰市巴林右旗进行过多次调研，目睹了民间艺人说唱《格斯尔》的场景。在蒙古族地区，史诗说唱者用自己的母语世代传唱《格斯尔》。这是他们生活的组成部分，他们把表演看作一种特殊的艺术交流，他们认为是神授予他们这样的才智。在西方文论史上，诗歌神赋的观点影响至深，可谓源远流长。追溯神赋的始祖，人们会想到荷马。确实，荷马是神赋论有案可查的第一人，是此观点热情的倡导者。神授诗人是古代各民族共同具有的观点，最初的演唱者一般没有可供背诵的文本，也没有师傅，都是口耳相传的或者说是神授的。只是后来出现了手抄本，抄本是记录整理说唱艺人演出内容的文本，而没有文字记载的部分则靠民间艺人以咏唱的方式传唱下去。他们在演述时，艺术性地展现自己的演唱才艺。同时，这种方式帮助人们追忆民族的荣耀，强化民族的自豪感，起到凝聚民族历史记忆的作用。演述者的表演技巧，经过长期训练才能形成。技巧不同于技术，技巧包含技术，但掌握了技术不一定就有技巧。在艺术表演中，技巧是演员从丰富的生活经验以及长期的艺术实践所积累的深湛的艺术素养中提炼出的高度集中的艺术表现。歌手“每一次表演都是单独的歌；每一次表演都是独一无二的，每一次都带有歌手的标记。歌手也许是从别人那里学会了他的歌，学会了构筑诗歌的技巧，但是这种表演中的诗歌创作，不论好坏都是他本人的。听着领会这一切，因为歌手就在眼前”[①]。在《故事的歌手》中，阿尔伯特·贝茨·洛德对这种族群时代人们习得和传承故事的过程做了进一步的梳理，将歌手学歌的过程大致分成了三个阶段：首先是聆听、感觉阶段，其次是运用和演练阶段，最后是篇目的增加和演技的提高阶段。《格斯尔》说唱艺

① ［美］阿尔伯特·贝茨·洛德：《故事的歌手》，尹虎彬译，中华书局，2004年，第5页。

人演唱技巧的形成也要经历这三个阶段的磨炼。

第一阶段，聆听老艺人的演唱。学习者由于热爱而全神贯注，希望有朝一日由自己演唱，或许他仍未意识到自己的决定，只是非常急切地想要聆听老艺人的演唱。在实际开始演唱之前，学习者已在无意之间打下了基础，他正在熟悉故事、熟悉英雄和英雄的名字以及远古的、遥远地方的习俗。他对诗的主题很熟悉，当他听多了，并听到人们讨论歌的时候，他对这些主题的感受就变得更加敏锐了。与此同时，他正在学习演唱的节奏韵律，歌中节奏表达的思想。即使在早期阶段中，那些反复出现的词语，即所谓的程式也能够被吸收。如琶杰从幼儿时起，就深受蒙古民间文学的滋养与熏陶，对好来宝、胡仁乌力格尔、史诗产生了浓厚的兴趣。他从小喜欢说唱故事，并跟随父亲的好友却邦学艺。时常给周围的人说唱，逐渐形成自己的说唱风格。他从 9 岁出家在庙里生活，受宗教文化的熏陶，他的说唱具有宗教的场域。我们从宗教仪式中看到，《格斯尔》传承的场域和信仰的氛围对歌手成长起着潜移默化的作用。这也是初学口头史诗的歌手必备的文化观念。

第二阶段，从歌手开口演唱开始，不管此时是否有乐器伴奏。这个开始阶段伴随着形式上的主要成分——格律和曲调。这就是歌手表达思想的框架。歌手必须学会足够的程式（formula）和主题（theme）。程式是指“在相同的格律条件下为表达一种特定的基本观念而经常使用的一组词（帕里定义），程式化的表达则指以程式的模式来构建的一行诗或半行诗”[①]，所以歌者表演的韵律和音乐程式是史诗说唱的重要组成部分。洛德认为，口头史诗的语法必须以程式为基础，但较之程式本身，隐含的程式以及依照这些程式去遣词造句的能

① ［美］阿尔伯特·贝茨·洛德：《故事的歌手》，尹虎彬译，中华书局，2004 年，第 30 页。

力，对说唱者来说显得更为重要。主题“指诗中重复出现的事件、描述性的段落”[①]。在歌手的脑海中，“一个主题有多种形态，它并非静止的实体，而是一种灵活多变、有适应性的艺术创造，有时会导致口头诗歌特性的不一致性，即‘荷马的一个盹’，而连接各个主题的是一种源自传统的‘本体张力’”[②]，从此以后，他所做的一切必须在这种韵律模式的限定之下。实际上歌手模仿的是大师们的创作技法，而不是某部史诗歌的技法。因此，歌手并不清楚他自己学艺的一些细节，他的解释通常是用一些一般性的术语。他会说自己喜欢老一点的歌，对它们有浓厚的兴趣，他聆听歌手们的演唱，然后“练、练、练”，一点一点地学习演唱。他并无特定的学习课程，也没有学习这个或那个程式的意识。这是一个不断学习、大量实践、模仿和融会贯通的过程，这也是歌手模仿前辈歌者的过程。谈到模仿的形态时，亚里士多德划分了史诗诗人可用的两种方式：“一是诗人以自己身份进行叙述，另一种是进入角色的扮演。”[③]亚里士多德认为，后一种方式较好，而这正是歌手应该具有的。当歌者改变自己的身份进入角色时，他所得到的效果不仅是表现生动，不仅是叙事魅力的增强，还有他在神灵面前被动地位的转变，这是一种具有本质意义的变化。

第三阶段，演唱篇目的增加和演技的提高。歌手开始完整地学唱另外一些史诗歌段，并深刻领会史诗的内涵和培养对史诗艺术的情感，掌握表演的重要技巧，在表演中有出色的发挥。“重要的艺术技巧问题是要依赖人生观的深度，和他包罗

① ［美］阿尔伯特·贝茨·洛德：《故事的歌手》，尹虎彬译，中华书局，2004年，第30页

② ［美］阿尔伯特·贝茨·洛德：《故事的歌手》，尹虎彬译，中华书局，2004年，第141页。

③ ［古希腊］亚里士多德：《诗学》，陈中梅译，商务出版社，1996年，第20—22页。

生活现象的广度，来解决的。”[①] 所以，成为一名成熟的歌手需要对史诗内容有深刻的理解，并经过生活的锤炼，不仅要记住整个文本、进行演练，还要能够独自创作或再创作。演唱时情感的运用是至关重要的。如“写诗要在情绪饱满时才能动手。无论是快乐或痛苦，都要在这种或那种情绪浸透你的心胸的时候”[②]。演唱史诗也是一种情绪的涌动，情绪饱满时能够把说唱史诗的内容发挥得淋漓尽致，临时创作新的内容并创造演唱技巧，使说唱技巧日益炉火纯青，逐渐形成个人的说唱风格。成熟的歌者能把外界引起的思想情感融入史诗的演唱中，最终被表现出来的是一种“完成”的艺术，是歌者世界观的最具体的体现，是歌者创作实践和全部知识的展现。从听众的角度讲，史诗演唱韵律齐整、语词优美，有很强的审美感染力。但从歌手角度讲，史诗演唱总有一种急迫性。洛德敏锐地观察到这种急迫性，他说：“歌手的任务是要一行一行地快速构筑诗行。即使他说出了诗行的最后一个音节，但构筑‘下一行诗’的需要仍然逼迫着他。”[③] 这种急迫的演述需求引出一连串程式，越是急促的演唱越会使歌手创编出洛德所说的那种“羽翼丰满的程式”[④]。程式是一种运动中的模式。当程式纵深分解之后，构成一组组横向平行式；横向平行式中的个体意象，又进一步向下完成纵向分解与转化。这绝不是格式化魔方的拆分和拼贴，而是一种灵活的口头创编机制。这里最凸显的并不是程式的“重复性”特征，而是“善变性”特征。这证明，程式的魅力不在于没有变化和没有生命动力的堆砌，而在于富有美学活力的魔术式转化和再创编。那么，能够创编出这

---

① 茅盾、老舍：《关于艺术的技巧》，中国青年出版社，1959 年，第 21 页。

② 艾青：《论诗》，人民文学出版社，1980 年，第 85 页。

③ ［美］阿尔伯特·贝茨·洛德：《故事的歌手》，尹虎彬译，第 74 页。

④ ［美］阿尔伯特·贝茨·洛德：《故事的歌手》，尹虎彬译，第 44 页。

样程式组合的歌手，应当被认为是很有演述能力的歌手。因为，“一个成熟歌手的标志是他在传统之中游刃有余”。

格列布涅夫是这样描述史诗歌手的：

“毡房里聚满了人，火塘里的火在燃烧，在寂静中有人喊出：‘Siyaan am（安静）！’随着这一声呐喊，讲述者开始用固定不变的程式‘Siyaan am!’讲述他的故事。他双眼紧闭，随着故事在那悦耳的音调和旋律中摇摆，述说勇猛的古代英雄及其功绩。”

图瓦人演唱英雄史诗的场面，对于其他突厥语民族来说也具有典型意义：晚上，人们聚集在毡房里，围坐在一个歌手身旁，他们是来听他讲故事的，他们需要整晚聆听歌手的表演。人们静下来之后，歌手开始讲述英雄故事，用传统的独有的吟诵和演唱方式。他牢牢地吸引住听众的注意力，把听众迷住。格列布涅夫在接下来的描述中强调，图瓦人坚信每一个听众都必须全神贯注地倾听歌手的演唱，如果在演唱史诗时有人睡着，那么他就会处于被惩罚的危险之中。显然，歌手并非只是简单的表演者，而他的故事也并非一般的娱乐：他能够将观众完全吸引，用心灵深处的强大能量掌控住每个听众的命运[①]。理查德·鲍曼认为：“表演在本质上可被视为和界定为一种交流的方式。”[②]对表演的“交流属性”的认识，从根本上改变了表演者与观（听）众的关系，从而使表演成为一种迎合传统、迎合特殊语境、迎合观众的双向的交流系统。由于“巩固信仰”成了整个社会群体共同和普遍的内在期望，所以史诗歌手关于“神灵梦授”的神奇传闻表演并不是他本人的一种欲望

---

① ［德］卡尔·赖希尔：《突厥语民族口头史诗：传统、形式和诗歌结构》，阿地里·居玛吐尔地译，中国社会科学出版社，2011年，第59页。

② ［美］理查德·鲍曼：《作为表演的口头艺术》，杨利慧、安德民译，广西师范大学出版社，2008年，第8页。

宣泄和情感表达，从本质上来讲，他并非一个自由的行动者，而是公众或信众要求他们这样做的。在与信众的交流中，他本人也要努力扮演成一个符合传统要求或者满足其观（听）众之期望的角色。为了满足听众的期望、升华自己的表演经验，史诗歌手运用了多种表演道具来呈现角色，同时他还擅于在表演中运用非言语因素来提升表演的质量，这些表演道具和非语言因素在史诗表演行为、认同史诗歌手的身份、区别史诗表演与其他说唱艺术等方面都具有举足轻重的作用。“帕里（Milman Parry）和洛德认为，口承艺术与其说是记忆的复现，不如说是艺人与听众一起进行表演的一个过程。在故事表演空间中，听众与讲述者之间的互动非常频繁。听众的在场会刺激表演者的表演欲望，决定表演者的表演内容。”[①] 听众是表演者施展才华的助燃剂，听众的反应往往直接左右着讲述者的情绪，讲述者的讲述热情离不开听众的刺激。在讲述者眼中，听众对故事表演的介入构成演唱者与听者的互动，因此，听众在场会极大地影响到讲述者的表演。在观察歌手的演述时会发现，熟练的歌手既不会无节制地重复使用程式，也不会无节制地变化程式。因为歌手在完成程式再创编时需要坚守一些传统的内部法则。史诗歌手在音乐伴奏下演唱时，速度往往会逐渐加快，直至变得异常迅疾。语速加快的这个阶段，又是在整个演唱过程中大量运用程式的关键环节。演唱达到高潮时，更没有任何推敲思考或彷徨犹豫的余地，只能任由语速逐步加快，进而变得飞快，那速度是常人无法企及的。这时，歌手在几秒钟之内要完成整句或更多诗行的演唱，且须把唱出来的诗句套入既定韵律框架中。彼时，死记硬背的吟诵或字斟句酌的拼贴都将彻底失效，歌手也不可能创编出完全脱离于既定韵律框架的诗句。语速已超出思维，瞻前顾后的构思推敲变得不现实。由于听众

① 叶舒宪：《文化与文本》，中央编译出版社，1998 年，第 153 页。

等着要把故事听下去，歌手只有改编记忆中的程式模式或重新创编一些新的程式诗句，以足够的词汇去填满不断逼近嘴边的无数个下一行诗句的音节空间，最终实现完整的史诗段落或诗章的演唱。正如洛德所说：“他能依靠以基本程式为基础而建立的模式，为即兴的表达去创作或再创作一些词语。”只要用好那个基本程式模式，歌手就能将诗句源源不断地铺排下去；如果用不好，则只能选择中断演唱。此时，程式的既定模式是歌手唯一的依靠和归宿，是他情急之中唯一能抓住的救命稻草，也是逼迫他发挥才能的万能工具。只有在这种高难度的口头演唱中才会发现，歌手对程式的再创编能力，其实就是歌手对既定程式诗句模式的驾驭能力。同时，可以感悟到，程式并不是在组合诗行的意义上，而是在满足歌手具体演述中急切创编需要的特殊功能上，对口头史诗演唱更为重要。可以说，对一部口头史诗来讲，程式不仅是工具，更是它再生的肌体[①]。

可以说，史诗歌手的程式储备并不仅仅是指歌手对语词、片语的记忆，抑或是歌手增加程式语库的储量，而是指歌手不断培养对传统诗句模式或词语模式的驾驭能力。程式的表达还有一种“俭省”的特点，而这“俭省”表明了歌手对史诗诗句既定模式有一种本能的依赖性。“俭省”的含义是“只要有一个固定的词语范式，它能够被用来表达某个给定的意思，那他（歌手）就会坚持使用该范式，同时拒绝使用其他一切‘可能的’表达方式”。对歌手来讲，只有掌握了这样一种驾驭既定模式的能力，程式才能变成实际演唱中鲜活的动机。程式再创编过程中，歌手实质上是在传统诗句模式中熟练地铺排语词和诗行，有时创编出新的程式，但传统诗句模式之外的语词和诗行还不能算作程式，它是全新的创作。别具新意的创造性词汇

① 乌·纳钦：《论口头史诗中的多级程式意象——以〈格斯尔〉文本为例》，《民族文学研究》2016年第3期。

更是另一个层面的问题，它是创新，而不是传统的再创造，它浸入传统还需时日。说到底，程式是善变的传统模式，也是多产的传统模式。它既有固定形式，又有很大的灵活性。程式固然有助于记忆，但它更有助于再创编。程式应当是更易于演述的言语模具或动机。只有理解到这一层面，我们才能彻底领会洛德那句话的真谛："故事歌手既属于传统，也是个体的创造者"，"每一次表演都是单独的歌，每一次表演都是独一无二的，每一次表演都带有歌手的标记"。

二、说唱艺人表演中的创作与记忆

即兴创编和表演中的创作是一个出色歌者必须具备的素质，"一方面自然要依据拉德洛夫的观点（一个好的歌手'往往要依据当时的情形即兴创编自己的歌，因此他从来不可能把歌丝毫不差地吟诵两遍'），但另一方面这种自发性却是在严格限定的状态下进行的。然而，我们必须相信，这种即兴创作意味着每一次演唱都是一次新的创作。'表演中的创作'这个词也许因为会造成一种误读，即史诗实际上并不是在表演中创作，而是在表演中再创作"[①]。如琶杰是著名的蒙古族史诗和故事说唱家，研究者搜集、整理了他演唱的 80 小时的录音资料。琶杰从十几岁就开始学习史诗演唱，主要学唱《格斯尔》等史诗和民间故事。他以自己的形式掌握了史诗的内容，他既能咏唱散文形式的史诗，也能咏唱韵文形式的史诗，他能够根据听者的不同要求扩展或缩短史诗的内容。实际上，根据不同对象扩展或缩短史诗的内容是一个即兴再创作的过程。因为史诗内容宏大、篇幅浩繁，能即兴改编显示出一个歌者超强的记忆力和智慧。

---

① ［德］卡尔·赖希尔：《突厥语民族口头史诗：传统、形式和诗歌结构》，阿地里·居玛吐尔地译，中国社会科学出版社，2011 年，第 242 页。

超强的记忆力是史诗歌手必须具备的条件。“斯卡拉在《口头叙事的阐释》中提出了‘自我距离’（ego-distance）这个概念，指讲述者自己和传统之间的距离。当一个讲述者认识到他在讲一个‘故事’，他会在这个故事和他本人及其观点之间拉开距离。故事被当成‘故事’在讲述，因此讲述者往往需要按传统的方式和内容去讲，无法随意发挥得更多，特别是评论和解释的成分会减少很多。可是，如果讲述者觉得他是在讲一件真实的事情，他会更容易根据具体情形，强调不同的重点，更容易从不同的角度看这件事情，并且更多地说出自己的意见，不需要逐字逐句地重复他所讲的内容。斯卡拉由此认为，讲述者的自我距离导致的评论、解释方法以及对它们的表达，是保持叙事作品稳定的关键因素。”[①] 笔者在田野调查中确实发现存在自我距离问题。一个比较明显的现象就是，当讲述者确实在表演一个“故事”时，如果由于记忆力的关系，讲述人记不清楚了，就会在传统与自己之间拉开距离。反过来，当讲述者在讲述一件他认为是真的发生过的事情时，几乎不会出现“追忆”的现象。艺人演唱特点是具有创造性的，因为他们不识字。如果有了书写，就不再具有创造性，而是有了传承性，这类艺人识字，可看书背书，通过学习获得讲述故事的能力。笔者对金巴扎木苏的演唱方式做了多年的跟踪调查，以此来观察艺人在特定文化和特定生活方式中的社会行为。笔者在就读博士期间采访过金巴扎木苏，获得了他说唱的口头表演资料。那是2007年，金巴扎木苏在巴林右旗表演了一段《格斯尔》。在四胡伴奏中，他神采飞扬，声音洪亮，用高亢的声音讲述格斯尔智斗蟒古思的故事，语速忽快忽慢，极富韵律感。在访谈中，金巴扎木苏讲述了他演唱《格斯尔》史诗的记忆过

① 杨利慧、张霞、徐芳、李红武、仝云丽：《现代口承神话的民族志研究》，陕西师范大学出版社，2012年，第85页。

程。故事要用诗行来创编，他用母语找到了最优美的表达方式，同时听长辈的演唱方式，便在自己的演唱中继承了传统史诗诗行的吟诵技法。他说，从格律和音乐中吸取了长辈的经验。演唱过程就是史诗的创作过程，也是演技成熟的过程。其实在演唱《格斯尔》史诗时，他已经进入角色，他以格斯尔的身份在咏唱，是一个身不由己的神赋的说唱者。在演唱中，传统的史诗内容会促使个人逐渐加深对史诗的理解，日益达到纯熟的境地，超强的记忆力是极为重要的。这时的大脑已经变成了各种故事的储存库，想用哪一个，会不由自主地像涓涓细流般不断向外涌现，并且他会很快融入说唱的角色中。在帕里和洛德看来，"'口头的'并不仅仅意味着口头表述……重要的不是口头表演，而是口头表演中的创作"[①]，不以词来思维，意味着生成句子时声音同意义的联系并非唯一重要的因素，有时可能只流于形式而不直接指向意义。"帕里和洛德证明了口头传统并非文字成熟前一种幼稚的文学活动，更不是书面语传统的附庸，而是一个独立的范畴。"[②]金巴扎木苏的讲述，也证明了口头演唱的创造性。

三、说唱艺人说唱的艺术特色

说唱史诗是一种独立的表演形式，说唱艺人的演唱既要吸引听众，又要与听众形成一定互动，即场域。《格斯尔》表演者有一定的信仰场域。格斯尔口头叙述表演既是一种信仰行为，也是一种口头叙事表演性、象征性的实践行为方式，是由文化传统规定的行为方式。这些行为是在听到的仪式场域、氛围、情景中交流，逐渐形成演唱者宗教信仰的观念，这种信仰

① ［美］阿尔伯特·贝茨·洛德：《故事的歌手》，尹虎彬译，中华书局，2004年，第33页。

② 林岗：《口头与案头》，北京大学出版社，2011年，第43—44页。

贯穿在歌手学艺和演唱的生涯中。《格斯尔》歌手表演以艺术的形式反映蒙古族信仰体系，而艺术的主要特点就在于能激发人们一定的情绪和情感。因此，“无论是对世界的审美的态度，抑或是对世界的宗教的态度，都必然在自身中包含着一定的感情和感受，艺术和宗教的共同点就在于此，正是这一共同之点，使两者接近起来，使两者在各个特定的时代相互联系、相互渗透、相互激发和相互促进”[①]。在史诗说唱中，“表演”一词通常包含双重意义，即艺术行为（民俗的实践）和艺术实践（表演的情景）。鲍曼又把它拓展至一种交流层面，他认为表演的本质在于它是“一种言说（speaking）的方式”或者是“一种口头语言交流的模式”[②]。就表演者而言，它需要承担向观众展示自己达成的交流方式的责任；而就观众而言，它可以对表演者的表述行为、能力、技巧以及展示的有效性等进行品评。程式分解的另一个关键缘由是歌手的类型与风格。蒙古族胡尔齐（拉着四胡演唱故事的艺人）分为编创型胡尔齐（urgumal hugurqi）与循文型胡尔齐（surgamal hugurqi），这两种歌手类型与卡尔·赖希尔所说的“创造型歌手”与“复述型歌手”基本上一致。卡尔·赖希尔指出：“虽然歌手的类型众多，但我们却能对‘创造型’（creative）和‘复述型’（reproductive）两种歌手做出比较清楚的区分。对于‘创造型’歌手的定义，不同的传统有不同的看法，但在大多数情况下它主要是指歌手拥有创造‘新’歌的能力，比如说对史诗系列增添一个分支章节或根据听众的要求变换自己所演唱的史诗内容。‘复述型’歌手更加难以定义。有些‘复述型’歌手以特定形式学会一部史诗并且总是固守自己所背会的歌，没有任

① 曹娅丽：《史诗、戏剧与表演——〈格萨尔〉口头叙事表演的民族志研究》，上海大学出版社，2015年，第61页。

② ［美］理查德·鲍曼：《作为表演的口头艺术》，杨利慧、安德明译，广西师范大学出版社，2008年，第12页。

何变化。但与此同时，他却能够‘创造’出另外一些篇幅短小的作品来。另外，‘复述型’仅仅表明该歌手具有强烈的文本稳定意识。但事实上，我们在他每一次演唱的文本之间都能找出一些差别。这种差别是由于演唱技艺的特殊需要而造成的。”

蒙古族英雄史诗以它那独特的说唱风格作为传统曲艺的一个重要种类，同时也是以诗般的语句和优美的曲调显示其自身的魅力，因此史诗艺术那独特的音乐曲调成为它的重要组成部分。蒙古族最古老的英雄史诗音乐最初的音乐调是赞词那种拉长音的演唱风格，演唱时发出“嗻——”的长音，然后再演唱，如“祝愿大家生活平安”或“愿大家永远吉祥幸福”等句式。最初史诗歌手演唱时，一般没有任何乐器伴奏。后来为了烘托讲述的氛围，加进了打击乐器来伴奏。蒙古族称为“陶克术尔陶力”，“陶克术尔陶力一般叫作雅巴干陶力（也可以称为打击乐陶力），我们完全可以在我国西部和中部以及喀尔喀蒙古地区陶力齐（即演唱英雄史诗的民间艺人）的演唱风格中很清楚地看到这些。我国西部地区的原先与蒙古族祖先——乞颜部落一起生存在北方高原的吉尔吉斯（即护骨部人后裔）、锡伯（即鲜卑人后裔）、维吾尔（即回鹘人后裔）、塔塔尔（即鞑靼人后裔）和哈萨克（即葛萨人后裔）、八姓之纳耶马罕（即乃蛮部落人后裔）、克热耶（即克列亦惕部落人后裔）、篾日乞耶（即篾儿乞惕部落后裔）以及新疆地区卫拉特蒙古江格尔齐、鄂尔多斯地区的达尔扈特陶力齐们中有不少艺人常常都是敲打金属、石头、木棒等坚硬的物质，能够发出高低强弱不同的、很有节奏的、某种微妙的音乐旋律来伴奏演唱古老英雄史诗的”[①]。蒙古族祖先们从敲打金属、石头、木棒为演唱伴奏开始，到用查日吉、玉磬、九音锣为古老英雄史诗

① 乞牙惕·沙·贺喜歌芒来：《蒙古族曲艺新探索》，辽宁民族出版社，2007 年，第 296—313 页。

伴奏的整个过程，是他们的社会生活不断发展、文化意识的不断飞跃以及审美的不断提升的必然结果。

其巴克都尔陶力一般叫作查嘎力陶力（也可以称为弹拨乐陶力）。人们一般认为其巴克都尔陶力是用陶伯术尔（即二弦）、术达尔古（即三弦）、雅图嘎（即古筝）、胡必思（即四弦）、潮尔（即胡笳）等弦乐器伴奏演唱的古老英雄史诗，故我们称它为“其巴克都尔陶力”。由蒙古族弹拨乐器伴奏的英雄史诗曲调是直接在打击乐器伴奏的基础上演变、发展、定型的，这是我国西部地区和中部地区普遍流行的古老英雄史诗演唱风格。现在与原乞颜部落一起生活在北方高原上的各部族后裔，如维吾尔、吉尔吉斯、锡伯、塔塔尔、哈萨克八姓之中的纳耶马罕、克热耶、篾日乞耶等部族的大部分陶力齐则用名为“都塔尔”的乐器来为演唱古老英雄史诗伴奏。这种乐器同卫拉特蒙古陶力齐们使用的乐器陶伯术尔非常相似。卫拉特蒙古和卡尔梅克、塔吉克、乌兹别克人也都是使用陶伯术尔来为《格斯尔》等古老英雄史诗伴奏的。

用蒙古族潮尔乐器为英雄史诗伴奏，是在用古老的传统弹拨乐器为英雄史诗伴奏的基础上发展而来的，之后演变成用胡尔乐器为英雄史诗伴奏。17—18世纪蒙古族开始出现以低音四胡为英雄史诗伴奏的艺术形式，它以那优美的琴声引起人们的关注。因为低音四胡的音乐性能是丰富多彩的，而且学习和掌握演奏技巧更为简单、方便，故四胡能迅速普及。使用低音四胡为蒙古族传统英雄史诗伴奏，具有独特的艺术风格。演唱传统英雄史诗，以低音四胡伴奏演唱为始，并逐步以蒙译汉文章回小说和历史小说代替蒙古族传统的潮尔乐器伴奏。蒙古族传统的“蟒古思因·乌力格尔”（即“妖魔故事”之意）虽然属于蒙古族传统英雄史诗范畴，但演唱之时往往不像演唱传统英雄史诗那样全部使用优美的诗句，而是以有诗句、有道白，诗句和道白紧密结合的方式演唱。用低音四胡伴奏演唱的蒙古语说书，与原有的传统英雄史诗的演唱方式和风格完全不同。这种诗句与道白结合的演唱方式虽然包含着与蒙古语说书相一致的众多因素，但整个故事所反映的内容和文化意识等都与蒙古族传统英雄史诗一致。这种演唱方式实际上就是以古老的神话与传说为依据，在用潮尔乐器为传统英雄史诗伴奏的基础上，改变叙事方式，从而大大简化原有英雄史诗的众多故事情节，重新创编出又说又唱、说与唱紧密结合、以胡尔伴奏演唱的另一类特殊的传统英雄史诗演唱形式。

以蒙古族弹拨乐器伴奏演唱的英雄史诗音乐曲调是直接在打击乐器伴奏演唱的英雄史诗音乐曲调的基础上演变、发展、定型的。随着蒙古族音乐和曲调的发展和不断丰富，演唱艺人不可能拘泥于一种曲调的伴奏，有时会加入不同音乐伴奏形式，如卫拉特英雄史诗《格斯尔传》中除《格斯尔颂》这一主题音乐曲调之外，还灵活地运用 10 种优美的套曲来演唱全部英雄史诗；又如琶杰就是使用四胡来演唱英雄史诗和民间故事的，他在 20 世纪 60 年代演唱《琶杰格斯尔传》时共用了 52 首各种不同的曲调。我们从孟都巴雅尔出版的《蒙古族民间说唱套曲》一书中得知，除其中 4 个音乐片段来自民间传统的潮尔陶力曲调之外，其他 48 首各不相同的音乐曲调就是民间歌曲、舞曲和好来宝以及艺人自己创作演唱的音乐曲调。

史诗说唱是一种由说唱者编唱和表演，用四胡或马头琴伴奏，自拉自唱，运用一种或几种曲调，表达不同人物情感的演唱形式。

蒙古族说唱曲调大多来自祝词、赞词、萨满音乐、民歌、歌舞等，形成不同的演唱曲调，具体分为以下几种：

咏诵调：蒙古族说唱艺人大多以吟诵式的语调讲述故事。吟诵调：介于说与唱之间，朗诵、韵白、吟唱融为一体，具有似说似唱、吟唱结合的特点，主要用来叙述故事情节。吟唱的节奏直接从语言节奏中产生，其音调则脱胎于语言音调的长短高低，富有蒙古族祈祷词、民间赞词的韵味。叙述调：主要用于交代故事，叙述故事内容。它的特点是似说似唱，介于说唱之间，有规定的旋律而曲调不固定，乐句长短不一，较为自由，有些变化是同语言相结合的。艺人在演唱时常用叙述调，如用在句前、句中、句尾。艺人在道白时没有伴奏音乐，主要使用吟唱调。有说说唱唱、只说不唱和只唱不说三种。

《格斯尔》史诗的演唱曲牌属于五声调式体系。除了有单纯的调式外，还有大量的复合旋律。其唱法有程式化的句法和程式曲调。著名学者朝戈金认为："蒙古族史诗从叙述情节到结构都是高度程式化的。"[①] 史诗的曲调与句法一样也具有程式化规律。为了更好地理解《格斯尔》史诗的演唱曲调，故选取《圣主格斯尔可汗》[②] 中记录的部分曲谱段落加以说明。巨型史诗文本《圣主格斯尔可汗》末尾所记录的 21 个曲调的调式调性富有特点。有诸多因素制约音乐的表现，但不同调式对音乐的表现，尤其是在感情色彩的表现及刻画人物形象的效果上有不可忽视的作用。

首先，《圣主格斯尔可汗》里所谱写的曲调共有 21 个，属于五声调式体系。五种五声调式皆有，其中单纯主音调式的曲调特别少，五声性多主音调（转调、交替）占多数，同宫系统的转调比较普遍，有一些调式是 4（清角）和 7（变宫）音的增加，还有带 #4 音和 b7 音的特殊色彩的音调，比如第 12 和第 15 首。

谱例 16（#4 特殊音）：

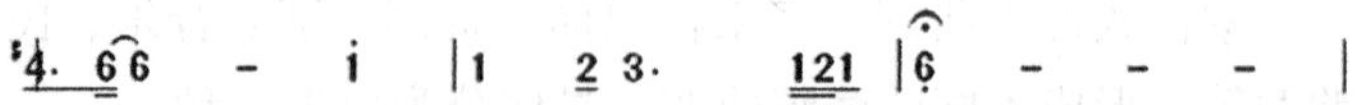

#4. 66 - i |1 2 3. 121 |6 - - - |

① 朝戈金：《口传史诗学：冉皮勒〈江格尔〉程式句法研究》，广西人民出版社，2000 年，第 9 页。

② 金巴扎木苏演唱，斯钦孟和搜集、整理、注释：《圣主格斯尔可汗》，内蒙古人民出版社，2003 年，第 2006—2025 页。

谱例 17（b7 特殊音）：

5^ - 1. ♭7 7 | 5^ - - - | 5. ♭7 7 - - |

下面具体说明 21 首曲调的调式布局特点。同宫系统转调曲调有 6 首（第 1、2、4、5、9、10 首），六声性转调曲调有 4 首（第 11、15、18、19 首），同主音转调曲调 4 首（第 7、8、14、21 首），单主音曲调有 3 首（3、13、16 首），特殊音曲调 2 首（第 14、15 首）。从以上数据分析，大多数的曲调属于转调性曲调，单主音调式占极少数（仅 3 首）。

从理论上讲，突破单一调性而扩大调或调式的接触面，是音乐求得新发展的重要手段。在《圣主格斯尔可汗》的曲调里，除出现少数单一调性外，大多数的曲调都突出调式变化。用种种调式的变化来刻画各种人物的形象。有时候采用临时变化音来表达某种心情或紧张而不稳定的情绪。比如第 12 首里临时变化音 b7 的出现，它的目的不是为了破坏原调式的结构，而是在模仿一种不稳定的情绪。

谱例 18（第 12 首部分）：

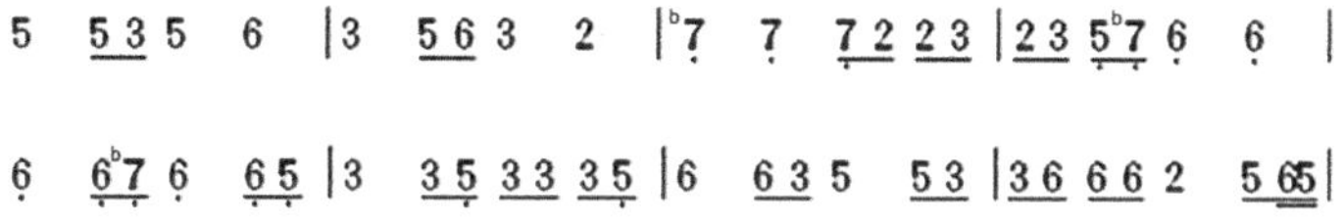

5 53 5 6 | 3 56 3 2 | ♭7 7 72 23 | 23 5♭7 6 6 |

6 6♭7 6 65 | 3 35 33 35 | 6 63 5 53 | 36 66 2 565 |

其次，《圣主格斯尔可汗》中所记录的曲调、节奏、节拍的基本特点。《圣主格斯尔可汗》是格斯尔史诗传承人金巴扎木苏演唱的韵体长篇巨著，可以说在蒙古族音乐文学史上也是一部巅峰之作。无论是英雄史诗，还是胡仁乌力格尔、好来宝、叙事民歌，它们的表现形式都离不开音乐形式唱（说唱），大多数艺人拿着乐器胡尔或潮尔自拉自唱。所以说唱长篇英雄史诗时产生的大量内涵丰富的曲调，也是我们关注的重点，也就是英雄史诗音乐部分的旋律和节奏。

音乐是时间和音响的艺术，节奏是构成音乐线条（旋律）的骨架。时间的长短、速度的缓急、拍子的强弱等多种因素，组织起来构成不同的节奏规律与情绪。

音乐的线条可含两种要素，即旋律音和节奏，它们都可以从旋律中分离出来并进行各自不同的组合，形成有不同表达意义的旋律。

谱例 19（第 16 首部分）：

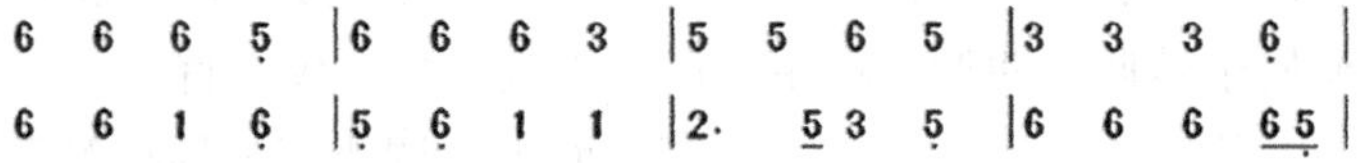

6 6 6 5 | 6 6 6 3 | 5 5 6 5 | 3 3 3 6 |
6 6 1 6 | 5 6 1 1 | 2· 5 3 5 | 6 6 6 6 5 |

根据上面的谱例可以很清楚地看到同一个节奏形式上的不同旋律音的动感。

谱例 20（第 12 首部分）：

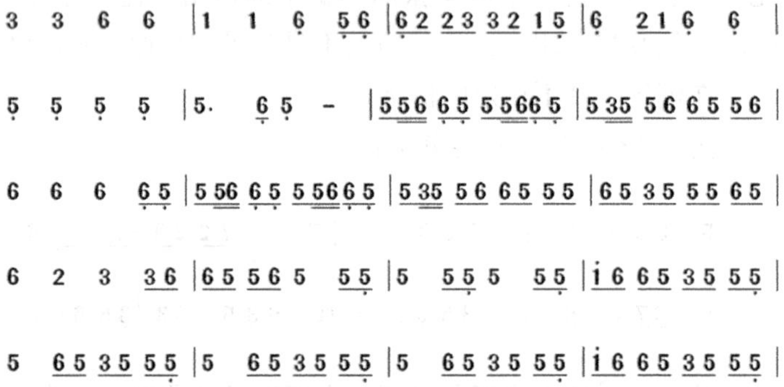

3 3 6 6 | 1 1 6 5 6 | 6 2 2 3 3 2 1 5 | 6 2 1 6 6 |
5 5 5 5 | 5· 6 5 - | 5 5 6 6 5 5 5 6 6 6 5 | 5 3 5 5 6 6 5 5 6 |
6 6 6 6 5 | 5 5 6 6 5 5 5 6 6 6 5 | 5 3 5 5 6 6 5 5 5 | 6 5 3 5 5 5 6 5 |
6 2 3 3 6 | 6 5 5 6 5 5 5 | 5 5 5 5 5 5 | 1̇ 6 6 5 3 5 5 5 |
5 6 5 3 5 5 5 | 5 6 5 3 5 5 5 | 5 6 5 3 5 5 5 | 1̇ 6 6 5 3 5 5 5 |

在上面的谱例中，不同的旋律在同一个节奏形式上的变化是各种各样的，表现力也不相同。旋律音不同，旋律走向也不尽一致，但是与好几个乐句的节奏完全相同，因而实现由舒缓到紧张的情绪转换。

节奏时值的长短是相对的。同一个速度条件下，长时值的旋律音表现得更为舒展、宽广，短时值的旋律音组织往往更加紧凑、活跃。《圣主格斯尔可汗》曲调里常用旋律音时值的长短来表现不同情绪和变化。因为说唱内容是史诗，所以产生有规律的音律和节奏是必然的，而且长时间有规律的说唱形成了强烈的固定音律（语言节奏和音乐节奏）的循环。在音乐理论上，各种节奏型的连接与运用，既要遵循音乐本身的规律，又要依据唱词提供的节奏和结构形式。在《圣主格斯尔可汗》说唱音乐里，对节奏型的运用围绕着作品本身的特点，形成了音乐形式和速度。《圣主格斯尔可汗》中使用的基本节奏型有以下两种特点。

1. 均分式

每个旋律音的时值相同，构成均分式节奏型。

① 4\4 × × × × | × × × × |（使用的最多）

② 4\4 × × × × × × | × × × × × × |（常用）

③ 4\4 × – × – | × – × – |（常用）

④ 4\4 × – – – | × – – – |（常用）

2. 细分式和附点式

① 4\4 × × × × × × × × × × |（常用）

② 4\4 × • × × × × × • × × × × |（不常用）

关于节拍的问题，音乐中的节拍与节奏是共生关系，它们总是交织在一起，同时存在。节拍的主要特性在于它的强弱交替规律，变化不大。在一般情况下，节拍制约节奏的结合规律，所以在《圣主格斯尔可汗》的节拍表现规律上做不了太大的文章，因为所有的节奏记谱都需要在4/4的节拍内完成。

再次，《圣主格斯尔可汗》曲调旋律发展手法的特点。史诗说唱曲调总体结构上不像创作一首歌曲那么简单，是从一个动机发展成结构比较完整的乐句或乐段的过程。因为《圣主格斯尔可汗》是根据长篇史诗的内容及角色变化来配乐的，所以要在塑造一个角色和叙事过程中不断地即兴创作曲调（包括变奏）来进行说唱。根据《圣主格斯尔可汗》说唱曲调使用材料的情况，旋律发展手法大致可分三种类型：重复、展开与对比。

重复是将主题旋律材料保持原样或予以变化性呈现的手法。重复、变奏、摸进、贯穿及再现的手法都归属这一类。

1. 重复手法

重复性乐段的结构一般为：A+A、A+B+A、A+A1+A2、A+B+A1+B1+A2 等。下面分析的曲调的重复结构为：前奏+A+B+A1+B1+ 前奏变奏 +A2……属于结构规模比较大的曲调。

谱例 21（第 2 首前奏）：

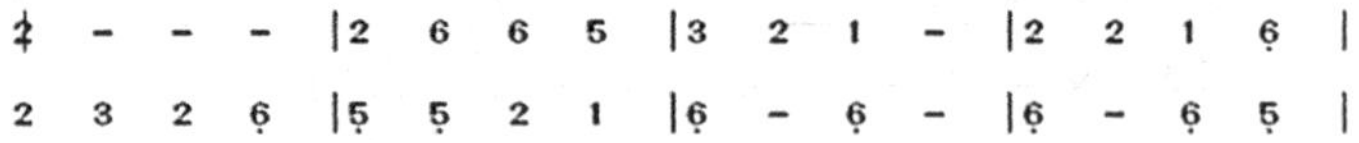

2 - - - |2 6 6 5 |3 2 1 - |2 2 1 6 |

2 3 2 6 |5 5 2 1 |6 - 6 - |6 - 6 5 |

谱例 22（第 2 首 A）

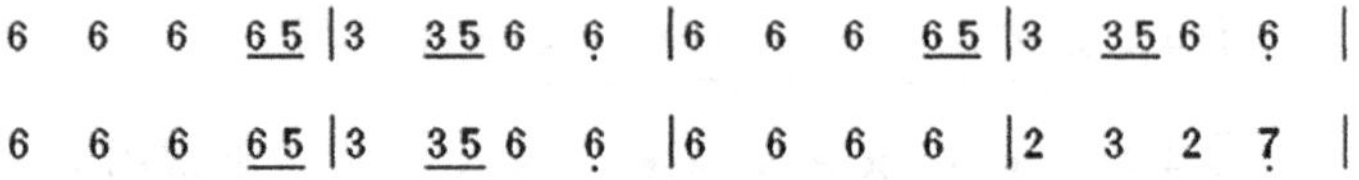

6 6 6 65 |3 35 6 6 |6 6 6 65 |3 35 6 6 |

6 6 6 65 |3 35 6 6 |6 6 6 6 |2 3 2 7 |

谱例 23（第 2 首 B）：

5 6 1 36 |6 - 6 65 |6 6 6 65 |3 35 6 6 |

i i 6 5 |3 35 6 6 |6 6 6 6 |2 3 1 2 |

5 6 1 21 |6 - 6 6 |32· 2 5 |3 35 3 5 |

6 5 61 21 |6 - 6 65 |6 6 6 65 |3 5 6 6 |

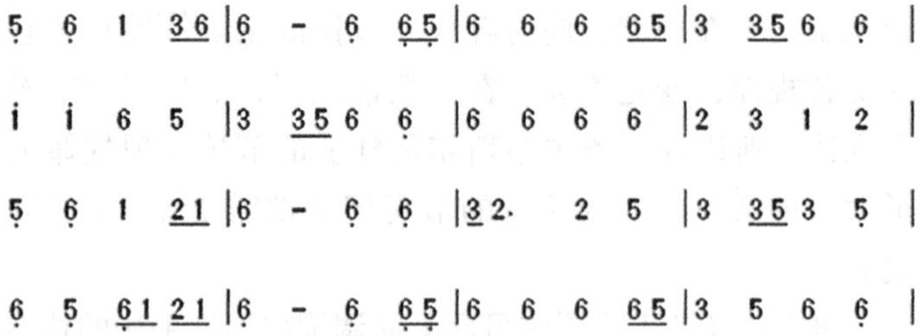

谱例 24（第 2 首 A1）：

6 6 6 65 |3 5 6 5 |6 6 6 6 |2 3 1 2 |

5 6 1 35 |6 - 6 - |5 - 5 5 |6 - 65 3 |

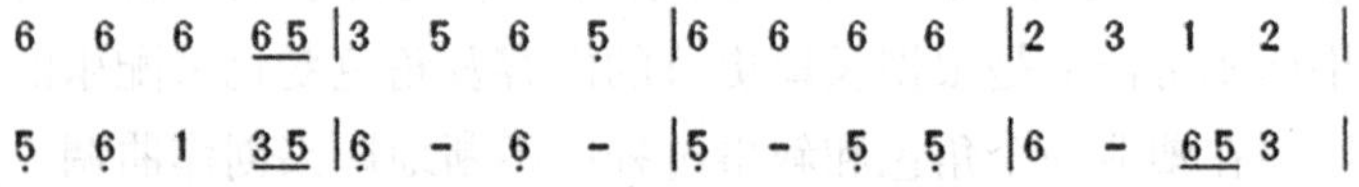

谱例 25（第 2 首 B2 带前奏变奏开头材料）：

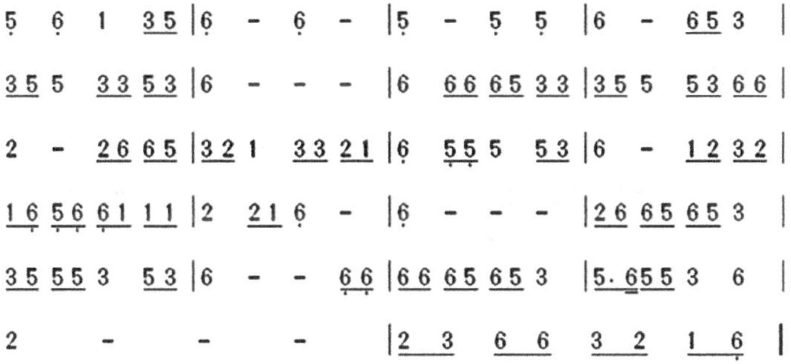

5 6 1 35 | 6 - 6 - | 5 - 5 5 | 6 - 65 3 |

35 5 33 53 | 6 - - - | 6 66 65 33 | 35 5 53 66 |

2 - 26 65 | 32 1 33 21 | 6 55 5 53 | 6 - 12 32 |

16 56 61 11 | 2 21 6 - | 6 - - - | 26 65 65 3 |

35 55 3 53 | 6 - - 66 | 66 65 65 3 | 5·65 55 3 6 |

2 - - - | 2 3 6 6 3 2 1 6 |

从整个曲调的结构上看，每个乐段都有短小的（2 或 3 小节）连接句，前奏部分 2 音四拍的长音上稳定情绪后，开始进行前奏的演奏。经过稳定的一个乐句后，进入第一个主题（情绪是跟前奏一样）。缓慢舒展的第一主题结束后，再通过连接句（3 小节）进入第二个主题（情绪转变）。经过第二主题稍紧凑的情绪变化及快活的演唱后，第二次引出前奏材料。稳定一下速度和情绪后，进入第一主题的变奏段（情绪是跟第一主题相同）。在进入第二主题的变奏后，又引出前奏变体，进入第一主题第二变奏。

2. 对比手法

任何事物都是矛盾的统一体，音乐也不例外。变化和对比能使乐思得到进一步的发展，并能在更高层次上取得统一效果，因此可以说，没有变化，没有对比，就没有音乐的统一。采用不同的对比手法，会产生不尽相同的对比效果。旋律诸因素（如音调、旋律线、节奏、节拍、调式调性、速度、力度、音区、音色）的改变，都能起到对比的作用。下面使用谱例来进行分析：

（1）音调对比

谱例 26（第 20 首部分）：

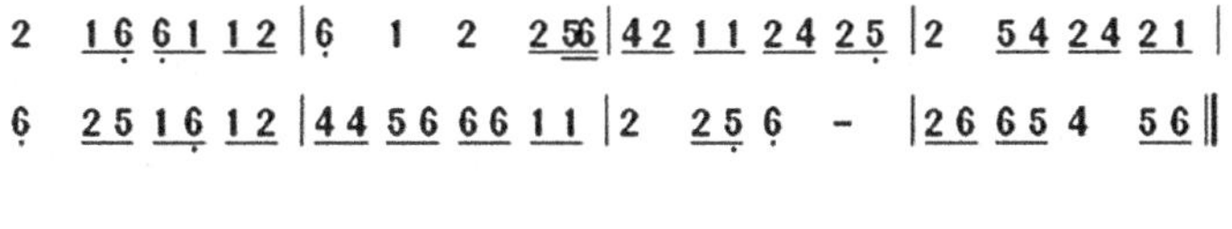

2 16 61 12 | 6 1 2 256 | 42 11 24 25 | 2 54 24 21 |

6 25 16 12 | 44 56 66 11 | 2 25 6 - | 26 65 4 56 ‖

从上例的旋律特点看，段落的内部出现不同类型的旋律线条，由此形成对比。

谱例 27（以第 20 首第七行最后一小节为例）：

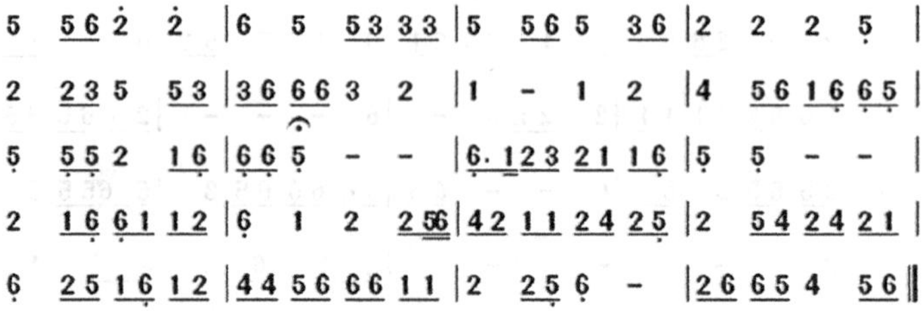

5 56 2 2 | 6 5 53 33 | 5 565 36 | 2 2 2 5 |

2 235 53 | 36 66 3 2 | 1 - 1 2 | 4 56 16 65 |

5 552 16 | 66 5 - - | 6·123 21 16 | 5 5 - - |

2 16 61 12 | 6 1 2 256 | 42 11 24 25 | 2 54 24 21 |

6 25 16 12 | 44 56 66 11 | 2 25 6 - | 26 65 4 56 ‖

谱例 27 是段落之间的对比，音调上出现新的材料，打破原音调的稳定性。从第 8 小节开始引出不稳定的音后，慢慢过渡到第 15 小节，完全改变原有的音调。

（2）节奏对比

指运用不同的节奏型与节奏组合，使其与主题旋律形成对比的手法。谱例 28（第 2 首部分）：

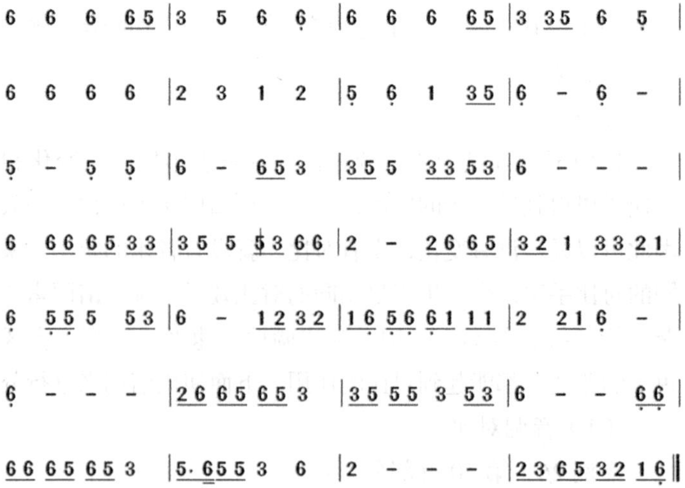

6 6 6 65 | 3 5 6 6 | 6 6 6 65 | 3 35 6 5 |

6 6 6 6 | 2 3 1 2 | 5 6 1 35 | 6 - 6 - |

5 - 5 5 | 6 - 65 3 | 35 5 33 53 | 6 - - - |

6 66 65 33 | 35 5 53 66 | 2 - 26 65 | 32 1 33 21 |

6 55 5 53 | 6 - 12 32 | 16 56 61 11 | 2 21 6 - |

6 - - - | 26 65 65 3 | 35 55 3 53 | 6 - - 66 |

66 65 65 3 | 5·65 5 3 6 | 2 - - - | 23 65 32 16 ‖

上例前 12 小节为一个段落，13—28 小节划分为第二段落，这样明显看得出这两个段落之间的关系，就是在第二段落中采用新的节奏形式，从而形成强烈的对比。

（3）调性对比

乐段内部的调性对比手段有很多：常用的是同宫系统调的对比、近关系调的对比、同主音调的对比等。在《圣主格斯尔可汗》里收录的21首曲调中，大多数是调性对比的结构。同宫系统转调曲调有6首（第1、2、4、5、9、10首）：1、2、9（羽转商）；4（角转羽）；5、10（羽转徵）。六声性转调曲调有4首（第11、15、18、19首）：11（商—羽变宫—宫—羽）；15（G徵—G羽—D羽）；18、19（G徵变宫—A羽—E角变宫）。同主音转调曲调4首（第7、8、14、21）：7、8（A羽—A角）；14（A羽—G徵—D羽）。单主音曲调有3首（3、13、16）：3（羽）、13（商）、16（商）。特殊音曲调2首（第14、15）。从以上数据分析，大多数的曲调属于转调性曲调，单主音调式占极少数（仅3首）。

《圣主格斯尔可汗》的曲调不仅有重复的特色，而且与胡仁乌力格尔、民歌的曲调有共性，但又和胡仁乌力格尔的曲调有区别，这些音乐曲调上的重复及共性显示出史诗的程式化无处不在。史诗的演奏、演唱、表演类的内容属于音乐、表演艺术的范畴，也是“回到声音”的口头诗学深入研究的领域。

第二节 《格斯尔》神话思维的艺术特色

神话具有浪漫主义精神，运用夸张、象征的艺术手法，是原始文化的集中体现。神话中包含着社会学、民俗学、宗教学、民族学、人类学等文化科学。神话的思维方式、心理特点、结构原则，沉积在民族心理、民族文化、民族精神之中。“神话通常被看作口语文学的最高成就。它对局外人最有吸引力，有时也很难体悟，因为，虽然它关注宇宙，在一定程度上却是最基本化的文本，最深刻化地嵌入文化行动之中，有时还与仪式活动精确地捆绑在一起（例如在仪式庆典上背诵它们）。”[①] 许多蒙古族古代神话中的词语具有这种祭奠功能。通过一种神秘的过去，刻画现存境况，祖先对万物加以神性化。在蒙古文学中，有许多古代神话中的祝词、赞词起到了这种作用。《格斯尔》中的大量神话内容是构成史诗的重要部分。在《格斯尔》史诗文本描述中，格斯尔身兼天神之子、十方圣主、护法神、伟大战神、部落首领等多种角色。大量的神话使得史诗的许多故事情节被赋予神秘性、传奇性和魔幻性[②]。在艺术上，浓厚的浪漫主义色彩常常将恢宏的想象与夸张的手法结合起来，使整个史诗具有粗犷豪迈、气象宏大的艺术特色。无论是对岭国的描绘，还是对英雄人物的刻画、对骏马和自然风光的描写，史诗都大量地运用了浪漫主义夸张手法。

一、神话释义

“神话是原始时代的产物，虽然我们现在不能确切断定神话产生时代究离文字创造有若干年，并且各民族居留于原始社会时代的久暂亦颇不一律，但是至少其间相距有千年之谱，则可断言。”[③] 神话是对自然和社会形态的不自觉加工。原始社会的劳动人民不断认识自然力、征服自然力、支配自然力，因而留下了观念形态的反映物。而这种反映经过了漫长的历史积淀，是不自觉的加工过程。劳动实践使他们不断地适应自然、改造自然。对于自己的成功，他们体会到了自己的伟大；对于

---

① ［英］杰克·古迪：《神话、仪式与口述》，李源译，中国人民大学出版社，2014 年，第 51 页。

② 茅盾、老舍：《关于艺术的技巧》，中国青年出版社，1959 年，第 93 页。

③ 茅盾：《神话研究》，百花文艺出版社，1981 年，第 15 页。

自己的被动和失败，他们感到害怕和恐怖。于是他们就借助想象，把这些情感表达出来了。他们在幻想中对自然和自身进行了解释，表达征服自然的信心、渴望。他们相信神的存在是确定无疑的。思维同劳动是分不开的，当人们懂得了劳动，用自己的活动改造自然的时候，思维就到了突飞猛进的发展阶段。他们使用最简单的工具（如石斧、石刀等）时，也等于向自然宣布：他们要变消极地适应自然为积极地改造自然了。这样，在他们眼中，树木花草、山川河流、天空日月、风云雨雪、四季寒暑、火山地震，连同自身都是各种各样的神在起作用。他们认为万物有灵，人兽可以互变。世界上的文明古国都有丰富多彩的神话，如古希腊、古埃及、古印度、古中国，古希腊和古印度的神话保存得很完整。远古的人们生活在多姿多彩、变幻莫测的大自然里，面对日月的更替、时序的迁流、沧海桑田和人类的生老病死，他们既感到迷惑不解、惊奇恐惧，同时又渴望探索其奥秘，于是凭借感性的、质朴的思维方式，以人的自身为根据，进行各种推测和猜想，把各种自然现象加以人格化，认为世界上的一切都和人一样有生命的意志、情感与思想。如在美索不达米亚和迦南的神话中，那些不断死而复生的植物神都可以在埃及神话里找到相应的神——奥西里斯。埃及的神话是围绕着维护尼罗河所养育的两岸生灵和控制尼罗河泛滥来展开的。希腊神话与后来的罗马神话汲取了埃及和迦南的神话，在内容上渐渐增加，建立了希腊的神话世界，以武力、强权、正义的统治和文明的艺术来对抗混乱、暴政和野蛮。如宙斯（代表天和雷）、波塞冬（代表海）、雅典娜（代表智慧）、阿波罗（成为启迪神的田园神祇，艺术的保护神，有治病和语言的神力）。神话的产生是原始思维的结果。古代神话产生于原始社会母权制时代，起初本是简单的、零散的，后来才逐渐汇为比较复杂的整体，并且和历史紧密结合起来。它发展到奴隶社会初期便已登峰造极。那么它的产生时代应该在人类进入文明史以后，随着历史的向前发展，自然力能够被人支配，人的认识提高了，因此人们思考问题的形式不再是原始思维；民间文学出现了新的样式，这时神话的繁荣期就过去了。之后“当有文字的历史记载开始出现的时候，古神话便逐渐消亡了。其后在各个社会的各个历史阶段，随着社会生活的发展和人们对生活的愿望，又陆续有为数不少的新神话和神话因素浓厚的传说故事产生出来，直到今天，还未断绝”[①]。但是，在某些地区，也有可能残存着使神话产生的思维方式；而大量出现神话的时代毕竟已成为历史了。以后，原有的神话还会流传，人们虽然讲神话，但已经不再相信确有其事，而是作为艺术来欣赏它，为那些诱人的情节、奇特的想象、朴素的哲理所迷惑、陶醉。

神话是远古人类以不自觉的形式创造的反映自然界、反映人与自然关系的高度幻想性故事。它是民间文学的源头之一，并且是任何艺术所不可或缺的条件和资料。神话浑然天成，具有感染力、诗情和民族性。古希腊罗马哲学的发展，既然始于对神话质料的再思考，则势必提出理性知识与神话关联的问题。智者派对神话持比喻说，柏拉图则不同于民间神话学，他基于哲学和象征说，对神话加以阐释。意大利学者维柯在《新科学》中创立了神话哲学。维柯将文明史视为一个周而复始的过程，认为神祇时代、英雄时代和凡人时代仍是对社会及共同理智的童年、少年和成年三种状态的反映。维柯认为诗歌语言发展于神话和平凡语言发展于诗歌，是非常有价值的。“浪漫主义哲学认为，将神话解释为美学现象，并将神话视为创作的原始型，赋予深刻的象征意义。”[②]神话哲学作为历史哲学的

① 袁珂：《中国神话传说》，北京联合出版公司，2016 年，第 34 页。

② ［俄］叶·莫·梅列金斯基：《神话的诗学》，魏庆征译，商务印书馆，1990 年，第 12 页。

一部分，萌生于资产阶级的初期，是历史哲学史发展的必然。

茅盾在《神话研究》中依据神话的形成原因，将神话分为解释神话和唯美神话。他认为解释神话出于原始人对自然现象之惊异。如对日月之运行、风霜雨雪之有时而降以及动物之生死等，人们都觉得诧异。唯美神话则起源于人人皆有的求娱乐的心理，是为挽救实际生活的单调枯燥而创作的，这些神话所叙述的故事多半不能真有，却又很奇诡有趣。这些神话所描写的人物及其行事，和我们的日常经验都隔得很远，但他们却那样入情入理，使闻者忽笑忽啼，万分动情；他们所含的情感又是那样的普遍、真挚、丰富，不论何处之人，不论男女老幼，听了都很愉快、很感动。总而言之，唯美的神话先将我们带离尘嚣倥偬的世界，然后展示一个幻境；在这幻境里，人物之存在，只有一个目的，就是供我们娱乐，而他们之所以能给予我们愉快，就靠了他们的“美”[①]。依据茅盾的分类，《格斯尔》中所叙述的神话属于唯美神话。这种唯美神话的注入，给《格斯尔》史诗增添了韵味，使其流传于蒙古人中，并经过无数代说唱艺人的创编加工，得以丰富发展。

“神话的一个特征是用确定的概念来解释特定的未知事物。人们对于神话所做的分析已经非常多了，几乎神话本身已成为一个研究领域。神话创造是极为重要的人类创造，而对神话创造过程及其结果的研究，能够为人们如何看待和思考世界提供有价值的线索。”[②] 神话思维最显著的特征是黑格尔所说的象征，黑格尔给“象征”下的定义是：“一般是直接呈现于感性观照的一种现成的外在事物，对这种外在事物并不直接就它本身来看，而是就它所暗示的一种较广泛普遍的意义来

① 茅盾：《神话研究》，百花文艺出版社，1981 年，第 4—7 页。

② ［美］威廉 A. 哈维兰、哈拉尔德 EL. 普林斯、邦尼·麦克布莱德、达纳·沃尔拉斯：《文化人类学：人类的挑战》，陈相超、冯然等译，机械工业出版社，2014 年，第 341 页。

看。”[①] 在黑格尔的论述中，意义和事物本身是可以一分为二的，即使他强调“艺术的要义一般就在于意义与形象的联系与密切吻合”[②]。但从神话思维的产生、发展来看，意义和形象是同步生成的，意义是生长于形象之中的。由于意义是和形象同步生成的，所以形象在原始人的认知中具有极为重要的地位，原始人类是在形象世界中去悟解一个内在的意义世界。因此，神话思维首先是一个形象思维，而这种形象思维的最大特征是象征。维柯将这种形象思维称为“隐喻”，并举例说明、解释神话的历史含义。对于希腊卡德茂斯神话，维柯认为其中“包含了几个世纪的诗性历史”[③]。从《格斯尔》史诗的流源可以知晓，史诗的神话传说是历经几个世纪的历史沉淀才形成的，其中反映了蒙古族原始神话观念和萨满教观念。“在那里，天界住着长生天为首的九十九尊天神。九十九尊天神分居东西两方，西方五十五尊天神，东方四十四尊天神。按照蒙古萨满教古老观念，天界并不是善神的世界，恶神也居住在那里。其中西方五十五尊天神是善神，而东方四十四尊天神是恶神，东西方天神是对立的。”[④]而《荷马史诗》所展示的古希腊天神世界是这样的：以宙斯为首的天神们居住在奥林匹克山上，他们形成一个庞大的神系。天神按照自己的好恶决定对人的态度。他们高兴时就帮自己喜爱的人获得能力或幸福；不高兴时就给自己厌恶的人带来灾难。所以从人的角度来说，天神也有善恶之分。《格斯尔》和《荷马史诗》给我们描绘的神灵是不同的。他们各有自己管辖的领域，能力受到各种限制，不

①② ［德］黑格尔：《美学》（第二卷），朱光潜译，商务印书馆，1986年，第10页。

③ ［意］杨巴提斯塔·维柯：《新科学》，朱光潜译，人民出版社，1987年，第208页。

④ 斯钦巴图：《江格尔与蒙古族宗教文化》，内蒙古大学出版社，1999年，第111页。

论在性格上，还是在行为方式上，都更像人类而非神灵。神灵形象集中反映了民众的思想和心理，其中既有对高于人类能力的渴望，又表现了征服超自然力量的勇气。

各种类型的神话都是人类认识世界、改造世界的记录，是原始社会末期人们的精神生产。它对于当时人类的文明和进步是起过积极作用的。这种积极作用表现在神话有功利作用，原始人类创造神话，认为通过某些解释可以征服自然、获得利益，图腾也是他们找到的保护神，有些巫术中的神话多是人们寻求功利作用的想象。同时神话对于当时的人类也有鼓舞和慰藉作用，神话中的英雄是他们自己创造的，在传布时，大家欣赏着神的英雄行为、勇敢执着的精神，从中受到教育，觉得自己也就是神话中的英雄。神话还能引导人们不仅要勇敢，也要用智慧创造未来，人们能飞跑，于是创造了神话中的飞毯、飞靴、风火轮；人们懂得火的用途，就创造了火神。这就表明人们一边利用自然，一边也在向着更高的阶段思考、探索、前进。许多神话都表现出对幻想者的器官的加强，如顺风耳、千里眼、飞毛腿，一夜之间修起宫殿，一天纺纱千万斤，表明人类创造美好生活的强烈愿望。当然，在神话中，充满了对劳动的赞美，这对于原始人类来说，也是一种改造自然和对社会的推动。人们认为劳动是豪迈的，征服自然是壮举，懦弱和懒惰是可耻的，劳动创造了世界，也使人类本身得到了改造。“在原始神话中不能不发现思想上的混淆不清，这一点也在研究《格斯尔》史诗时会观察到。关于天神和英雄的故事是《格斯尔》的主要资料。后来这个故事在很长一段时间内，有可能是在几千年期间经艺术加工被改写为诗作。每个部落都创作了自己地方性的神话，每个民族的神话都有自己的特点。既然神话是许多个别现象的综合，那它就接近于客观现实，但是，所有现实的东西在神话中都得到离奇的反映。神话是社会长时期发展的产物，现在被理解为是对遥远过去的反映。同时神话与民族的精神生活史有联系，因为它们是在自己民族的基础上产生的。”[①] 在《格斯尔》中，格斯尔有神眼格斯尔可汗、神话格斯尔可汗、威镇十方仁智圣主格斯尔可汗、人上人格斯尔可汗、无敌神箭手格斯尔可汗、世间万物之主格斯尔可汗等几种称谓[②]。涅克留多夫曾说：“这是个十分复杂、多层次、内涵丰富的形象，其主要意义可归结如下：他是天神之子……他是许多叙事传说和长诗的主人公……此外，格斯尔还是发达的宗教神话崇拜的对象。”[③]“格斯尔本人有时也被解释为世界外方统治者之一，他统治的地域已经不是中央，而是北方。”[④] 巴雅尔图认为：“格斯尔一身兼两职，既是地方神，又是民族战神。”[⑤]《格斯尔》的发展演进与北方游牧民族文化心理世代传承的民间文类有着紧密的关系。

二、《格斯尔》史诗中的神话思维艺术特色

蒙古族古代神话，是蒙古族独特的民间文学样式之一。它积极的浪漫主义精神和浪漫主义表现手法，对于后世文学，不论是诗歌、小说，还是戏剧、散文，都有着深远而广泛的影响。神话与史诗比较而言，神话为散文体裁，篇幅短小，内容零散；史诗则为韵文体裁，它把在本民族人民中流传的各种零散的神话片段搜集起来、连贯起来，令其稳定下来，熔神话、

---

① ［俄罗斯］霍莫诺夫：《布里亚特英雄史诗〈格斯尔〉》，陈渊宇译，内蒙古文化出版社，2016 年，第 71 页。

② 巴雅尔图：《〈格斯尔〉研究》，内蒙古教育出版社，2006 年，第 22 页。

③ ［苏联］谢·尤·涅克留多夫：《蒙古人民的英雄史诗》，徐昌汉、高文风、张积智译，内蒙古大学出版社，1991 年，第 166 页。

④ ［苏联］谢·尤·涅克留多夫：《蒙古人民的英雄史诗》，徐昌汉、高文风、张积智译，内蒙古大学出版社，1991 年，第 172 页。

⑤ 巴雅尔图：《〈格斯尔〉研究》，内蒙古教育出版社，2006 年，第 179 页。

传说、歌谣、历史于一炉，使之成为完整、系统的长篇作品。在神话中，神占据了中心地位，人与自然融为一体，是神的附属物；史诗则不然，现实性因素越来越强，中心主题是人类社会，人独立于自然之外，可以与神对抗，人成为描写的中心。如果说“文学是人学”，那么，史诗则是人学的开端。史诗把描写对象从神的世界转到人的世界，首次把刻画人物形象，即表现人的外在言行状貌和内心世界作为作品的主要内容，用现实的事件和人物去代替神话中的事和神，反映了人的自我意识觉醒和自我肯定，同时也标志着文学观念的根本转变，使得史诗在人物刻画上取得了前所未有的进展和新的成就。史诗所极力歌颂的一般是历史转变时期新兴力量的代表，这些人物既具有建立新制度的品德和能力，又具备个性特征，达到了典型人物的高度，是杰出的英雄。例如在《荷马史诗》中的每一位英雄，“每个人都是一个整体，本身就是一个世界，每个人都是一个完满的有生气的人，而不是某种孤立性格的语言式的抽象品”[①]。《荷马史诗》里的每一个英雄“都是由许多性格特征组成的充满生气的总和”[②]，阿喀琉斯是最年轻的英雄，他“一方面有年轻人的力量，另一方面也有人的一些其他品质”[③]，他勇猛顽强，所向披靡，但又充满对母亲的爱，又为心爱的女俘被夺走而痛哭。他固执粗暴，却又很尊敬老人。他对敌人极其残忍、爱报复，但对已死亡的敌人的父亲又心肠柔软，无限同情。格斯尔是人们理想化的英雄，他能征善战，屡建奇功。但他有时也听信谗言，离开他的爱人。

① ［德］黑格尔：《美学》（第一卷），朱光潜译，商务印书馆，1986年，第295页。

② ［德］黑格尔：《美学》（第一卷），朱光潜译，商务印书馆，1986年，第294页。

③ ［德］黑格尔：《美学》（第一卷），朱光潜译，商务印书馆，1986年，第296页。

《格斯尔》中的神话虽然在讲述一位英雄的成长，但是它也为我们展示了草原的广阔，以及人们追求美好生活的愿望。在一定程度上，其体现了神话的积极的浪漫主义精神。“作为蒙古族文学之一的神话传说，自产生之日起，对自然界和史前社会生活的折光反射，几乎是五光十色的，包罗万象。这一在原始社会生活中发挥了多方面功能，反映了蒙古先民的自然观和社会观的原始思维成果，无疑对后世蒙古人的意识形态、民族心理的构成和发展，对他们观察事物、认识世界的思维方式起了启蒙和奠基的作用。”①“蒙古族神话既然是培育后世文学艺术的土壤或母胎，那就不是单一的、简捷的，而是包括反映蒙古族先民自然观、社会观的整体精神、文化传统，那么从后世文学艺术接受并发展这一精神文化传统时，也应是以一种综合的、体验的联想类的方式向前迈进。”②早期的格斯尔故事是人们“诗性智慧”的产物，是一种“口头传统”。“诗性智慧”是 17 世纪意大利学者杨巴提斯塔·维柯提出来的。他认为：“我们发现各种语言和文字的起源都有一个原则：原始诸异教民族，由于一种证实过的本性上的必然，都是些用诗性来说话的诗人。”③诗性时代充满了丰富的想象力，是神话时代和英雄崇拜的感性时代，“诗性智慧”是集体创作时代的产物。那时的人类充满了神话的思维，“这种集体性虚构的漫无边际、不可节制，这时常会让一个现代人感觉到，这不是出于天真，简直就是某种荒唐、荒诞不经的东西。然而，这一类虚构的成果却被我们的老祖先认作颠扑不

---

① 荣苏赫、赵永铣、贺希格陶克陶：《蒙古族文学史》（第一卷），辽宁民族出版社，1994 年，第 67 页。

② 荣苏赫、赵永铣、贺希格陶克陶：《蒙古族文学史》（第一卷），辽宁民族出版社，1994 年，第 68 页。

③ ［意］杨巴提斯塔·维柯：《新科学》，人民出版社，1987 年，第 28 页。

破的东西”[①]。蒙古族《格斯尔》史诗中蕴含着丰富的神话思维，这种神话思维形式是诗性智慧的结果。《格斯尔》的神话思维具有独特的艺术感染力，其表现如下：

1. 人物兼备人神特性，具有浪漫主义的创作想象力

北京版《格斯尔》的神话世界分为天庭、人间与地狱。在蒙古族的神话世界中，“在空间上，上界为天界，是以长生天为首的天神所在的地方；中界是地上，是人居住的世界，是英雄们活动的场所；下界在地下，是人死亡后去的地方，也是鬼怪居住的地方”[②]。蒙古族强调人在宇宙间的中间地位和人的主体意识，对其他文化具有包容性，表现出强大的自信心和非凡的创造力。蒙古族辉煌的文化历史已经证明了这种自信心和创造力的价值。根据这种空间划分，格斯尔的故事发生于天界、地界和下界。格斯尔故事情节围绕诸神钩心斗角的天庭、妖魔兴风作浪的乱世和暗无天日的阴曹地府而展开。天神统治着神界，构成英雄活动的神圣化背景。《格斯尔》的主人公格斯尔具有神与人的双重性格。格斯尔形象显得更高大，更富于神性和人性。格斯尔是霍尔穆斯塔腾格里之子，下凡的目的在于消灭群魔、整治乱世、为民造福。远古时代，当人类对整个世界怀有神秘感的时候，高高在上的天空最容易引起人们的惊奇和敬畏，所以人们把格斯尔看作神的化身，赋予其无穷的力量和变幻莫测的技能。格斯尔战胜蟒古思，出现了种种祥瑞，使得幸福岩落于沙巴尔台河畔，幸福岩下喷出幸福泉，从此风调雨顺，病灾皆无。人们敬仰格斯尔，为他建造庙宇，庙里供奉他的神像，制定每年两次的祭祀仪规，并世代传承下来。仪式的原型无外乎求雨、祛邪、招福等巫术。在这充满隐喻意蕴

---

① ［俄］瓦·叶·哈利泽夫：《文学学导论》，周启超等译，北京大学出版社，2010年，第136页。

② 仁钦道尔吉：《江格尔论》，内蒙古大学出版社，1999年，第141—145页。

的巫术背后，凝结着民众对美好生活的渴望。而这个美好的渴望，是人们信奉的保护者——格斯尔给人们带来的吉祥。格斯尔出场的背景是这样的：

在古代的一个时候，释迦牟尼佛涅槃之前，霍尔穆斯塔腾格里去拜见佛祖。顶礼膜拜之后，佛祖对霍尔穆斯塔腾格里下旨说道："五百年之后世界将会大乱。那时强者捕食弱者，动物互相残食。你回家后，过五百年，应派你三个儿子中的一个下凡，做人间可汗。你三个孩子中的一个将成为那里的可汗。"①

首先会诞生一位名叫波阿–冬琼–嘎日布的天神。他浑身是水晶宝石，他的牙齿是白海螺，他长着嘎如达神鸟的头颅，他的发色金黄，发梢犹如开满花朵的柳树一样美丽。这位神灵降生后将统辖上界天神。

其次诞生的名叫阿日亚–阿瓦洛迦 – 沃德嘎利的天神，她红润的脸庞光芒四射，上身是人身，下身是龙神蛇身，她诞生后将会统辖下界龙神。

接着，格斯尔–嘎日布–冬日布会诞生。十方诸佛占据他的上身，四大天王占据他的中身，四海龙王占据他的下身。他诞生后将统辖这瞻部洲，是为十方圣主仁智格斯尔可汗。②

在北京版《格斯尔传》中，格斯尔的一个神姊从母亲的头顶诞生，骑着天神的宝象飞到天上去。格斯尔母亲用右手盖住

---

① 陈岗龙、哈达奇刚等译：《十方圣主格斯尔可汗传》，作家出版社，2016 年，第 1 页。

② 陈岗龙、哈达奇刚等译：《十方圣主格斯尔可汗传》，作家出版社，2016 年，第 6—7 页。

头顶的时候，另一个神姊从其右腋下诞生，龙神将其带走。格斯尔母亲夹住双腋、盖住头顶的时候，第三个神姊从母亲的肚脐中诞生，被十方仙女带走了。最后，格斯尔正常诞生。格斯尔和他的 3 位神姊从母亲不同部位诞生的母题在东蒙古民间广泛流传。在哲里木盟（今通辽市）流传的口头文本中讲道，格斯尔的 3 位神姊分别从母亲的天门、双腋诞生，因此都飞到天上去了。格斯尔因为从母亲下身正常出生，所以成了长胡须的男子。这篇《格斯尔》传说，虽然带有说明格斯尔身为长胡须的男人是因为他从母亲的下身正常出生这样一个合理化解释的功能，但是我们从这篇传说中可以得到，从母亲不同部位诞生的母题在东蒙古民间广泛流传的信息[①]。格斯尔，是以战无不胜的“可汗”——伟大征服者形象出现的。“这种天神下凡降魔除妖主题的形成却与印度和西藏的佛教神话传说以及《格斯尔传》有着密不可分的关系。而通过具体文本的比较，我们更确信，蟒古思故事开篇部分交代的天子下凡降魔除妖的情节母题（这里只指具体的情节内容，因此用了母题这个术语）主要是直接来源于对《格斯尔传》的借鉴。”[②] 格斯尔被塑造成一个神通广大而滑稽的萨满形象。他具有变形、施法术、克敌制胜的神奇手段。而且，北京版《格斯尔传》中描绘的“天庭”“凡尘”和“阴间”，是具有无限迷惑作用的神秘境界。格斯尔在人世间神奇地成长，凭借自身的超人本领和众天神的及时相助，战胜所有敌对势力，实现了复仇。《格斯尔传》和蟒古思的故事除了在天神下凡降魔除妖的核心主题上有着一致性以外，《格斯尔传》的一些具体情节母题也被民间艺人借用到蟒古思故事的叙事当中去。虽然这种借用分散在不同的文本

① 陈岗龙：《蟒古思故事论》，北京师范大学出版社，2003 年，第 317 页。

② 陈岗龙：《蟒古思故事论》，北京师范大学出版社，2003 年，第 315 页。

中，但仍然可以说明《格斯尔传》对蟒古思故事内容的具体影响。而这种影响主要是1716年北京版《格斯尔传》等书面文本在东蒙古寺庙和民间传播过程中逐渐渗透到蟒古思故事中而形成的①。

神话是文学的先祖，也是早期人类喜闻乐见的文学形式。这种文学形式在《格斯尔》中已经被运用自如，达到了炉火纯青的境界。描述中的人、神和妖魔鬼怪都在同一舞台上展现，而妖魔鬼怪都是靠人来降伏的，格斯尔可汗降生到人间，虽说是上天的太子，但他必须转世成人，方能东征西战，降伏各种妖魔鬼怪。其中就连普通的人也掌握着法术，能够呼风唤雨、镇魔伏妖。如：

> 格斯尔焚起煨桑，向上天的那布沙-古尔查祖母祈祷道："祖母哇！你要好好帮我繁殖这些牲畜！我什么时候想要，您就什么时候给我。"
>
> 用芨芨草抽打老弱的母马，边抽打边祝福说："每当我用三七二十一根芨芨草抽打你，你就繁殖出芨芨草一样的纯白马群。"
>
> 他用芦苇抽打老弱的母牛，边抽打边祝福说："祝你产下毛色像芦花、尾巴像叶子的花牛犊吧。"
>
> 他用鬼针草抽打绵羊，一边抽打一边祝福说："生下鬼针草一样繁多的绵羊。"
>
> 用金鸡儿抽打浑身长着疥癣的母驼，并祝福一番。格斯尔大显神通，用魔法抽打的结果，使所有的牲畜都不停地繁殖起来。②

① 陈岗龙：《蟒古思故事论》，北京师范大学出版社，2003年，第318页。

② 陈岗龙、哈达奇刚等译：《十方圣主格斯尔可汗传》，作家出版社，2016年，第16—17页。

这种夸张的、带有浪漫色彩的神话故事，不受任何时空观的限制，不受各种物质间的属性限制。如：

> 觉如把远处的山搬到眼皮子底下，把近处的山移到远方，用魔法放牧他的畜群。
>
> 觉如用魔法让几棵树变成建蒙古包需要的哈纳和乌尼，自动搭建起来。[①]

> 格措-高娃的哥哥却力斯东喇嘛会法术，他见觉如戏弄自己的妹妹，非常气愤，就从左鼻孔中变出一只毒蜂，命令它去蜇瞎觉如的一只眼睛。[②]

当然，《格斯尔》中的人会变，动物会变，甚至树木、河流、石头、高山、太阳、月亮和星星也能变化无穷，它们还经常来帮助主持人间正义的格斯尔可汗降魔除妖。

如史诗中：见格斯尔来了，蟒古思就变成一匹狼逃跑了。格斯尔变成大象追赶。快赶上的时候，蟒古思又变成老虎逃跑了。格斯尔就变成一头狮子追赶。狮子快要追上老虎的时候，老虎又变成很多蚊子和苍蝇。格斯尔用灰筑围墙的时候，蚊子和苍蝇钻了出去，逃到姐姐的城堡里去了。蟒古思摇身一变，又变成了有五十个徒弟的呼图克图大喇嘛，坐下来念经诵佛了。格斯尔凭借神通知晓了这一切，就给大喇嘛托了一个梦："明天会有一个具有完美的智慧和俊美的容貌的人来到你的身边。你要好好爱护他，他将会成为你的高徒。"托完梦，格斯

① 陈岗龙、哈达奇刚等译：《十方圣主格斯尔可汗传》，作家出版社，2016年，第17—18页。

② 陈岗龙、哈达奇刚等译：《十方圣主格斯尔可汗传》，作家出版社，2016年，第43页。

尔就去睡觉了[①]。

从叙事手法上讲，北京版《格斯尔》的这段描述类似《西游记》中孙悟空的七十二变。孙悟空大闹天宫，闯地府，智斗二郎神，三打白骨精。孙悟空是能够飞天入地、呼风唤雨、神通多变的超人英雄，具有兽和神的双重性格。格斯尔被塑造成一个具有神通而滑稽的萨满形象，他在变形、施法术、克敌制胜的神奇手段上与孙悟空相比，有过之而无不及。格斯尔是具有人与神双重属性的形象，孙悟空和格斯尔两者都具有超人的神的能力。神话传说以及稍后形成的史诗作品，都无不借助于"天庭""人间"和"地狱"这个三位一体的原始艺术典型环境，突出理想中的英雄形象，极力体现民族意志和时代精神。"他在天上是天子、是神仙，他在人间则是人。格斯尔在起源上不是历史人物，而是神话人物，但是由于进一步觉悟，他离开了神话人物和神。史诗中主人公的再生，不是说唱艺人任意安排的，之所以再生，是因为有一定的社会条件，这些条件是在生产力发展的另一种水平下，即人们对自然界和社会的观念有了相应性质的情况下产生的。"[②]

所以我们说，格斯尔神话中的人物形象是按照蒙古族思想意识发展的特殊要求和审美观的标准不断充实和典型化的。北京版《格斯尔》的内容和形式中很自然地融入了很多外来文化因素。"从叙事文学类型研究角度上讲，北京版《格斯尔》是一部具有鲜明讽喻风格的神话小说，其内容与形式，既符合了蒙古族短篇史诗和短篇历史小说的创作传统和演变规律，又充分体现出了本民族文学发展史之多元文化性质和开放、进

① 陈岗龙、哈达奇刚等译：《十方圣主格斯尔可汗传》，作家出版社，2016年，第240页。

② ［俄罗斯］霍莫诺夫：《布里亚特英雄史诗〈格斯尔〉》，陈渊宇译，内蒙古文化出版社，2016年，第74—75页。

取特征。”[①]

2. 优美而动人的艺术感染力

《格斯尔》的神话表现了丰富多彩的思想情感并贯穿着英雄的主题。英雄勇敢机智、正邪分明、惩恶扬善、为民除害，悲喜交加的人神世界展现了人性的光辉和美丽，洋溢着积极向上、充满活力的生活气息。它向人们展示了优美而动人的画卷，使得读者融入其中并留下深刻印象。如：那时候，有一只罪恶的鼹鼠，体形巨大如犍牛一般。它掀翻地皮、破坏草场，给蒙古部落带来了灾难。格斯尔凭借神通知道了它的所在，于是变成一个放牛的老头儿，手持斧头跑去找鼹鼠。鼹鼠变成巨大的犍牛掀翻地皮、糟蹋草场的时候，放牛老头儿赶过去，举起斧头对准犍牛两角中间的额头砍下去，结束了它的生命。格斯尔铲除了瞻部洲三个凶恶的魔鬼[②]。“觉如显出格斯尔真身，并施法挡住了人们的眼睛。格斯尔的一只脚踩在大山顶上，一只脚踏在大海的边上。格斯尔一把拎起茹格牡–高娃（即菇格慕高娃、若穆高娃）的大力士，把他抛到一千个逾缮那么远的地方去了；把茹格牡–高娃的第二个大力士甩到两千个逾缮那么远的地方；把第三个大力士摔到三千个逾缮那么远的地方。接下来，觉如和茹格牡 – 高娃的三个神箭手比赛射箭。茹格牡 – 高娃的三个神箭手射出去的箭，到中午时分才从天上落下来。而觉如射出去的箭，到了中午还没有下来……觉如大叫一声：‘我的箭来了！’说着把头闪到一边，从天而降的箭就射中了觉如的头枕过的位置。原来格斯尔天上三位神姊在空中截住了觉如射出去的箭，把百鸟穿在箭杆上，然后再把箭放下来。其中有大鹏金翅鸟，大鹏金翅鸟落下来的时候挡住了太

① 巴雅尔图：《〈格斯尔〉研究》，内蒙古教育出版社，2006 年，第 153 页。

② 陈岗龙、哈达奇刚等译：《十方圣主格斯尔可汗传》，作家出版社，2016 年，第 15—16 页。

阳，这才使天地变得一片漆黑。大家议论纷纷，都对觉如赞不绝口，夸他做到了所有人都没有做到的事，有资格娶茹格牡-高娃做妻子。”[①]其中最为引人入胜的是北京版第四章格斯尔铲除十二头魔王拯救阿尔鲁-高娃的故事。

图门-吉日嘎朗（也叫阿尔鲁-高娃）遭到晁通多次骚扰，格斯尔可汗病倒了，可怕的疾病开始在整个部落流行。图门-吉日嘎朗被迫出走他乡。

> 图门-吉日嘎朗孤身一人赶路，来到了一个白色的国度。那里的所有生灵浑身洁白。全境洁白一片。白兔使者前来迎接图门-吉日嘎朗。白色的国家举国上下都说图门-吉日嘎朗与他们的可汗有缘，因此举办盛大宴会热情款待她。他们给图门-吉日嘎朗穿上白色衣服，让图门-吉日嘎朗骑上一匹白马赶继续路。
>
> 图门-吉日嘎朗接着来到了一个花斑国度，喜鹊使者前来迎接图门-吉日嘎朗，又是举国上下举办盛大宴会，盛情欢送图门-吉日嘎朗继续赶路。
>
> 图门-吉日嘎朗来到一个黄色的国度。狐狸使者前来迎接图门-吉日嘎朗，所有生灵为图门-吉日嘎朗举办一场盛宴，并盛情欢送她继续赶路。
>
> 图门-吉日嘎朗来到了一个蓝色的国度。狼使者前来迎接图门-吉日嘎朗，所有生灵举办盛宴，热情款待她后送她继续上路。
>
> 图门-吉日嘎朗继续赶路，来到一个黑色的地方。黑色的海洋无边无际……[②]

---

① 陈岗龙、哈达奇刚等译：《十方圣主格斯尔可汗传》，作家出版社，2016年，第47—48页。

② 陈岗龙、哈达奇刚等译：《十方圣主格斯尔可汗传》，作家出版社，2016年，第99—100页。

古往今来的神话中虽有口吐人言的良马，但会唱歌的战马确实寥若晨星。战马口吐人言，深懂战术，其夸张程度已达空前。如：

> 格斯尔追踪着野牛的足迹一路寻找。他对枣骝神驹说："哎呀，我的枣骝神驹呀！你得追上野牛，跑到它的前面去呀！否则我割断你的四只蹄子，自己背着马鞍回家！"枣骝神驹回敬它的主人说："哎，我的主人十方圣主格斯尔可汗，你说的完全正确。我保证跑到野牛的前面去。你也要保证射中野牛额头上的白斑，并让你的箭从野牛的身体里穿过去。如果你做不到，让野牛跑了，我就一脚把你踢开，飞到天上。"①

民间艺人们让动物唱歌不足为奇，还塑造了一支会说话、会吃喝的利箭。《格斯尔》经久不衰的艺术特色就是凭这种丰富的想象力来展现的，就是这个奇妙的艺术手法把天上和人间、地狱和人间、人和动物、国王和贫民有机地连接在一起，他们也和人类一样，有七情六欲，有思维活动。又如：

> 希曼比儒札登高呼唤草黄八骏马，唱道：
> 从长生天
> 有缘降生的
> 黄草八骏马呀！
> 给你戴上马嚼子
> 骑乘你的是
> 黑帐汗

① 陈岗龙、哈达奇刚等译：《十方圣主格斯尔可汗传》，作家出版社，2016 年，第 109 页。

希曼比儒札呀！
我在这里等着你们
你们为什么还像汗达罕一样
在崇山峻岭间任意游荡？

从至高的长生天有缘降生的
草黄八骏马呀！
为你鞴上马鞍
骑乘你的是
人中之宝希曼比儒札呀！
我在这里等着你们
你们为什么还像雄鹿一般
在高山之巅撒野逃遁呢？

草黄八骏马听到主人的召唤，发出长长的嘶鸣，正被驱赶着的马群也跟着纷纷嘶鸣起来。[①]

北京版《格斯尔》第七章描述的“地狱”“阴间”，是塑造格斯尔理想人物形象所不可缺少的典型环境。离开了这个形象思维的空间，原始宗教、初民的神话传说和后来的英雄史诗的内容就无从立足了。如：

格斯尔变成一只大鹏金翅鸟，从天上飞下来。飞落凡间之后就去了阎罗王那里。到了阎罗王那里一看，只见十八层地狱的门紧紧关闭着……

格斯尔可汗绑住了阎罗王的两只手，用九十九股铁杵敲打着……

① 陈岗龙、哈达奇刚等译：《十方圣主格斯尔可汗传》，作家出版社，2016年，第145—146页。

枣骝神驹听完格斯尔可汗所有的吩咐后，嘴里衔着格斯尔母亲的灵魂飞上天去了……[1]

史诗通过讲述格斯尔闹地狱、痛打阎罗王、救出亡母灵魂的故事，展现了格斯尔神奇的本领，以地狱之恐怖情景影射现实社会的阴暗面，并且运用隐喻手法，巧妙地揭露了那些披着袈裟、愚弄百姓的大呼图克图喇嘛的罪恶行径。“笔者认为北京版《格斯尔》描写的‘地狱’，实际上就是在中亚地区古老神话传说、汉族道教和印藏佛教思想观念的深刻影响下的进一步系统化、形象化的萨满教神话境域——阴间。”[2]正是这种光怪陆离的神话艺术，使《格斯尔》的主题和内容格外引人入胜，虽然几经沧桑、历经坎坷，但仍不失其神幻色彩，更不失令人神往的艺术魅力。

这样一个神话，就其被人们相信、接受和在一种文化中变得不朽的程度而言，可以说体现了蒙古族世界观。蒙古族的这种神话，用蒙古族的经验解释了河流、山脉、湖泊和其他各种地貌特点以及蒙古族本身和其他生物的存在，并规定了特殊态度和行为，它是创造性的产品，也是艺术品。“对于没有文字、没有史料的社会而言，神话的目的在于使未来尽可能地保持与过去和现在相同的样态，然而，对于我们而言，未来与现在必定是不同的，而且变化的幅度日益扩大。”[3]

① 陈岗龙、哈达奇刚等译：《十方圣主格斯尔可汗传》，作家出版社，2016年，第244—245页。

② 巴雅尔图：《〈格斯尔〉研究》，内蒙古教育出版社，2006年，第150页。

③ ［法］克洛德·列维-斯特劳斯：《神话与意义》，杨德睿译，河南大学出版社，2016年，第65页。

第三节 《格斯尔》语言艺术特色

史诗是一种特殊的语言艺术。由于史诗语言的发展是由民间艺人口耳相传实现的，因此，史诗的语言呈现出口语化、通俗化、大众化的特性。《格斯尔》史诗采用了现实主义与浪漫主义相结合的创编方法和说唱表达形式。格斯尔民间艺术家在加工提炼过程中，大量运用了蒙古族的谚语、俗语、成语以及一些巧妙的修辞，形成了一些富有文学性和哲理性的警句以及极其丰富的词汇，并展示出艺人善于辞令的特点和语言运用的技巧。其语言特点一是韵文与散文相结合，以韵文为主；二是叙事与抒情相结合，以叙事为主。

一、祝词、赞词与谚语的运用

"祝词、赞词是在一部分萨满教祭祀仪礼民俗化的过程中，由民俗化的萨满祭词演化而来的民俗民间文学形式。它以生动形象的语言联韵说唱，抒发人们在民俗礼仪活动中生产生活、宗教信仰、伦理道德等方面的思想感情和美好愿望。随着蒙古族人民生产生活的发展，祝词、赞词不断增添新的内容，丰富完善其形式，愈益显示出其旺盛的生命力和艺术感染力，成为蒙古民间文学一种重要的传统载体。由于这种独特的文学形式渗透于生产生活的各个领域而传承不衰，故丰富多样，异彩纷呈，成为蒙古族极其珍贵的文化遗产。"[①] 蒙古族传统的祝词和赞词都具有合成艺术风格，即语言艺术和音乐艺术紧密

---

① 荣苏赫、赵永铣、贺希格陶克陶：《蒙古族文学史》（第一册），辽宁民族出版社，1994 年，第 136 页。

结合为一体，是以说得精巧、唱得优美的形式来展现的，是以富有吉祥意义的优美诗句，祝福人们生活美满或祝颂人们的生活更加美好为主要内容。祝词一般主要祝福人们将实现的理想。赞词一般主要赞颂人们已经取得的成果。祝词、赞词不仅是蒙古族古老的传统民间口头文学的唯一源泉，而且也是蒙古族说唱艺术最初的和最基本的源头。

《格斯尔》叙事史诗，自然以精练的诗句演唱为主。这些诗句中出现的大量祝词、赞词和谚语，无论是用以表达的语言，还是所表达的内容都非常清楚；另外，又在生动的故事情节中蕴含了深邃的思想哲理，能产生如此的艺术效果，固然与整篇的创编有关联，特别是与语言艺术传统有密切关系，但更得力于其中的象征表现手法。如果对此进行研究，再与其他理论相结合，无疑会对增长知识、拓宽视野及对口头文类互文性的了解大有裨益。如：

神灵的宝剑啊，
但愿你劈杀魔王！
神赐的枣红马啊，
但愿你功绩辉煌。

最吉利的世上三宝啊，
但愿你降福给我们部落！
我高贵的神主啊，
但愿你杀死魔王奏凯歌！

最吉利的世上三宝啊，
但愿你保佑我们可汗！
我恩爱的圣主啊，

但愿你镇服魔鬼早归还！[1]

但愿英勇的圣主，
施展神技通过，
径直向前走去，
就进入魔王的山谷。[2]

这所堂皇的蒙古包，
走遍世界也无双，
这个绝美的若穆高娃，
就是天国也难仿。

那富饶美丽的土地，
到处都是金山银河，
那海海漫漫的畜群，
估计三年也数不清。[3]

你杀敌报国的忠心，
仿佛是圣洁的白绸。
当你们出征的时候，
接受我衷心的祝福。

像崇山峻岭的猛狮，

① 琶杰演唱，其木德道尔吉整理，安柯钦夫译：《英雄格斯尔可汗》（一），作家出版社，1963年，第72—73页。
② 琶杰演唱，其木德道尔吉整理，安柯钦夫译：《英雄格斯尔可汗》（一），作家出版社，1963年，第106页。
③ 琶杰演唱，其木德道尔吉整理，安柯钦夫译：《英雄格斯尔可汗》（一），作家出版社，1963年，第212页。

似翱翔晴空的雄鹰，
把异域来犯的仇敌，
全部彻底消灭干净！[①]

但愿你神速战马，
长出强劲的翅膀，
跨过无边的海洋，
像雄鹰一般飞翔。

但愿你骁勇战马，
生出乘风的翅膀，
腾上湛蓝的苍穹，
像青鹰一样翱翔。

但愿你斑驳弯弓，
依附神奇的力量，
伴你高超的武艺，
把敌人纵横扫荡。

但愿你三十支箭，
依附复仇的火焰，
跟随你冲锋陷阵，
能射穿三重山岩。[②]

《格斯尔》史诗中的谚语语言精练，形象生动，句式整

① 琶杰演唱，其木德道尔吉整理，安柯钦夫译：《英雄格斯尔可汗》（一），作家出版社，1963 年，第 242 页。

② 琶杰演唱，其木德道尔吉整理，安柯钦夫译：《英雄格斯尔可汗》（一），作家出版社，1963 年，第 281—282 页。

齐，音节铿锵，既通俗易懂，又易于流传。其精练性、形象性、音乐性与内容、形式相统一，深受广大蒙古族地区人民的喜爱。由于《格斯尔》史诗家喻户晓，史诗中的谚语早成为他们生活的指南，有时甚至是他们生活和信仰中的规范和遵守的信条。

二、修辞语言的运用

《格斯尔》中运用了象征、比喻、比兴、夸张、排比等修辞手法，这些手法用得奇特、新颖，各种因素综合起来，形成一种雄奇瑰丽之美，《格斯尔》中的大部分唱词具有这种特色。

1. 象征的运用

所谓“象征”，它必须用具体事物表现某种特殊的含义，并非任何人胡编乱造就能算数的。当其特殊的含义不是约定俗成，还未为大家所认可的时候，很难称它们之间是“象征”关系。其实象征在佛教和其他文化领域中早已普遍存在，只是将其作为专门的学科来研究，过去在国内还很少见。但在国外，象征这门学问几乎遍及知识的各个领域，研究也很深入。英语“Symbolism”一词，意即“象征学”。象征学以往包含在工巧学中，现在将它单独抽出来，作为一门新兴的学科来研究，是非常必要的，也是非常有意义的。色彩，如红、黄、蓝、白、青、绿、紫，本是事物的属性，但在日常生活中，白色又表示善良、干净、纯洁、美好、吉祥等特殊意思。故此在举行庆典的时候，使用白米油干饭、白奶酪、白哈达等表示庆贺，把对人的热忱称为“白心”，象征耿耿忠心。而在另外一些地方，白色又象征悲哀，亲人去世，往往身穿白色孝服，以示哀悼。红色也有多种多样的象征意义。如：

风头虽然没有铁锨，

却能掀起万丈尘烟，
相思纵使没有形状，
却无情地折磨心房。
万分怀念格斯尔，
阿尔勒高娃很惆怅，
极度想念格斯尔，
阿尔勒高娃很悲伤。[①]

2. 比喻的运用

《格斯尔》中的比喻色彩缤纷，使人耳目一新。如：

它有山一般高的身躯，
它有湖一样大的眼睛，
它有沙源似的阔背，
它有五百丈长的疏尾。[②]
连绵不断的山川，
最能耗费时间，
一个月的时光，
宛如昙花一现。
广大无边的世界，
最能消费时间，
一年的时光，
好像瞬间轮转。
高山显低，
溪谷如平，

① 琶杰演唱，其木德道尔吉整理，安柯钦夫译：《英雄格斯尔可汗》（一），作家出版社，1963 年，第 35 页。

② 琶杰演唱，其木德道尔吉整理，安柯钦夫译：《英雄格斯尔可汗》（一），作家出版社，1963 年，第 74 页。

江河变浅，
格斯尔走得比箭还快。
昆仑山显低，
洼湿地流平，
黄河水变窄，
格斯尔走得比流行还快。[①]
三十员大将相遇，
就像关节段段连接，
三十四马相聚，
就似弓箭一般和谐。[②]

三、人物与景色的描述语言

《格斯尔》继承了蒙古史诗的传统，在社会的矛盾冲突中展现人物性格，在典型环境中表现英雄的勇气、力量、智慧等。每当我们读《格斯尔》时，它总给我们无比奇妙的艺术享受，时而在我们眼前展现出广阔的战争场面，时而让我们体会到人物感情的波澜，时而让我们欣赏蒙古族地区绮丽的风光，时而让我们体验蒙古族人的风俗，时而把我们带到变幻莫测的神话世界中，上天下地，左右纵横，瑰丽奇妙，这种感人的艺术魅力是由《格斯尔》的语言美产生的。这些不同色彩的语言互相对比、映衬，交相辉映，使史诗文本产生巨大的艺术魅力，达到了很高的艺术境界。

《格斯尔》不但给我们展现了一幅幅生动的画面，而且它展现的画面也极具层次感、立体感。如：

---

① 琶杰演唱，其木德道尔吉整理，安柯钦夫译：《英雄格斯尔可汗》（一），作家出版社，1963 年，第 80 页。

② 琶杰演唱，其木德道尔吉整理，安柯钦夫译：《英雄格斯尔可汗》（一），作家出版社，1963 年，第 319 页。

锦缎的彩云，
在那晴空飞奔，
翱翔的三只仙鹤，
唱着悦耳的歌声。

鲜花般的彩云，
在它胸脯下翻滚，
悠悠三只仙鹤，
舞动洁白的羽裙。

忽听万里碧空，
传来雷声阵阵，
云层波浪滔滔，
如同雄狮怒吼。

广袤无尽的草原，
尽在马蹄下飞逝，
波涛汹涌的江河，
都从马镫下流过。
透过清晨薄雾，
发现一群斑马，
圣主策动青骒，
霎时冲下山崖。①

《格斯尔》史诗中无论是描述人还是物，都具有这种生动形象感。随着文本中情节的发展、人物关系的揭示，人物描述

① 琶杰演唱，其木德道尔吉整理，安柯钦夫译：《英雄格斯尔可汗》（二），作家出版社，1963年，第3—10页。

生动形象。如：

美丽的阿尔勒高娃夫人，
是辉映世界的一朵金花，
每当她摆动双手，
地魂都欢呼跳舞。

在她走过的脚印上，
滚起一颗颗金珠，
每当牧童望见，
恨不得用手捧住。

在她踏过的地方，
滚出一颗颗明珠，
每当姑娘看见，
恨不得戴在头上。

六月的蝴蝶飞来，
错认她是一朵花，
六岁的小孩见她，
忘记了牵手的亲妈。

八月的蝴蝶飞来，
错认她是一朵花，
八十岁的老人见她，
恨不得恢复青春年华。

她的光辉使太阳失色，
她的艳丽令百花羞涩，

她的热情使钢铁熔化，
她的坚贞令岩石感动。[①]

“格斯尔心里想要试探一下自己的三十勇士，看看他们是不是有勇有胆，便施展法力，跳进了魔虎的口中。格斯尔两脚蹬住老虎两颗獠牙，用头顶住老虎的上腭，又用两个胳膊肘撑住老虎的双腮，半蹲在老虎口中，观望外面的情况。”[②]

《格斯尔》语言的新颖、奇特和丰富绚丽的想象力还体现在以下场景中。如：格斯尔走到长着妖树的地方，远远看见了妖树，格斯尔就把枣骝神驹送到了天上，自己摇身变成一个乞丐，又把三拖长的青钢宝剑变成三拖长的黑木拐杖，把所有的弓箭和武器都变成了分装两个口袋的白面，再把水晶把手的匕首藏进了右手的袖子里[③]。史诗用新颖奇异的想象力和生动的语言描绘出格斯尔既有英雄胆略，又有英雄智慧的形象。

① 琶杰演唱，其木德道尔吉整理，安柯钦夫译：《英雄格斯尔可汗》（一），作家出版社，1963 年，第 4—7 页。

② 陈岗龙、哈达奇刚等译：《十方圣主格斯尔可汗传》，作家出版社，2016 年，第 77 页。

③ 陈岗龙、哈达奇刚等译：《十方圣主格斯尔可汗传》，作家出版社，2016 年，第 115 页。

第三章 《格斯尔》史诗的宗教信仰与游牧文化

随着对《格斯尔》研究的深入，由近及远，由艺术情景转入历史时空，不断加深了对英雄史诗的体认，也加深了对史诗产生的这片土地和人民的体认。历史与现实的对接，艺术视域与当下情景的交融，拓宽了研究的维度。从以上两章的分析我们可知，《格斯尔》源流与其文化发展的轨迹几乎涵盖了蒙古族的历史、宗教、民俗等方面的内容，是蒙古族文化发展的集大成之作。《格斯尔》主要描述了格斯尔的成长过程和以格斯尔为首的部落与其他部落之间的战争场面，反映了蒙古高原上蒙古人生产生活中的宗教信仰和游牧文化。

《格斯尔》史诗场面宏大、情节复杂、结构庞大，是蒙古族生活的百科全书，展现了蒙古社会的生产状况、社会生活、军事组织、家族关系，如战争迁徙、赛马比赛、婚姻家庭、丧葬祭奠、饮食服饰、风俗民情、游牧生活等，其中包括宗教、哲学、道德和科学等方面的内容。黑格尔认为："史诗不应局限于只在一个既定场所发生的特殊事迹的有限的一般情况，而是推广到全民族意识的整体。"① "史诗要表现在伦理的家庭生活、战争与和平时期社会生活状况乃至需要、技艺、习俗和

① ［德］黑格尔：《美学》（第三卷，下），朱光潜译，商务印书馆，1981 年，第 121 页。

兴趣等方面的民族精神。”[①] 因此，从《格斯尔》史诗中，我们了解到当时蒙古族游牧生产生活状况，如广阔的草原、成群的牛羊、毡房等。《格斯尔》中所表述的是萨满教和佛教对蒙古族生活的影响。萨满教观念和萨满祖先祭祀诗歌在蒙古族英雄史诗的形成和发展中起到了重要作用。古代蒙古人认为，萨满教的神是英雄史诗的创作者和传授者，史诗英雄是神的化身或其本身就是神，演唱史诗会给人们带来幸福。

第一节 《格斯尔》史诗的宗教信仰

蒙古族萨满教思想是支配蒙古语诸部族古代先民精神世界和一切交往活动的思想观念。这种观念，最初表现为“万物皆有灵”的自然神论。它们产生于远古蒙昧时期，并在母系氏族社会和父系氏族社会得到进一步发展。在蒙古古代萨满教众多祭祷词中，如《火神祭祷词》不仅同蒙古族的历史进程直接联系在一起，而且同蒙古族部族的古代文明特征联系在一起，积淀了蒙古族先民自母系氏族社会以来，几乎全部重大发展阶段中蒙古族萨满教思想观的历史内涵。它可被看作是蒙古族萨满教口传祷词领域“活化石”似的碑文。在漫长的历史发展过程中，萨满教教义不断丰富和完善，从原本的自然崇拜属性逐渐演化为集自然、宗教、政治于一体的思想观念，在蒙古族历史上产生了重要影响。这种文化的核心是把自然界中的种种变化看成是神灵的作用，通过对自然界自身价值的肯定，赋予自然现象、天地万物以生命和意志，并在人类自身利益与自然利益的良性互动中，确立了人在自然面前的道德义务。

---

① ［德］黑格尔：《美学》（第三卷，下），朱光潜译，商务印书馆，1981 年，第 122 页。

萨满教是原始宗教的一种晚期形式，具有鲜明的民族部落宗教特点。信众相信万物有灵和灵魂不灭说。他们崇拜天、崇拜日月星辰、崇拜大地，崇拜死者的神灵。他们认为宇宙分上中下三界，上界是天上，神灵所居；中界是人间，人类所居；下界是阴间，魔鬼和死者灵魂所居。按照蒙古萨满教的观念，腾格里（天）是至高无上的神祇，是生命的源泉、宇宙的主宰、自然界各种力量的代表、善良的根基、一切恶魔的仇敌。大地是母亲，维持生命的摇篮。火是圣洁的源泉，光明的象征。蒙古人自古至今，举行婚礼首先叩拜火神。萨满兼备祭司、巫师和占卜技能，能驱逐附在人体上的魔鬼，消除瘟灾、保佑安宁、祈求幸福。尽管早在公元6世纪佗钵可汗时代，佛教就传入了蒙古草原，直到17世纪达延汗时代，依靠强制和利诱手段，才彻底击败了萨满教，取得统治地位，但还保留了许多萨满教遗风，如祭敖包，举行赛马、射箭、摔跤比赛等。一位研究萨满教的学者说过："萨满教曾有过从伏尔加河到远东海岸、自西藏北部昔浑河（今锡尔河）到'夜半国'的所有一切民族（皆信仰）的强盛时代。"如此根深蒂固的宗教观念、宗教意识、宗教禁律、宗教仪式，总要有意无意、有形无形地渗透到民族文化心理、民族神话传说、民族审美情趣等各个领域，给后世留下有迹可循、可以捕捉的投影。

萨满教思想始终贯穿于蒙古族史诗中。蒙古人相信："英雄史诗的演唱也能够保佑和满足他们的一切需求。正如阿·布尔杜克夫所说，史诗演唱是一种特殊的祭祀祖先的仪式，因为它歌颂了祖先的丰功伟业。学者策旺说，在人们看来，由于史诗英雄是出身于天神的，所以史诗演唱能给人们带来幸福，使病人恢复健康，使盲人重见阳光，使生产、狩猎、围猎、渔业得到丰收；如果在长途运输中演唱史诗，就会一帆风顺。策旺还说，布里亚特萨满认为，史诗英雄至今还活着，如果唱错史诗，或半途而废，就会得罪英雄，会受到惩罚。史诗演唱过程中有浓郁的宗教信仰性质的风俗，诸如在演唱之前把盛满牛奶的碗放在蒙古包顶上，烧香，点佛灯，扣碗，为了观察会出现的脚印而在地上撒灰，等等。”[①] 并通过祈祷、献祭等手段仪式，发挥史诗演唱的功能。因为蒙古人对英雄史诗的理解和解释，不仅把英雄史诗看作神创作的神的颂歌，也反映了人类早期对自然和文化现象的理解与想象。这就说明了英雄史诗在古人心目中的地位和人们对英雄史诗的崇仰，这也就是英雄史诗得到迅速发展和广泛流传的动力。《格斯尔》既有腾格里崇拜、土地崇拜、树木崇拜、汗宫崇拜等萨满教内容，也有萨满教宇宙神话观念和灵魂观念；既有萨满巫师形象，也有对他们的占卜活动、施展法术活动的描述。史诗对格斯尔及其勇士们的描绘以及对国土的描绘具有佛教色彩，描绘了崇拜僧侣、经文的现象，反映了佛教灵魂转世观念等。

一、萨满教在《格斯尔》中的体现

《格斯尔》形成于漫漫历史长河中，积累了多重文化因素，宗教文化是其中之一。蕴含在史诗《格斯尔》中最古老的宗教文化是萨满教文化。萨满教是蒙古族的固有宗教，或者说是传统宗教，萨满教的一大特点是自然崇拜，如对天、地、山、河的崇拜。史诗中的一切事物都是有生命的，英雄的战马、弓箭、猎狗、猎鹰等都能说话，萨满教的思想渗透到史诗中。阿·布尔杜克夫认为：“当古代社会分化，以萨满教方式祭祀祖先的现象发生的时候，英雄史诗与萨满祭祀诗歌相互丰富，出现了原始萨满教的翁衮，有时大神成为史诗的勇士。”史诗中的英雄大多是天神的化身，天神能保佑人们健康、幸福和快乐。对祖先的祭祀活动也能同样保佑人们的幸福，满足人

① 仁钦道尔吉：《蒙古口头文学论集》，社会科学文献出版社，2011年，第61页。

们的美好愿望，因此史诗的内容与萨满教紧密相连。史诗演唱是一种特殊的祭祀祖先的仪式，因为它歌颂的是祖先的丰功伟绩。《格斯尔》史诗在长期的发展中，既有自然崇拜、万物有灵的萨满教思想，又融入了佛教的灵魂转世和因果报应的思想，其中又突出展现了萨满教与佛教的冲突，其主要思想是对萨满教的推崇。

“蒙古人把史诗的英雄看作神，因此，他们把史诗演唱的功能与萨满祭祀一样看待。在萨满祭祀诗歌中请诸神灵来，一方面以酒肉祭祀，另一方面，向神灵表达民众的思想愿望和要求，请神灵保佑和满足。”[①] 萨满教属于多神教，强调“长生天”的至上性。人们尊崇自然的力量，并赋予这些自然力量实体的形式，在蒙古语中，“神”“天神”“天空”都由“腾格里”一词来表示。也就是说，蒙古族萨满教的神灵起源于天体和天体现象。最初“腾格里”尚未具备一般性功能和意义，它们只是有限事物所具有的某种属性和功能的主宰，是彼此不相隶属、各自独立的神。萨满教的自然崇拜体现在：一是对自然物和各种自然现象的直接崇拜，这是一种把感官所能感觉到的自然物和自然物现象当作崇拜对象的自然崇拜。二是灵魂崇拜，其崇拜对象不是由人的感官所能直接感觉的实体，而是观念性极强的一种无形的崇拜对象。灵魂观念是一切原始宗教的发端，原始人由于相信灵魂可以独立于身躯自由来往，进而推论出灵魂不会随着身体的死亡而死亡，死者既然没有生前的肉身，便只有独立的灵魂。蒙古人将这些独立于身躯、不能返回的灵魂称作“翁衮”，“由于原始人把自己的存在看成是其他一切存在的标准，从而把个人的直接经验用来推论其他事物的性质。蒙古先民由独立于死人的‘翁衮’，进一步推论其他动

---

① 仁钦道尔吉:《蒙古英雄史诗源流》，内蒙古大学出版社，2001 年，第 68 页。

物、植物和一切事物也有‘翁衮’。我们在蒙古族萨满教资料中可以看到种类繁多的‘翁衮’，除了死人的‘翁衮’之外，还有羊翁衮、牛翁衮、马翁衮、虎翁衮、草翁衮、山翁衮、河翁衮等等。”[①] 翁衮分为善翁衮和恶翁衮两类，行过大善的人的灵魂成为善翁衮；恶人的灵魂就成为恶翁衮。就《格斯尔》中的萨满教而言，格斯尔的灵魂可以称为善翁衮，他叔叔晁通的灵魂是恶翁衮。

1.《格斯尔》中的萨满形象

萨满教是由萨满而得名的，但在萨满出现之前，它就存在了，只是萨满的出现使这一古老的信仰更加完善。萨满作为沟通人与神的使者，其出现的时间比较早，一般认为萨满最早是由女性担任的。蒙古族称女萨满为“乌达干”，称男萨满为“博”。萨满作为沟通人神的使者，他们最初的功能是建立人神之间的联系，充当人类的保护者以及对付由疾病、灾难带来的所有危险和各种痛苦。正因为萨满具有驱除邪祟的功能，萨满受到人们的普遍欢迎，蒙古族社会各个部落都有自己的萨满。萨满有神授的功能，在蒙古社会早期具有极高的社会地位。史诗中的英雄或神灵有能力为人们祓除灾祸，也同样可以使人们遭受灾难。所以讲唱史诗的禁忌既是获得史诗英雄护佑的需要，也可以避免遭到“神灵或魔鬼的报复”，由此，也就避免了灾祸的降临。关于蒙古族史诗的讲唱也有着诸多的禁忌，“史诗演唱活动至今仍在蒙古人心目中很神圣，有些艺人不敢坐着唱，而是跪着唱。在演唱活动的现场，演唱者和收听者都有一些规矩和禁忌。有的艺人能不吃不喝，连续几天演唱，越唱越出汗，出现类似萨满巫师唱颂表演时的状态。同样听众也不许不听完，否则的话会遭受短命之灾”。这段描述再

① 苏鲁格：《蒙古族宗教史》，辽宁民族出版社，2006年，第27页。

次点明了史诗演唱与萨满祭祀的相似的特点，并且演唱者与收听者都有相应的禁忌。史诗艺人可以说是召唤史诗英雄的关键，如萨满一样是神和人的中介，而听众渴望得到史诗神力的庇佑，所以二者都要遵守规定与禁忌。比如流传在卫拉特地区较为普遍的禁忌是史诗文本的主要情节不可以随便更改，蒙古国西部卫拉特人认为，“歪曲史诗主干情节的人总有一天会遭到那些杰出人物、史诗英雄的惩罚”。这一点对于大部分史诗艺人都是有约束力的。从蒙古族萨满教文化对蒙古神话、传说故事、英雄史诗和古典神话小说形式与内容的形成及发展所产生的深远影响来看，北京版《格斯尔》是在萨满教思想意识的基础上，吸收汉民族文化、印藏文化以及古代西方文化的积极因素而创作的史诗，其中诸多人物形象的艺术原型具有男女萨满的因素。

在《格斯尔》中，格斯尔向茹格牡-高娃倾诉自己的成长经过时说：

> 我刚出生的时候，魔鬼化身的黑乌鸦来害我……我在眼睛上套上九股铁索套，等它冲下来戳我的眼睛的时候，套住它杀掉了。我就是眼睛上还有眼睛的神眼格斯尔可汗。
>
> 在我两岁的时候，长着山羊牙和铁獠牙的狗嘴魔鬼变身为工布老爹格隆喇嘛，前来害我……我就假装吸吮，用我白海螺般洁白、坚硬的四十五颗牙齿，把魔鬼的舌头连根咬断了。两岁的时候，我就是舌头上还有舌头的神舌格斯尔。
>
> 在我三岁的时候，巨大如牛的罪恶鼹鼠掀翻地皮、破坏草场，给蒙古部落带来了灾难。我凭神通知道了它的情况，就变成了一个放羊的老头儿，手持斧头去找鼹鼠。鼹鼠变得像犍牛一样巨大，掀翻地皮、糟蹋草场的时候，放牧老头儿赶过去，举起斧头，对准犍牛两支犄

角中间的额头砍下去，结果了它的性命。我是三岁时就杀了掀翻地皮、破坏草场，给蒙古部落带来了灾难的巨大如牛的罪恶鼹鼠的十方圣主格斯尔可汗。

在我四岁的时候，去了叫作“麻雀喉咙”的峡谷。在七个恶魔每天要吃掉七百个人和七百匹马的时候，我变身为觉如，让七个恶魔沉入大海淹死。我还征服了萨日特克钦、阿雅嘎钦、布里亚克钦部落的三百个黑头百姓，并杀死了同果洛蟒古思。我就是铲除这些恶魔的十方圣主格斯尔可汗。

在我五岁的时候，我们被驱逐到太平梁生活，让太平梁变成了吉祥、美好的家园。那时，我遇到了珍宝可汗派出的五百个商人，就施法让三天变成了一天，让天气变得干旱燥热，又变出土蜂蜇了五百个商人，让他们迷了路，最终征服了这五百个商人，命他们建造观音菩萨庙，报答了父母的养育之恩。[①]

《格斯尔》中塑造的半人半神性质的妇女形象茹格牡-高娃、阿珠-莫日根以及女妖——蟒古思的姐姐或姑母，就是以古代女萨满为艺术原型创造的。茹格牡-高娃的人物形象十分复杂，这位女子是僧加洛可汗的女儿。格斯尔参加传统的征婚比武大会，依靠法力和诸天神的帮助，在射箭、摔跤比赛及智谋考验中获胜而娶茹格牡-高娃为妻。她在选婿时曾经当着一万名勇士的面，自我夸耀说：“我并不是一个凡庸的女人，而是天仙降凡。”

在我出生的时候，角端神兽来我家右边的房顶上戏耍；在我诞生的时候，麒麟瑞兽来到我家左边的房顶上欢跳。空中没有太阳却灿烂妩媚；天上没有彩云却下着

① 陈岗龙、哈达奇刚等译：《十方圣主格斯尔可汗传》，作家出版社，2016 年，第 69—72 页。

细雨；鹦鹉飞来，盘旋在诺颜-图拉嘎的上方婉转地鸣叫；布谷鸟飞来，盘旋在哈屯-图拉嘎的上方动听地歌唱。从乌仁-汗达地方来的美丽的鸟儿盘旋在神圣的图拉嘎上方婉转啼鸣。我就是九种瑞兆具足的仙女化身茹格牡-高娃。请你们的射箭手和大力士出来比赛。[①]

从茹格牡-高娃的自我介绍来看，她的艺术原型显然是一位蒙古女萨满。其突出的一点，就是具有女萨满的“法术”：当锡莱河三可汗乘虚而入、抢掠茹格牡-高娃的时候，她在格斯尔另一位妃子阿尔鲁-高娃的掩护下，与敌人展开搏斗，最后抵挡不住已经包围上来的强敌，只好施用法力，变成一只美丽的山鸡，飞升天空。茹格牡-高娃以山鸡的化身在天空中与白帐可汗分出的元神——白煞神所变成的白色鹞鹰、黄帐可汗元神——黄煞神所变成的黄色鹞鹰和黑帐可汗之元神——黑煞神所变成的黑色鹞鹰机智地周旋，并在寡不敌众、计穷力尽的情况下，又变成600个尼姑，落在草地上打坐。茹格牡-高娃在锡莱河三可汗处看见嘉萨（格斯尔同父异母的哥哥）的头颅，悲痛万分。她哀求锡莱河三可汗，要来嘉萨（也叫哲萨·希格尔，扎萨）的头颅，想用法力使其借尸复活。由于没有找到不带创伤的尸体，她只好找到一只大鹰，将嘉萨的灵魂放进这只鹰的肉体中，使他借尸还魂。茹格牡-高娃又向锡莱河三可汗的每个军士讨得一支箭杆，火葬了嘉萨的尸体。不仅如此，茹格牡-高娃又是一位能够操纵自然力的女巫，曾经施展神通，嘴里念动真言，从旱地汲出了清水，从旷野取出了鲜果。这里描写的茹格牡-高娃已经具备了女萨满的种种“本领”。

《格斯尔》不仅在典型艺术形象塑造上体现了萨满教文化

① 陈岗龙、哈达奇刚等译：《十方圣主格斯尔可汗传》，作家出版社，2016年，第46页。

内涵，而且通过描述“神箭”“神药”“长寿白神石”“七根白木神杖”“九棵红树”以及“算卦红线”等“神物”的神奇作用，突出地反映了远古蒙古民族对自然的无限崇拜和“万物有灵”观念。史诗故事中，如格斯尔讨伐锡莱河三可汗时，抽出一支神箭，吹口神气，把这支飞箭送走。这支箭转回来，钉在白帐可汗妃子的心窝上，她便立刻丧命。白帐可汗吓得面如土色，嘴里不停地祷告道：“神威圣主格斯尔，我在这里祭奠你，求你饶我一命！”说着就用一碗奶茶洒祭神箭。嘉萨叩头合掌，点上金香绕了几绕，然后把洪根大夫的神药敷在他们的创伤上。不久，他们三人腹中作响，立刻就活过来了……

三可汗共同有一块长寿白神石，这块石头和三可汗的寿禄相连。格斯尔就这样施用法力，把锡莱河三可汗的长寿白神石毁掉了。这 7 根白木杖顿时变作 7 条大鱼潜入海底，7 个魔鬼便随着沉入海底淹死了。这 7 根白木杖消除了 7 个魔鬼之后，仍旧飞回自己的主人格斯尔的手里。史诗的英雄是神圣的、力大无比的，是人的智慧的象征，呈现了人类的理性、社会性、文明、理想与信念。英雄是永生不死的，这与萨满教的不死论有关。格斯尔永远战而不死，是超越了肉身的一种灵魂与精神化身的生命证明，也是永恒的生命之象征。格斯尔被塑造成为胸怀博大、盖世绝伦的勇士，他被赋予不同于一般人的特异功能。他的战骑通晓人语，能够上天入地、通行三界。他既是人又是神，能变幻身影，调动 3 位神祖和天上诸神。他力拔群山、天下无敌。他是古代人们心中尽善尽美的英雄，是民族精神的英灵。他出生入死、奋战终生，完全是为了落难的父母和妃子，保卫受到侵犯的部落，专为他人兴利除害，降伏八方恶魔，造福人类世界。这一切又是执行天父的意旨。

2. 山神崇拜和灵魂崇拜在《格斯尔》中的体现

对名山大川的崇拜在我国各民族历史中是普遍存在的现象，蒙古族萨满教中有对山神的崇拜情结。从流传下来的文献和传说中我们知道，古代蒙古族对杭爱山、阿尔泰山等山川都曾经崇拜祭祀。虽然这些文献和传说赋予了这些山川各种各样的神秘色彩，但实际上反映了这些山川对古代蒙古部落间斗争和游牧生活所起的保护作用。在茫茫的蒙古草原上，弱小的部落在无险可守的草原上是无法自立于众部落之中的，只有在有险可守的大山之中，弱小的部落才有可能通过力量的慢慢聚集而发展起来，所以对山神的崇拜和祭祀在蒙古族萨满教中占据非常突出的位置。《格斯尔》中有许多处体现出对山神的崇拜。《格斯尔》中有山崇拜思想，而且也多次出现历数山水问答的情节，如茹格牡-高娃为验证敖勒吉伯是否是格斯尔的化身，便将故乡的山水景物编成歌词——寻问，敖勒吉伯还以韵律极强的优美诗句应答自如。《格斯尔》中除山崇拜外，还表现了对天、地、水、火以及与高山相关的岩石的崇拜思想。

灵魂崇拜是自然崇拜的形式之一。在《格斯尔》中，格斯尔是一位神性和神力十足的人物，形影不离地簇拥和跟随他的神灵多得不胜枚举。霍尔穆斯塔腾格里遣 3 个皇子中的一个下界投胎，使他当人世间的可汗。因为那时候将要弱肉强食，众生灵和兽类也要互相残害捕食。3 个皇子起初都互相推诿，都不愿意降至红尘。霍尔穆斯塔腾格里说道：

> 并不是因为天下大乱，我才专门派使者去传召你们的。而是遵照佛祖的法旨，派你们下凡去。我以为你们是我的好儿子，不想原来你们是我的父亲，我才是你们的儿子。你们三个既然窥视我的可汗宝座，那你们就当天神可汗吧。所有的事情都交给你们，我撒手不管了。①

最后的结果是三皇子下凡。三皇子下凡之前，要求天神赐给他东西，他要和 3 位神姐及 30 位勇士一同下界。同时还变

---

① 陈岗龙、哈达奇刚等译：《十方圣主格斯尔可汗传》，作家出版社，2016 年，第 3 页。

成奇异的鸟儿，先飞到人间，去寻找投生的地点和投生的母亲。《格斯尔》告诉我们，天是格斯尔的故里，格斯尔原本是天神之子，依靠神力降生到人间。他在与对手对决时，总有神灵指点和协助他。灵魂无处不在的万物有灵论在这里得到了体现。《格斯尔》中十二头魔王的灵魂包括一头黑牦牛、一罐虫子和一个藏在鹿肚子里的金匣子装好的铜针，而锡莱河三可汗则共同拥有一块长寿白神石。史诗中甚至还出现了哲萨希格尔的灵魂与格斯尔对话的情节。当英雄想战胜敌人、妖魔时，首先必须消灭敌人或妖魔的灵魂，这样，敌人的力量才会削弱，否则对方会变得强大无比。

3. 占卜和祭祀在《格斯尔》中的体现

作为宗教文化，占卜具有浓郁的超自然性质。即充满顺应“天时”“天意”，遵循“天理”“天道”，祈求“天助”“天佑”等天命色彩。尽管如此，它还是人类在艰难而漫长的人与自然、人与人之间的斗争过程中总结、摸索出来的一种观念性很强的、充满生活共同利益体的、以功利为目的的文化。这是人类共有的一种文化现象，而非蒙古族所独创、发明的文化现象。占卜是蒙古族先民在生产劳动实践中发现的一些被自然赐予的兆象，是不以人们的意志为转移的。先民们主动迫切地想知道未来势态发展，以及神灵的态度如何，于是就有了占卜。这种是占卜师们主动进行的，是有计划的，它必须通过一定的工具，如动物骨头、植物等，然后由巫师和其他占卜人进行解释。如：毛阿固实、唐波大师和山神敖瓦工吉德都是占卜师。在格斯尔下凡前阿日亚拉姆要求他们三人占卜预测格斯尔下凡后要发生的事情，说：“看有没有能够治理当今乱世的可汗诞生在人间。”

毛阿固实首先占卜，他说道：“首先会诞生一名叫波阿–冬琼–嘎日布的天神。他浑身是水晶宝石，他的牙齿是白海螺，他长着嘎如达神鸟的头颅，他的发色金黄，发梢犹如开满花朵的柳树一样美丽。这位神灵降生后将统辖上界天神。”

唐波占卜师占了一卦，他说：“其次诞生的名叫阿日亚-阿瓦洛迦-沃德嘎利的天神，她红润的脸庞光芒四射，上身是人身，下身是龙神蛇身，她诞生后将会统辖下界龙神。”

敖瓦工吉德占卜了一卦，说道：“接下来将诞生名叫嘉措-达拉-敖德的天神，她全身洁白，光射四方。她诞生后将统辖十方仙女。”

阿日亚拉姆女神又请一位占卜师占卜。他说：

“接着，格斯尔-嘎日布-冬日布会诞生。十方诸佛占据他的上身，四大天王占据他的中身，四海龙王占据他的下身。他诞生后将统辖这瞻部洲，是十方圣主智仁格斯尔可汗。”①

又如：

蟒古思说：“快把占卜的红线给我拿来！千万不能从女人两腿之间和狗头的下面经过，那样占卜就不灵了。从宫帐西侧的墙毡下面取红线来递给我！”②

《格斯尔传》中，当格斯尔打入十二头魔王的老巢时，为骗过十二头魔王，他藏到一个深坑里，“上面压块白石板，白石板上铺了一块写好吗呢咒的布，撒上一层土，土上盖一层杂草，杂草上又盖一层青草，青草上还撒一层雀鸟的羽毛，上面再拉上红红绿绿的绳子”。铺白石板的布上本应写萨满教的咒语，这里却换成了佛教的六字真言。这种佛教与萨满教二者被糅合在一起的描写形式在《格斯尔》中还可以找出许多。史诗

① 陈岗龙、哈达奇刚等译：《十方圣主格斯尔可汗传》，作家出版社，2016 年，第 6—7 页。

② 陈岗龙、哈达奇刚等译：《十方圣主格斯尔可汗传》，作家出版社，2016 年，第 121 页。

内容中处处可见民族文化心理及传承人的创编艺术。

祭祀是蒙古族原始宗教仪式的重要组成部分。祭祀时，蒙古人都要赞颂祖先的丰功伟绩，感恩上天赐给草原风调雨顺。蒙古族宗教活动中，祭祀本身就是很神圣的仪式，在《格斯尔》中到处可见祭祀活动。率领部落出征或胜利归来，都会举行盛大的祭祀活动。蒙古萨满教的祭祀仪式颇多，主要分“白祭”和“红祭”两大类。白祭即用奶子、奶茶、奶酪、奶酒等乳类祭祀；“红祭”则要杀牲，即“血祭”。也有二者混用祭祀的，具体形式因祭祀内容、功能需要的不同而略有差别。而蒙古族《格斯尔》所提到的祭祀中以用巨型锅煮羊、杀马拜祭神灵和奶茶祭最具代表性。《格斯尔》还多次提到了奶茶祭和将亡者系在树上祭祀的习俗。如锡莱河三可汗之白帐可汗为了让格斯尔的神箭射不中自己，便用奶茶酒祭神箭，嘴里还不停地向格斯尔的神箭祈祷：“神威圣主格斯尔，我在这里祭奠你……”而格斯尔有一次在叔父晁通装死时说：“我为了使我叔父的灵魂升入天堂，要把他吊在高高的树枝上，再拾来许多柴……”史诗中尽显蒙古族古老先民的文化心理。

二、佛教文化在《格斯尔》中的体现

《格斯尔》中充分反映人民性的同时，在某些故事情节中穿插描写了佛教的天堂、人间、地狱等三界的不同情况及佛教的教义、观念、风俗习惯等。从这些描述中我们很清楚地看到，《格斯尔》在创作和流传过程中受佛教思想的影响，这也充分说明了《格斯尔》是在佛教传入于蒙古地区之后，不断得到充实和广为流传的事实。

在格斯尔从天界降生到人间的部分，《格斯尔》中有有关天堂、人间、地狱生活状况的详细描写。在天堂生活的人物有释迦牟尼佛祖、霍尔穆斯塔腾格里三十三天（腾格里）长子阿敏萨黑克齐、次子威勒布图格齐、三子特古斯朝克图，阿日亚拉姆女神，波阿-冬琼-嘎日布，阿日亚-阿瓦洛迦-沃德嘎利，嘉措-达拉-敖德，那布沙-古尔查祖母。人间除了有像僧伦、阿木尔吉拉一样善良的百姓等正面人物外，还有像晁通、锡莱河三可汗一样凶残贪婪的可汗及魔王、妖师、北方黑花魔虎等祸害百姓的反面人物。正面人物和反面人物所处的环境也截然不同。像僧伦一样的穷人住在沙漠里的一顶被熏黑的破帐幕里；而像晁通、锡莱河三可汗一样的官吏、富人却住在花草盛开的宫殿里；魔王住在建造于草木密集、烟雾弥漫的山岭上的无比高大坚固的城池里；妖师住在北冰海的海滩上。《格斯尔》中描写的地狱有两种：一种是在某一个可汗宫殿里所建的地狱；另一种是在阴曹地府里所建的地狱。契丹国固穆可汗宫殿里所建的地狱有蛇牢、虱子牢、蚂蚁牢、狗牢、狼牢、兔子牢、热牢、冷牢等18个不同性质的牢，阴曹地府里所建的地狱则称为十八层地狱。《格斯尔》受佛教思想的影响也较深。该史诗中称赞格斯尔是“为铲除十恶祸根，为弘扬十善福分而降生的大智大仁的十方圣主格斯尔可汗”。例如，格斯尔可汗刚生下不久就与咬断人舌头的魔鬼喇嘛、啄瞎人眼睛的魔鬼乌鸦进行了斗争，用他的智慧战胜了魔鬼喇嘛和魔鬼乌鸦。

《格斯尔》中反映佛教教义或观念的内容也很多。《格斯尔》中有一个情节是格斯尔和茹格牡-高娃成婚，善观自在菩萨在筵席上赐给茹格牡-高娃一颗人参果，说：“如果你吃下这东西，就会生育三个比格斯尔更为神勇的孩子，三个和格斯尔一样神勇的孩子，和三个神勇仅次于格斯尔的孩子。”如，在地狱救母中，描写了阿木尔吉拉生下儿子后怀疑他可能是魔鬼托生的，因此她产生过趁儿子还小，把他杀死或扔到野外的想法，可后来一心软就留下了。有一次魔王利用法术把格斯尔可汗变成黑驴牵走了，母亲知道这事后，为儿子的遭遇过度悲伤而腹内生痞块，很快就去世了。她的灵魂到阴曹地府后，因生前曾产生过害死儿子或把他扔到野外的想法，所以灵魂掉进了十八层地狱。在这个情节中，用具体的事实解释了佛教信徒所宣传的人在一生中如若产生过陷害别人的想法，那么他在来世必将得到报应而掉进地狱或会变成牲畜的佛教观念。格斯尔从阳间到天界，历尽千辛万苦从地狱里救出母亲，把她送到神境，让她过神仙的幸福生活。

《格斯尔》中反映了格斯尔可汗有时在3位神姐的帮助指导下战胜敌人，有时在佛祖的保佑下取得胜利的思想。《格斯尔》中，称赞了佛教经语的威力。格斯尔的母亲因忧伤过度去世，他不觉放声大哭，哭得整个珠宝城为他向右旋转了3次，他到处寻找母亲的魂魄。他走遍天宫和人间都没找到，最后到了阴间，才寻见他母亲的魂魄被丢入了地狱。他一时大怒，立刻砸碎了地狱的铁锁，杀掉把守狱门的牛头神和马面神，还捉住阎罗王用99根铁棍痛打了一顿，逼得阎罗王变成老鼠也没逃出他的惩罚。然后格斯尔让他的神翅马用甘泉漱口，将他母亲的魂魄含在嘴里，到天上去找他的天神霍尔穆斯塔腾格里父亲超度她。《格斯尔下入地狱救出母亲》一章中，当格斯尔在地狱寻得母亲的灵魂后请霍尔穆斯塔腾格里超度，“霍尔穆斯塔腾格里父亲召集了十方喇嘛，念经诵佛超度了格斯尔母亲的灵魂。这时他母亲的灵魂变成了无数神佛；再继续念经，并敲锣打鼓、献灯燃香，格斯尔母亲的灵魂就变成了光彩夺目的蓝宝石；再继续念经，召请十方神佛时，格斯尔母亲的灵魂又变成了仙女中的仙女”[①]。

正如陈岗龙学者在北京木刻版《格斯尔》的价值及其翻译（代译序）中言：北京版《格斯尔》在本质上是英雄史诗，而且与佛教文化无法分开。因此，对蒙古《格斯尔》的佛教文化内容及信息要有系统的了解与阐释；佛教对史诗《格斯尔》的

① 陈岗龙、哈达奇刚等译：《十方圣主格斯尔可汗传》，作家出版社，2016年，第246页。

浸染还表现在佛教僧侣参与了对史诗的加工改编，这就必然使史诗呈现出某种宗教倾向。虽然佛教的浸染使史诗蕴含一些因果报应、六道轮回等观点，然综而观之，佛教文学对史诗《格萨（斯）尔》内容题材的扩大、形象塑造以及情节、语汇的丰富等诸方面起到了积极作用。

第二节 《格斯尔》史诗的游牧文化

蒙古族的游牧文化是在狩猎和畜牧业这一生产方式与自然环境相适应的基础上产生，并随着社会的发展逐渐发展起来的。游牧文化的产生和发展与北方草原民族生存的自然环境有着密切的关系。蒙古高原的山脉、草原、河流、气候、物产等独特的地理环境和自然资源，不但决定了游牧民族的生产生活方式和经济模式，同时对游牧民族的思维模式、宗教信仰、生活习俗和文化艺术的形成与发展起到了重要的推动作用。在长期的畜牧业生产实践中，人与牲畜之间的协调关系、人与自然之间的和谐活动被固定下来，形成了游牧民族的风俗习惯。这些风俗习惯在发展过程中，又不断丰富、充实和传承，从而形成了具有浓厚民族特质的文化现象。

在长期的游牧业生产实践过程中，分类群养的方式最终成为游牧业生产的基本形式，进而产生了调节畜群结构、协调草场水源、均衡草场载量、四季轮放、保护生态等许多朴素自然的畜牧业经营理念。牧人在长期的游牧业生产实践中认识到，调整牲畜的结构是有效解决牲畜和草场关系的一个重要因素，在生产活动过程中调整牲畜的结构时注意它们的内部结构，比如畜群规模的大小、公母的比例、成幼畜的平衡等。由于不同种类牲畜的特性不同，因此牲畜规模中畜群的大小、种畜和母畜的比例、畜群结构也各不相同。这些生产形式，使得人与大自然、畜群与大自然之间形成了极其密切和睦的互动关系，从而显示出了游牧经济的独有特征。

《格斯尔》中描绘的游牧环境是地域广阔的草原，这里河流纵横、水草丰美，是优良的天然牧场。这里有马、牛、羊、骆驼。这些既是生产资料，又是生活资料。人们吃肉，喝奶，有丰富的畜牧业经验。“游牧，是畜牧生活的一种形态，其中‘迁徙’是此种畜牧生活的重点，特别是指随着牲畜追逐水草生长的足迹而将整个家搬来搬去的形态。”[①] 游牧民族有史以来逐水草而居，迁徙是习以为常的事情，所以以游牧为主的蒙古族在历史上被称为“行国”。远古时代，许许多多的游牧民族或游牧部落曾共同生活在广阔的欧亚大陆上，这片大地是古代游牧文明的摇篮。在这辽阔的大地上，蒙古高原自古以来就是东西南北移民交汇之地，所以众多的氏族、部落、民族不断游牧于这片大地上。在蒙古高原上曾有众多的政权，它们一个接一个地崛起于这片辽阔的大地上。蒙古族著名学者扎奇斯钦在《蒙古文化与社会》一书中写道：辽阔的内陆亚细亚这个空间的游牧民族的主体活动，是逐水草而畜牧，和躲避天灾而迁移。换言之，在这里生聚的民族，其生活方式是以游牧为主。但也有以狩猎为主、畜牧为辅的，有的半游牧半狩猎。自然环境是人类生存和发展的物质前提和空间基础，它对人类社会的发展虽无决定性作用，但在不同历史阶段和不同的地域，其作用强度是不一样的，在某些时候的某些地域甚至起方向性决定性作用。自然环境对蒙古高原的影响是起着决定性作用。蒙古高原的“游牧民族以高度发达的牧业艺术同极为恶劣的环境进行搏斗，但为了在过于严峻的条件下成功地实践这种艺术，他们必须发展出一些特殊的道德和智慧的

① ［日］杉山正明：《游牧民族的世界史》，黄美蓉译，中华工商联合出版社有限责任公司，2016年，第11页。

力量”[①]。从原始畜牧业到古代游牧业，再从游牧业转变为现代畜牧经济，蒙古族的游牧艺术的道德和智慧在《格斯尔》史诗中有充分的体现。

一、广阔草原的游牧生活

草原、放牧和毡房构成了蒙古族游牧生活的主体。《格斯尔》中较全面地反映了畜牧业经济，反映了《格斯尔》形成、发展过程中，蒙古族的畜牧业经济已相当发达，而且在蒙古族经济生活中占主导地位，在很多领域里已经起着决定性的主要作用。蒙古族由于长期以畜牧业生产为主，所以对牲畜具有一种特殊的深厚感情。从这一感情色彩出发，他们将珍惜的某些牲畜，命名为“神马”或“神畜”，以示这些牲畜已变成了苍天之牲畜，普通人已无权杀、卖或使用这些牲畜。当格斯尔杀了鹿或牛羊等牲畜，切成小块，煮熟之后，首先祭天上的诸神、3位神姐或祖母，剩下的肉，才由他自己吃掉。这类描述多处可见，体现了蒙古人敬天敬地和珍爱牲畜之习俗。

蒙古人住着蒙古包，饲养着5种牲畜，过着以畜牧业为主的传统游牧生活，在《格斯尔》史诗里也得到体现。这一生活现实，反映在僧伦家的有“花骆驼、花乳牛、花绵羊、花山羊和花色马”的生动描述中。除以上5种牲畜以外，蒙古族上层或普通人还在驮运、乘骑等日常生活中普遍使用毛驴和骡子。这种情况在以畜牧业为主，以狩猎业为辅助或补充的部落中更多、更加普遍。《格斯尔》的主人公格斯尔及其父亲僧伦、哥哥嘉萨等都在畜牧业经济为主的前提下，利用业余时间，经常进行狩猎活动，以补充生活来源，改善生活水平。《格斯尔》中描述了格斯尔的父亲僧伦为了生计过着边放牧边狩猎的繁忙

① ［英］阿诺德·汤恩比：《历史研究》，刘北成、郭小凌译，上海人民出版社，2000年，第115页。

生活。在这里，我们可举出几段生动而具体的描述：僧伦一家背井离乡，被放逐到荒凉的沙漠地带之后，无依无靠，生活十分艰难。为了养家糊口，僧伦一边放牧着两三头牲畜，一边在附近套捕鼹鼠充饥度日。阿木尔吉拉（格斯尔之母）每天捡柴做饭，苦熬着不幸生活。

关于格斯尔 3 个神姐和格斯尔出生那天的叙事中：当天晚上，僧伦赶着几只牲畜，背了几只鼹鼠，回家来了。这一天，僧伦出去捕了 70 只鼹鼠，回家之后，他兴高采烈地说道："今天捕杀的比任何一天多，今天的运气真是好。"[①]

关于这类边放牧边狩猎的描述很多，这些描述不仅反映了当时以狩猎业为补充的生活现实，而且说明了狩猎业的重要性。狩猎业直接影响着人们的生活水平，甚至还直接影响着人们的生存之大事。除僧伦和格斯尔等人狩猎外，当时很有权势的晁通等人也经常开展狩猎活动。他们的目的，不是为生计或改善生活条件，而是为取乐游玩或获取补养药品。像十二头魔王虽然残忍凶恶、作恶多端，但为了生计，他却很勤劳、很果断。每天黎明时，他都骑上青骡子外出打猎，从不偷懒。当夕阳西下时，青骡子驮着许多鹿肉回来。他有时甚至带病外出打猎，极为认真。"他在野外打猎，追赶一只鹿，但因过于劳瘁，声嘶力竭，未追上鹿，便躺倒在沙滩上，不知不觉地睡着了"，以上描述充分说明了狩猎业的艰苦程度。

畜牧业经济贯穿于整个史诗之中，与正反两方面近百个人物形象的生活、社会活动、所作所为都密切相关，而且在许多故事情节中已形成了"家园牲畜"这一不可分割的组合词语，代表一个家庭的主要财产和经济支柱。敌人入侵，主要目的也

---

① 陈岗龙、哈达奇刚等译：《十方圣主格斯尔可汗传》，作家出版社，2016 年，第 11 页。

都是为了掠夺“家园牲畜”，所以每个人出远门时，总是对其家人或亲戚朋友嘱咐道：“请多多关照我的家园牲畜。”家园牲畜是当时一个家庭的命根子。如果谁失去了家园牲畜，谁就失去了生存条件。以此我们完全可以窥见，畜牧业经济，是与当时蒙古族人民生死存亡相关联的最关键、最主要的经济成分。在发展畜牧业生产过程中，不仅牧场起着关键作用，当时的自然灾害和狼的祸害也时刻威胁着牧业生产劳动。自然环境对牧业生产的影响特别大，自然灾害导致牲畜的大量死亡。所以牧民时常观察天气变化，防备狼和其他野兽的侵袭。在《格斯尔》中经常有“天气突然起变化，刮起狂风，下起骤雨”而导致牲畜受到损失的描写。在僧伦家的有“花骆驼、花乳牛、花绵羊”。畜牧业经济的好坏，在很大程度上取决于草场的好坏。所以有权有势的人往往占据最好的草场，而无权无势的平民百姓则往往驻牧于贫瘠的草场上。他们的生活不断地向两极分化的方向发展，有的拥有上万头牲畜，有的却只有两三头牲畜。《格斯尔》中的反面典型形象晁通，是格斯尔的叔父，他卑鄙、阴险、虚伪、自私、凶恶、残暴，但其权势很大。所以他从嫉妒心理出发，决定把格斯尔一家放逐到很远的戈壁沙漠地带。当格斯尔一家依照晁通的安排远离家乡时，晁通“只给了僧伦夫妻一峰带着花驼羔的花骆驼，一匹带着花马驹的花母马，一头带着花牛犊的花母牛，一只带着花羊羔的花绵羊，一条带着花狗崽的花母狗，和一顶又黑又旧的破毡帐，就把他们驱逐到三河之源去了”[①]。

于是格斯尔一家，“背井离乡，被放逐到荒凉的沙漠地带之后，无依无靠，生活十分艰难，为了养家糊口，僧伦（格斯尔的父亲）一边放牧着三两头牲畜，一边在附近套捕鼹鼠，充

① 陈岗龙、哈达奇刚等译：《十方圣主格斯尔可汗传》，作家出版社，2016年，第9页。

饥度日。因为僧伦一家的辛勤劳动，加之生下上天之子格斯尔所带来的福气”，僧伦的几头牲畜，一天天地繁殖起来，僧伦力不从心，便叫来原配夫人所生的另居异地的两个儿子嘉萨和戎萨放牧。后来格斯尔也自愿要求放牧，这样兄弟三人开始放牧。但格斯尔出于幽默风趣心理，以祈祷为理由，杀了一头牛犊后，将一半的牛肉用于祭祀祈祷，另一半则全部煮熟，他一个人吃掉了。还有，格斯尔“宰杀牛犊，整剥了牛皮，把啃剩的牛骨装进牛皮里，拽着牛尾，召唤三次，于是这个牛皮就变成了一只活牛犊，向一群牛犊跑去了”①。

因全家人的辛勤劳动，格斯尔家的牲畜繁殖数量增多。从《格斯尔》很多故事情节中我们还能看出，当时的牧场已分冬营地和夏营地，冬营地安排在避风防寒之低处，夏营地安排在通风且降水多之高处。这也充分证明了当时的畜牧业生产具有了相当的规律性和科学性，而且 5 种牲畜及其仔畜，分别都有各自的牧场，绝不能混淆乱牧。这是当时牧民饲养 5 种牲畜及家禽的真实情景。

二、英雄崇拜和骏马文化

《格斯尔》属于极为典型的“马背文化”。格斯尔及其勇士们都是英雄主义的化身，而这种英雄主义具有原始的力度。在《格斯尔》里，以“力量”为核心的英雄主义也具有古朴的道义，它多方面描绘了坚贞不渝的友情、壮烈的自我牺牲精神、崇高的抱负、坦荡的心胸等，《格斯尔》歌颂和赞扬了团结统一的族群，展示了古代蒙古人的忠君思想和爱国主义以及团结统一的一致性，充满着英雄乐观主义精神。英雄乐观主义精神是史诗《格斯尔》的灵魂，这种乐观主义精神充分表现在

① 陈岗龙、哈达奇刚等译：《十方圣主格斯尔可汗传》，作家出版社，2016 年，第 19 页。

《格斯尔》所描写的英雄人物的性格、英雄人物的行为与和睦团结的整体上。

《游牧民族的世界史》对游牧生活有这样的描述："夏季的草原是美好的，天空既高又清澈，凉风缓缓吹过绿色大地，驾马奔驰而过，天地及自身仿佛合而为一，这样的世界就如天国般，当寒冷降临时，却变成了地狱，牧民只能忍耐度过，绝对不浪漫。游牧民无法悠哉轻松过生活，绝对以体能势力求生存，首先，一定要学会骑马。"[①]在草原上为求得生存，强壮的体魄和对骑术的热爱形成了蒙古人的英雄崇拜情结和骏马文化。

1. 英雄崇拜

史诗是一个民族聪明与智慧的结晶，是这个民族在艺术领域树起的一座不朽的丰碑，是全体民族成员的心理素质、道德观念和风俗人情的再现，体现着民族的激情和理想。以"传奇"和"圣经"的形式团结和召唤本民族的人们奋斗和向上。"每一个伟大的民族都有这样的绝对原始的书来表现全民族的原始精神。在这个意义上，史诗这种纪念坊简直就是一个民族所特有的意识基础，如果把这些史诗性的圣经搜集起来成为一本集子……就会成为一种民族精神标本展览馆。"[②]不仅如此，"史诗的英雄人物常常也都是'民族精神的十足代表'他们往往通过自己个性来表现出民族的全部充沛的力量，它的实质精神的全部诗意"[③]。人类从野蛮时期进入文明时期，固然是历史的进步，但同时也伴随着血泪和苦难、动乱和邪恶。那

① ［日］杉山正明：《游牧民族的世界史》，黄美蓉译，中华工商联合出版社有限责任公司，2016 年，第 12 页。

② ［德］黑格尔：《美学》（第三卷，下），朱光潜译，商务印书馆，1981 年，第 114 页。

③ ［俄］别林斯基：《别林斯基论文学》，梁直译，新文艺出版社，1958 年，第 46 页。

时战争是解决争端、增加财富、争夺土地的唯一手段，也是关系到民族命运的大事，只有凭借勇敢和武力才能保全自己。勇猛善战的尚武精神受到人们的敬仰。因此，“战争情况中的冲突能提供最适宜的史诗情景，因为在战争中整个民族被动员起来，在集体情况中经历着一种新鲜的激情和活动，因为这里的‘动员’指的是全民族作为整体去保卫自己”①。

史诗中所有的事件都结合到主要英雄人物身上，史诗中所有的人物都围绕着主要英雄人物展开行动，这不仅增强了史诗的整体感，而且使史诗的叙事结构更加紧凑，强化了史诗的艺术效果。黑格尔在论及史诗普遍性规则时曾指出：“特殊的史诗事迹只有在它能和一个人物最紧密地融合在一起时，才可以达到诗的生动性。正如诗的整体是由一个诗人构思和创作出来的，诗中也要一个人物处在首位，使事迹都结合到他身上去，并且从他这一个形象上发生出来和达到结局。”②《格斯尔》史诗是以人物为中心的史诗，在人物形象塑造诸方面，不仅符合史诗的一般规律，而且显示出史诗作为英雄史诗的典型性特点。格斯尔作为上天派到人间平妖除暴的使者，他时时能得到天上众神的护佑，逢凶化吉，百战百胜。他是神子下凡，具有超众的神力，神通广大，能摇身变成小雀、先知鸟、野牛等各种动物形态，又能幻化成孩童、牧羊人、乞丐。他既有神性，又有人性，是一位具有血肉之躯、七情六欲的英雄，他与人民的命运息息相关。他有欢乐，也有忧愁。他性格和善，尊母爱妻。叔父晁通处处与他为敌，当晁通的阴谋败露，格斯尔斥责过他，惩处过后却不忍将他杀死，而是放他一条生路。神性与人性在格斯尔形象中得到完满的统一。在格斯尔身上涌动着浩

① ［德］黑格尔：《美学》（第三卷，下），朱光潜译，商务印书馆，1981 年，第 126 页。

② ［德］黑格尔：《美学》（第三卷，下），朱光潜译，商务印书馆，1981 年，第 134 页。

然正气、勃发的民族精神，这种民族精神是自信、自强、不可战胜的英雄所具备的。英雄格斯尔热爱生活、崇尚武力、机智勇敢，在他身上洋溢着蓬勃向上的朝气、饱满的热情、旺盛的精力和积极的进取精神，他具有强烈的集体荣誉感。当部落遭遇危难时，他为爱护家园的精神所驱使，立即挺身而出，奔赴沙场。在他身上体现了蒙古族的英勇豪迈、强悍粗犷、不畏强暴的民族精神，以及蒙古族民众面对严酷的自然环境、纷争动荡的社会状况而产生的一种对美好家园、伟大英雄的期待与向往。《格斯尔》中的英雄人物战胜蟒古思娶回新娘，建立和平幸福的美好家园是史诗永恒的主题，由此便形成了英雄不败的主题。

格斯尔以英雄的形象贯穿于史诗的始终。格斯尔一直是半人半神的形象，格斯尔神化的形象一直十分突出。格斯尔的诞生是神降，他是天神的儿子。他秉承霍尔穆斯塔腾格里天神的旨意来到人间。那时天下动荡不安、弱肉强食，人民遭受着深重的灾难。史诗中的蟒古思往往是一个相貌狰狞、性情残暴的多头魔怪，是英雄和蒙古族民众的敌人。随着史诗的发展，蟒古思的形象内涵发生了由自然意义向社会意义的转变，但无论是哪一个时期的蒙古族史诗中的蟒古思形象，始终具有一定的魔性，它们恐怖狰狞，残害人民，往往具有法力，并可以将灵魂寄存体外。可以说，蟒古思是一种天灾人祸的终极化身，是蒙古族民众永恒的异己力量。世代在蒙古草原上生活的人们，所面对的是严酷的自然环境，春天的风沙、夏天的干旱、冬天的白灾等都让民众饱受自然的侵扰，而为了争夺水草丰美的地方，血腥的战争又使人民生活在恐惧屠杀之中，总之，草原民族所遭受的天灾人祸之频繁，远远超过农耕民族。虽然蒙古族民众的宗教思想经历了由萨满教向喇嘛教的转变，但史诗艺人可以驱邪避害的功用在很长的一段时间内都没有减退。在蒙古先民心中，史诗英雄具有神力，而演唱他们的歌便可以取悦、感动他们，从而带来福祉。史诗是为了让听众得到一切福而演唱的，例如病人为康复，盲人为复明，狩猎渔捞等为了获得丰收，如果远征途中一直讲述史诗，就会一路平安……因为史诗中的英雄不是普通的人，而是受天命者。因此，消除自然灾害、战胜敌人、过上和平安定的生活，就成了草原人民的心理需求。而蟒古思恰恰代表了人们心目中的灾祸，所以英雄不败就有了不容置疑的必要性，在《格斯尔》中，格斯尔与蟒古思的冲突与激战中，无论战败后的蟒古思如何向英雄求情，面对蟒古思时，格斯尔都态度坚决，始终会将其杀死。这似乎缺少合理性，但如果解释民众战胜灾难的彻底与决心，就显得可以理解了。正如学者陈岗龙、乌日古木勒在《蒙古民间文学》中所说："蒙古英雄史诗不是讲述有关英雄的命运的故事，而更确切地说是反复叙述着一种民俗模式。即所有蒙古族史诗作品中的不同主人公却都重复着已经程式化了的统一的行为模式。"①

格斯尔降临人间的崇高目的，就是"除暴安良"，救护生灵，让受苦的人民过美好的生活。他拥有着非凡的法力与力量，可变化成人、动物、石、木等。当遇到困难时，只要他焚香祷告，众神佛祖、3 位神姐、祖母等人便立刻给予援助，帮他渡过难关、走向胜利。由天堂降生到人间，格斯尔在他 1 岁的时候除掉了啄瞎儿童眼睛的魔鸦；两岁的时候除掉化装成喇嘛专割儿童舌头的羊牙狗嘴妖魔；格斯尔以杀死牛犊又施法术使牛犊复活等很多奇迹向父母展示了自己的智慧和神灵的法术；格斯尔处死 7 个使臣，镇压妖魔；格斯尔把无边无际的沙漠改造成为水草丰美的富饶之乡，并且修建殿堂楼阁。格斯尔的故事，歌颂了格斯尔的英雄气魄，反映了普通牧人的生活。

① 陈岗龙：《蒙古民间文学》，宁夏人民出版社，2008 年，第 135 页。

格斯尔歼灭有12个头的魔王，从魔王的手中救出妻子的故事，把格斯尔塑造成真正代表人民利益的草原的普通英雄人物。这一普通英雄人物形象，具有"铲除十恶祸根，弘扬十善福分"的寓意，所以他们赋予格斯尔喜、怒、哀、乐，赋予格斯尔勇敢、智慧，还有偶尔的急躁、畏惧与糊涂。这里的格斯尔有着多方面矛盾的性格，而且，他的性格中也有着常人的怯懦与缺憾，所以格斯尔已从不可战胜的神仙佛祖变得更平民化，变成了现实生活中的普通英雄人物。因此，虽然《格斯尔》中的格斯尔具有神话色彩，但同时也具有人性化色彩。格斯尔领导人民进行了一次保卫国土的战争——锡莱河之战。北方的强敌入侵格斯尔的国土，抢夺了他的爱妻，侵占他的家乡。格斯尔的叔父晁通王奴颜婢膝，背叛国家，归降敌人。格斯尔闻讯返回家乡，领导人民进行殊死战斗，击败锡莱河三可汗，救出妻子，这一情节歌颂了主人公爱家乡、爱国家的精神，表达了人民的理想。格斯尔成为人们称赞的理想英雄。

2. 草原牧人的骏马

在《格斯尔》里，勇士的骏马成为一种特殊类型的艺术形象。在《格斯尔》里，骏马形象有多元化、多层次的内容。作为骏马，它有马的属性和功能，但不是普通马，而是理想化、人格化的骏马，和人一样有语言和意识，属于史诗的智慧型人物类型。同时，它和凡人不同，具有人类不可能具有的本领，更像神话传说中的神仙。"格斯尔及其将士们在多次征战中，都是在战马的协助下取胜的，所以人与马的关系，便在战争中变成了不可分割的，相依为命之特殊关系。在很多危难情况下，战马常常替主人出谋划策，或帮助主人排除万难，从而达到胜利。如当格斯尔可汗前去铲除十二头魔王的路上，碰上了魔王的化身魔鹿，那魔鹿的右角顶着天堂，左角拄着地面，从三年里程的远处挡住了格斯尔的去路……这时，格斯尔抓紧赤兔马的缰绳，拽满神弓，扣上了三十只白翎箭，'嗖'的一声射去……魔鹿倒在三座大山背面。在与魔鹿周旋，并最后射死魔鹿的整个过程中，赤兔马始终与主人紧密配合，在它的全力协助下，格斯尔才取得了胜利。当格斯尔来到十头魔王城池之后，在找不到城门的情况下，便与赤兔马再三商议，并在赤兔马的配合努力之下，从城墙一方顶端的小窗子跳进了城里。人与马在这种相依为命的特殊关系中，产生了人与马的深厚感情。”①

在《格斯尔》中，作为英雄的忠诚朋友和生活伴侣的骏马享有重要的地位。史诗把马描述成战神的象征，是马背民族在漫长的历史发展中形成的传统。在蒙古族的英雄史诗中，勇士的英雄事迹是在马背上体现的，一向把骏马作为史诗的一种特殊艺术形象去描绘。蒙古人在马上得天下，“蒙古男人最神气的时候，是在马背上。他们当年在世界历史舞台上的最辉煌的表演，无不是在马背上完成的”②，蒙古族素有“马背民族”之称。马是蒙古族生活中重要的资源，过去草原上的牧民一生中大约有三分之二的时间是在马背上度过的；马也是游牧生活中文化发展的源泉，已深深地融入蒙古人的精神世界之中。蒙古人以马为题的诗歌、谚语、警句、民间故事、民歌、音乐或美术作品等，数之不尽。蒙古人有句谚语说：“歌是翅膀，马是伴侣。”蒙古马就其神骏与对恶劣的自然环境的适应性来说，在世界上享有盛誉。蒙古马虽在个头儿和体态上不如欧洲马高大，但在适应恶劣的环境和耐力方面远远超过欧洲马。在蒙古族史诗中，英雄和骏马有着紧密相连、不寻常的关系。英雄与骏马神奇诞生的母题比较常见。在《格斯尔》中，同英雄人物一样，马被蒙上一层神秘的色彩，似乎是命中注定的，它

---

① 玛·乌尼乌兰：《卫拉特〈格斯尔〉研究》，内蒙古文化出版社，2016年，第54—55页。

② 朝戈金：《千年绝唱英雄歌——卫拉特蒙古史诗传统田野散记》，广西人民出版社，2004年，第30页。

们几乎和英雄同时降生。格斯尔的坐骑和人一样具有思维能力，有智慧，十分聪明。英雄的坐骑在格斯尔遇到困难时总是预感到危险，提醒主人，帮助他化解危险。如在《十方圣主格斯尔可汗传》中，英雄将要降临人间，霍尔穆斯塔腾格里答应给三子威勒布图格齐（格斯尔）一匹不会被任何四条腿的生灵赶超在前的良马当坐骑。在《格斯尔》不同版本中，对英雄的坐骑骏马进行了生动的叙述。

英雄格斯尔融入部落之后，为了参加赛马比武招亲，他的骏马第一次出场，在《格斯尔》史诗中是这样描述的：

> 他祈求祖母派给他神马，如果我的枣骝神驹已经成长为一匹千里马，就把它从天上降下来；如果它还没有具备宝马的一切特性，就从天上的马群中再挑选一匹良马降到我的面前吧。天上的祖母听到祈祷，说了一声：我的鼻涕虫觉如在祈祷，就立刻让枣骝神驹变成了七岁枣骝马，从天上降落到地上世界。因为枣骝马神驹是从天上下凡，所以四蹄如踏转风轮，奔跑如飞……[①]

格斯尔的马身躯高大、外形漂亮、动作敏捷、奔跑如飞，同勇士一样有力量、勇气和耐力，所向无敌。它能飞跃大山，能上天入地。

史诗中把马的这种自然美德高度人格化，它有眷恋的主人、热爱的土地，同它的主人一样为部落前程而担忧。在格斯尔迷失时，它提醒英雄返回故乡，为保卫部落而战斗。如："枣骝神驹听到了格斯尔的哭声，压制不住心头的怒火，挣断了铁绊，挣脱了铁笼头，撞开了封闭着的大马厩的门，直跑到格斯尔的跟前，流着眼泪说道：'你厌弃了你的哥哥嘉萨–席克尔和三十勇士，你厌弃了你那奇珍异宝修建的城堡，反而迷

① 陈岗龙、哈达奇刚等译：《十方圣主格斯尔可汗传》，作家出版社，2016 年，第 56 页。

恋上了十二颗头颅的蟒古思的阿尔鲁－高娃夫人！现在，你这样哭哭啼啼，又能去哪里呢？’说完，神驹赌气走了。”①

格斯尔及其勇士们经常称自己的战马为“苍天恩赐给的”，格斯尔也经常将枣骝马送到天堂，以示其神圣程度并表明了他人不能乱骑乱用之意。在它们身上反映了勇士与马的紧密关系。借助这种想象和夸张，塑造了神话般的巨型骏马形象。史诗中格斯尔的对手锡莱河三可汗的骏马同样被赋予人性化。如在《格斯尔》第五章锡莱河三可汗中，希曼比儒札是黑帐可汗，他这样召唤他的草黄八骏马：

从长生天
有缘降生的
草黄八骏马呀！
给你戴上马嚼子，
骑乘你的是
黑帐汗
希曼比儒札呀！
我在这里等着你们
你们为什么还像汗达罕一样
在崇山峻岭间任意游荡？

从至高的长生天有缘降生的
草黄八骏马呀！
为你鞴上马鞍
骑乘你的是
人中之宝希曼比儒札呀！
我在这里等着你们！

① 陈岗龙、哈达奇刚等译：《十方圣主格斯尔可汗传》，作家出版社，2016年，第180页。

你们为什么还像雄鹿一般

在高山之巅撒野逃遁呢？

草黄八骏马听到主人的召唤，发出了长长的嘶鸣。正被驱赶着的马群也跟着纷纷嘶鸣起来[①]。史诗将勇士的坐骑如此高度人格化，是《格斯尔》的突出特色之一。

① 陈岗龙、哈达奇刚等译：《十方圣主格斯尔可汗传》，作家出版社，2016年，第145—146页。

第四章 《格斯尔》史诗传统叙事及句法特征

"进入1990年代中期，我国学者们开始树立'活形态'的史诗观，认为中国少数民族史诗属于口头传统的范畴，试图探讨口头诗歌的内部运作机制，以传统、体裁和文本为依据，进入口头诗学的新视野。"[①]口头诗学从传统的一般性文本分析研究转向史诗内部结构的研究，对于活形态格斯尔史诗的研究是学术界新的生长点。中国社会科学院学部委员朝戈金研究员于1989年，陪同德国突厥学家卡尔·赖歇尔到新疆对柯尔克孜族史诗进行田野调查。此次经历使他开始涉猎史诗理论。在长期的口头史诗研究中构建了中国史诗研究的新范式，并把它诉诸本土史诗传统，推动了中国史诗观念和研究范式由书面向口头的成功转变。1990年，他翻译了卡尔·赖歇尔的《南斯拉夫和突厥英雄史诗中的平行式：程式化句法的诗学探索》。1995年，朝戈金赴美国哈佛大学学习"口头程式理论"。1997年师从钟敬文，学习民俗学，将多年学习的口头诗学与民俗学结合起来，运用"口头程式理论"对蒙古英雄史诗文本进行研究，在其著作《口传史诗诗学：冉皮勒〈江格尔〉程式句法研究》中，提出程式是蒙古口传史诗的核心要

① 尹虎彬:《中国少数民族史诗研究三十年》,《中国社会科学院研究生院学报》2009年第5期。

素这一理论总结，并阐释程式制约着史诗的创作、传播到接受的所有环节，这为《格斯尔》史诗口头文本创编规律、口承文化提供了研究范式。该著作的面世，促进了他的史诗理论逐步走向成熟，推动了中国史诗由书面向口头的转换。2016 年出版的《史诗学论集》深化了口头诗学理论，也是国内研究口头史诗的集成。有关程式的本土实践和理论深化的成果，如《蒙古史诗：从程式到隐喻》[①]、《口传史诗程式分解与意象传承机制》[②]，深入讨论史诗文本的言语层面，这也是史诗表演、程式理论、语言民族志深化的体现，挖掘史诗表演在仪式过程中的功能。

蒙古《格斯尔》口传文本以韵体史诗为主，并由韵式灵活、语言丰富的诗行来构成。史诗歌手文化水平通常不高，却有着超群的记忆力、创编能力和熟练的表演技巧。在史诗诗行的研究中，我们可以看到那些重复率极高的语言单元，这些单元是传统的，是歌手共享着的程式。“根据帕里的定义，程式是相同步格[③]下，常常用来表达一个基本观念的词组。程式是具有重复性和稳定性的词组，它与其说是为了听众，不如说是为了史诗歌手——使他可以在现场表演的压力下，快速流畅地叙事，在不同的语言系统中，程式可能具有完全不同的构造。史诗诗学的晚近发展表明，程式不仅体现在词组和句子上，也体现在更大的结构单元上。”[④]

---

① 斯钦巴图：《蒙古史诗：从程式到隐喻》，民族出版社，2006 年。

② 乌·纳钦：《口传史诗程式分解与意象传承机制》，《中国蒙古学》2014 年第 5 期。

③ 步格：是指诗歌中节奏式的重复，或指规则的或几乎是规则的相似语音单位的复现所形成的节奏。参见［美］约翰·迈尔斯·弗里：《口头诗学：帕里-洛德理论》，朝戈金译，社会科学文献出版社，2000 年，第 40 页。

④ 朝戈金：《口传史诗诗学：冉皮勒〈江格尔〉程式句法研究》，广西人民出版社，2000 年，第 16 页。

史诗诗行是由程式来创编构筑的。口传史诗诗行的研究主要是语言学中的语言、句法和韵律的研究，特定的史诗语言传统对史诗的韵律和诗行的句法都有着历史的规定性。程式是固定的常用的诗句，在同一个史诗传统的不同歌手那里有添加式的多种多样的程式。因此，程式的主要功能也体现在其能产性和传统指涉性及适应力。

程式诗行句法的研究方面，我们可观察格斯尔史诗传统中，探讨史诗艺人与听众在不同于日常语言领域中，在特殊化了的语域中完成了语言交流功能，走进了史诗的世界。《格斯尔》史诗的主题、宴饮、备马、征战、婚娶等诸多描述及故事范型与《荷马史诗》等世界不同史诗共享着常用的技巧和特征，因此在史诗结构传统意义的跨文化研究中有着广阔的空间。本章以口传史诗《圣主格斯尔可汗》[①]的婚姻主题的三个诗章，即第六章《卓如娶仙女化身茹格慕高娃为妻》、第十六章《降伏侵犯北疆的黄霍尔汗》及第二十七章《格斯尔使巴尔斯汗努力衰败不振》的程式及诗行为例，分析格斯尔的人物程式叙事及史诗的诗行句法，阐释程式所体现的史诗文化传统。

第一节 《格斯尔》史诗的人物程式叙事

史诗文本的程式和特点与其民族文化背景有着紧密的关联，主要体现在史诗的程式语言表达方面。蒙古文《格斯尔》以书面和口头两种形式流传至今，现已发现的书面《格斯尔》有 10 余种版本，也有多种口传文本，《圣主格斯尔可汗》就

① 金巴扎木苏演唱，斯钦孟和搜集整理注释：《圣主格斯尔可汗》，内蒙古人民出版社，2003 年。

是其中之一。这部作品是由金巴扎木苏演唱、中国社会科学院斯钦孟和搜集、整理、注释的巨型韵体史诗。选择该说唱文本作为本章的研究对象有如下两点缘由。首先，从蒙古史诗的活形态出发，选取内蒙古赤峰市巴林右旗“被埋没的天才艺人金巴扎木苏”[①]演唱的文本。金巴扎木苏是当今杰出的歌手，是著名的格斯尔奇。他演唱的《圣主格斯尔可汗》是当今活形态口头表演史诗中内容最丰富、篇幅最长的《格斯尔》。在洋洋洒洒9万诗行的篇幅中，他以头韵法、句首韵、尾韵等演唱技巧构造出平行对句、复合多行的韵体诗行，增强了史诗诗行的节奏韵律，尽显歌手创编史诗的丰富语言和娴熟技巧。其次，歌手金巴扎木苏以婚姻主题和征战主题演唱的《圣主格斯尔可汗》37章内容中，与其他《格斯尔》文本内容重叠的有16章，其余的21章，则大体可以认定是歌手根据内蒙古赤峰巴林地区流传的有关格斯尔的传说等民间口头叙事而创编的新故事，是蒙古《格斯尔》史诗的一种异文变体。该文本第一部长诗《格斯尔从天而降生》等部中有《格萨尔》的影响之外，其余都是蒙古族民间艺人创编的格斯尔可汗的故事，是纯蒙古英雄史诗[②]。歌手以天下大乱、格斯尔降生人间开始，以格斯尔镇伏蟒古思、安抚百姓的叙事为主要线索来推进故事，充分体现了《格斯尔》史诗不同文本间的依存关系及歌手在传统叙事中增添修改演唱内容的艺术技巧。《格斯尔》是由多章并列复合而成的活形态史诗的典范。

史诗中有各种各样的人物。无论是英雄一方的集体，还是敌对的一方，在歌手的表演中带着各自的特征，在史诗传统中形成了定型化的形象体系。歌手在表演中对人物的“呼出招

① 仁钦道尔吉：《〈格斯尔〉文本的一项重大发现》，《民族文学研究》2002年第1期。

② 仁钦道尔吉：《新发现的蒙古〈格斯尔〉》，《西北民族大学学报》2008年第4期。

来”总是有着相对固定的叙事语言。史诗人物的程式是歌手表演语言的艺术手段，是对人物形象的形式化表达和对本质的一种概括。当歌手引出一个人物的时候，他很少甚至不会直呼其名来演唱，那些传统的相对固定的人物的修饰语具有听众认知的意义。在史诗的传承中，“史诗人物的名称，是一部史诗的核心因素，能否准确记住史诗人物的名称，关系到艺人能否准确记忆和演唱一部史诗”①。歌手的演唱是在史诗传统中的表演，他的脑海里早已储备了关于该史诗人物的相关程式。关于史诗的人物程式，其结构主要有片语、半行诗或整句诗以及扩展形式的程式。这些复合词和诗行就是人物的程式，往往成为人物的标签。歌手所储备的有关人物的这些特性修饰语为他的演唱源源不断地提供程式资源，即歌手的脑海中对某一人物已经有了语言定式，把人物的各方面在诗行中具体化。

在口头史诗中，人物的程式主要是指以程式来形象表达人物的本质。演唱史诗时，歌手在引出的人物名称前总是有着特性修饰语。这种特性修饰语就是人物名称的定语②，常常是人物的出身、年龄等特性的标志，也是歌手叙述人物时不可分割的组成部分，从而用特性修饰语对人物加以限定，构成了固定词组和意义上的整体，这种特性修饰语以大量的重复和系统化运用为特征③。人物的特性修饰语使史诗人物更加普遍化和典型化。

《圣主格斯尔可汗》的人物可以分为格斯尔的英雄集体、格斯尔的家眷和众多敌对方。在久远的史诗传唱中，歌手们表

---

① 斯钦巴图：《蒙古史诗：从程式到隐喻》，民族出版社，2006年，第160页。

② 这种定语和语法上所说的简单定语是不同的，这种定语对人物有解释性的资料作用。小的可以是一个词组，大的则可以是一个叙事诗句单元。

③ 朝戈金：《口传史诗诗学：冉皮勒〈江格尔〉程式句法研究》，广西人民出版社，2000年，第139页。

演人物时往往都遵循人物的特征，从而引出他们。在对这些人物进行叙述时，也有着固定的程式，但每一文本中除保留其中心词之外，允许歌手自由发挥，绝不循规蹈矩。这正是金巴扎木苏的演唱为什么能如此自由灵活，使诗行错落有致的原因。这也能说明歌手每一次表演都兼有自己的演唱技巧和表达叙事的传统知识。

关于英雄格斯尔的程式。格斯尔是史诗的主人公，是《格斯尔》史诗集群的核心，而且是高度定型化的人物。在悠久的演唱传统中，以格斯尔的故事为主，歌手们表演结构情节复杂的丰富诗篇，目前在国内就有 40 多章，近百万诗行的《格斯尔》史诗文本。这些文本中，格斯尔作为万能保护神的特征不断被强化，有了高度定型的叙事语汇，而且出现诸多相同语词的重复或整句的重复，这就是格斯尔的程式。格斯尔的程式是传统中相对固定的，它们小的是一个词组，大的是几个诗行。主要说明格斯尔是腾格里之子，具有无往不胜和仁智、英明、威力无比等特性。以往在讨论各种文本的相通之处时，著名学者海西希结合格斯尔和其他人物的名称及修饰语进行了深入讨论。他对《格斯尔》中的“十国君王格斯尔”“有海螺般洁白的四十四颗牙齿的”“具备八大龙王（特征）的躯体”“神之父梵天霍尔姆斯塔”①等重复出现的语言进行研究，指出蒙古史诗抄本与印本《格斯尔》的相通之处。歌手在演唱史诗时，遵循口头叙事传统，对人物的特性进行反复的叙述。这些重复叙述的语词以重复性和稳定性传递在《格斯尔》文本中，形成了格斯尔这一人物的程式。例如：

① ［苏联］谢·尤·涅克留多夫：《蒙古人民的英雄史诗》，徐昌汉、高文风、张积智译，内蒙古大学出版社，1991 年，第 188 页。

nisuhai[①] joru	尼苏海卓如
baga nisuhai joru	小尼苏海卓如
baga joru	小卓如
achitu bogda geser hagan	仁德的格斯尔可汗
arban hara in darulga	十个祸根的镇压者
achitu bogda joru	仁德的宝格达卓如
geser hagan	格斯尔可汗

这种程式是表述格斯尔少年时的情形，在史诗《格斯尔》中比较多见。特别是“尼苏海卓如”（流鼻涕的卓如，也就是流鼻涕的格斯尔）、“achitu bogda geser hagan 仁德的格斯尔可汗”“十个祸根的镇压者”“格斯尔可汗”等都是固定程式，都是在《格斯尔》的演唱中歌手常用的程式。阅读文本时常常能看到多种有关格斯尔的程式叙事。如：

aruingeser	北方的格斯尔
auga bogda geser hagan	伟大宝格达格斯尔可汗
tngri in h ü beg ü n geser	帝释天的儿子格斯尔
ü r ü siyelt ü ejen geser	仁慈的格斯尔可汗

数不尽的程式反复出现。从巨型活态史诗文本《圣主格斯尔可汗》来看，我们可以将有关格斯尔的程式叙事概括为如下几点：

首先，格斯尔的程式在样例中有特定修饰性程式，在不同

① 尼苏海，蒙古语“流鼻涕”的意思。“卓如”是格斯尔的小名，“尼苏海卓如”这个绰号意思为“穷孩子”。在《格斯尔》史诗中，不仅格斯尔年幼的时候出现这一程式，而且格斯尔在危难时变身的场景中经常出现“nisuhai（尼苏海）”这一修饰语程式。在样例第十六章中，“nisuhai hüü(尼苏海孩子）”和“nisuhai”共 8 次重复出现。关于格斯尔小时候的名字，不同文本汉译有差异。如桑杰扎布译为“珠儒”，玛·乌尼乌兰的编著中译为“觉如”，在《圣主格斯尔可汗》目录中译为“卓如”，这些都是格斯尔童年时期的名字。

的诗行中根据歌手的韵律选用程式，有的章节中格斯尔的程式重复多次，反复出现。当然，在《格斯尔》史诗流传过程中，歌手创编的诗章中，如《圣主格斯尔可汗》的第十六章中格斯尔可汗缺席，霍尔三可汗（锡莱河三可汗）来抢其夫人茹格穆高娃，像这样的诗章的诗行中，格斯尔的程式复现自然是较少的。换言之，程式和诗章内容有一定关系。

其次，格斯尔的程式在一个诗章内重复，并且在同一诗章中重复的程式高达 10 余个。纵观史诗文本重复程式，出现最多的词汇分别是“bogda（圣主）、ejen（圣主）、achitu（仁德的）、hagan（可汗）、nisuhai（尼苏海）”等。这基本表明了在金巴扎木苏的文本中，格斯尔程式的核心修饰语重复出现的频度。格斯尔的程式基本是稳定的连接，像“尼苏海”这一修饰语，通常情况下只有在格斯尔化身伪装的诗章中才出现，频率本身就非常低。格斯尔的叙事程式是丰富多样的，分析文本后发现常见的有“achitu mergen geser（仁智的格斯尔）”“achitu hagan geser（仁智的可汗格斯尔）”和“ejen bogda geser（圣主格斯尔）”。这种固定修饰语，在金巴扎木苏整个文本中较为典型。但在每一章的演唱中，歌手又有自己的一个核心的程式，像《圣主格斯尔可汗》第六章最多的是“nisuhai joru（尼苏海卓如）”，出现了 12 次，并且是固定的程式；而在第十六章中主要是“ejen geser，bogda geser（圣主格斯尔）”作为核心修饰语的程式，共出现了 16 次。即使只出现一次的程式，熟悉格斯尔其他文本的人，就会发现它们都是传统的程式，如“hühe geser（青色的格斯尔）”，我们在青海格斯尔中可以见到。有的是以相同规则来创编的程式，如“chenggeltü bogda geser（欢乐着的格斯尔）”和“alus saguhu geser（住在远方的格斯尔）”等。这种添加式程式和格斯尔吃了夫人献的巴嘎食物后乐不思蜀的场景叙事有关。

还有，除了格斯尔的专用程式“十方圣主，十个祸根的镇压者，帝释天的儿子（天子、霍尔穆斯塔的儿子）”等外，在核心词组合的程式中，语词的位置也是非常灵活的。如在《圣主格斯尔可汗》分析的诗章中：

geser hagan　　格斯尔可汗

hagangeser　　可汗格斯尔

bogda geser hagan　　宝格达格斯尔可汗

hagan bogda geser　　可汗宝格达格斯尔

ejen geser hagan　　圣主格斯尔可汗

ejen hagan geser　　圣主格斯尔可汗

有的核心词还可以累加，如：

bogdaejen geser hagan　　宝格达圣主格斯尔可汗

可见这些程式组合的灵活多样化。人物的程式，语词还可以成为固定程式在诗行中出现。这些程式中的修饰语组合，像“achitu bogda（仁德的圣主）、ejen hagan（圣主）、bogda hagan”宝格达可汗等复合词，往往在诗行中代表格斯尔这一主体。所以这些复合词也是格斯尔程式中的一种。像“ejen bogda（圣主）、achitu bogda（仁德的宝格达），aburaltu bogda（济世的宝格达）”等。像夫人的程式中，“arigun hatun（圣洁的夫人），erhim hatun（尊贵的夫人），amarag hatun（心爱的夫人），saihan hatun（美丽的夫人）”等形容夫人美貌的复合词也是程式的一种，而且多次重复出现在诗章中，其功能与所示的“格斯尔”这一主体是相同的。

根据对史诗程式的分析观察，传统的口传和书面《格斯尔》史诗中的程式，在金巴扎木苏的文本中几乎都有所体现，何况我们选择的是只有相关主题的三章内容，竟可观察到如此丰富多样的程式，几乎涵盖了史诗英雄主人格斯尔的全部特征。每位听众和读者在聆听或阅读时都会被歌手的腹藏程式之多所折服。

从格斯尔英雄的程式发现，在金巴扎木苏演唱的这样庞大的史诗中，同一诗章很少出现完全重复的扩展程式，而是多种程式交替频繁出现。这正体现了一位高水准的艺人创编技巧之娴熟。一个熟练驾驭史诗艺术的歌手，对于这些程式有着不同的叙述，也能体现他技艺之纯熟和经验之丰富。可见，因程式本身的特征和歌手个人的差异，格斯尔的程式在发展过程中有固定的片语，也有不同形容词所构成的整句。总之，格斯尔英雄的程式基本结构可以概括为“修饰语 + 格斯尔（可汗、宝格达）+ 句法成分”。

目前对不同文本的格斯尔固定修饰语没有确切的统计数据，而且口头史诗的活形态决定了他的修饰片语的多样性。《格斯尔》在蒙古史诗中是比较特殊的史诗集群。它在国内就有不同地区类型，如前所述的内蒙古型、青海型和新疆型等。地域特征对歌手的演唱有着深刻的影响，不同地区的不同歌手演唱的史诗中格斯尔的程式也有所不同。根据以上的分析和对不同传统文本的观察，鉴于不同文本中出现的格斯尔程式的重复性和文本间的互文性，可将国内外格斯尔史诗主要文本中的格斯尔名称的程式大致归类为如下几种。在整理出版的不同《格斯尔》史诗中，有关格斯尔英雄的传统程式如下表所示：

格斯尔传统程式

蒙古文转写	汉译	文本	歌手
arban jüg un ejen geser hagan（bogda, ejen）	十方圣主格斯尔可汗	北京版《格斯尔传》	—
arban jüg un ejen arban hoor un üendüsün i tasulan türügsen achitu bogda mergen geser	十方圣主铲除十个祸根而生的仁智英明的宝格达格斯尔	《鄂尔多斯格斯尔》	—

续表

蒙古文转写	汉译	文本	歌手
arban jüg un ejen geser hagan	十方圣主格斯尔可汗	《乌苏图召格斯尔》	—
arban jüg un ejen geser hagan	十方圣主格斯尔可汗	《布里亚特格斯尔》[1]	—
abai geser	阿拜格斯尔[2]	《布里亚特格斯尔》[3]	—
arban hara in ündüsün itasulan türügsen arban chagan boyan idelgeregülün türüsen arban jüg un ejen bolugsan achitai mergen geser bogda hagan	为铲除十恶祸根 为弘扬十善福分而降生的 大智大仁的十方圣主格斯尔宝格达可汗	《卫拉特格斯尔》	冉皮勒、朱乃等
1.arban jüg un geser hagan 2.arban jüg un ejen achitu mergen geser hagan 3.asuru hüchün büridügsen altan bagatur geser bogda	1. 十方圣主格斯尔可汗 2. 十方圣主仁智的格斯尔可汗 3. 威力无比的神圣的格斯尔宝格达	《巴林格斯尔》《巴林格斯尔》（三）	苏鲁丰嘎、却音霍尔等

① 内蒙古自治区社会科学院文学研究所、内蒙古自治区《格斯尔》工作办公室编：《托忒文〈格斯尔传〉》，根据乌拉巴托 1960 年的影印本翻译，1986 年。

② 关于“阿拜”的意义有很多研究和解释，在 K · 切米索夫的词典中：A. 父亲、母亲；B. 亲爱的、可爱的、亲切的、尊敬的等。

③ 德米特里耶夫整理：《布里亚特格斯尔》（一）尼 · 巴图孟和、玛赛吉尔玛转写，诺民审订，内蒙古自治区社会科学院文学研究所、内蒙古自治区《格斯尔》工作办公室，赤峰第一印刷厂，1985 年。

续表

蒙古文转写	汉译	文本	歌手
arban jüg un geser hagan	十方圣主格斯尔可汗	《琶杰格斯尔》	琶杰
arban jüg un geser	十方圣主	《乌兰察布格斯尔》	—

关于格斯尔的称呼，“在蒙古各传本中，他有一个固定的称号，叫作‘世上十国君王’‘世上十国中十恶的铲除者’，这一称号亦见于蒙古几种书面版本的名字”[①]。这种称号即是歌手所演唱的“十方圣主”这一固定的程式。此外格斯尔的固定修饰语有片语“仁智的”“神勇的”“力大无比的”等。还有以四行或六个诗行组成的扩展形式的程式，当然这种程式具有灵活性。这样的程式在《卫拉特格斯尔》中比较典型。在近几年搜集并出版的口头形式的《卫拉特格斯尔》中，歌手演唱时往往采用扩展的程式诗行来引出格斯尔，而且重复率极高。这和卫拉特的悠久史诗传统有密切的关系。相反，《卫拉特格斯尔》的“弘扬十善和铲除十恶”这一宗教含义较浓厚的程式在其他地区的史诗中也较少，尤其在内蒙古东部区的史诗传统中，这也是歌手学艺环境对歌手表演产生的潜在影响作用。但他们也有一些通用的程式，像“ürüsiyeltüejen（仁慈的圣主）”等，在第十六章中描述查干汗时就出现了一次。由此可见，这些程式不是金巴扎木苏个人的专有语言单元，而是蒙古英雄史诗文化传统制约着史诗歌手，使得他们在史诗叙事传统中加工创造，演艺独具风格又有传统特色的史诗故事。

史诗中除了英雄以外，英雄的家眷的程式、敌方蟒古思恶

① ［苏联］谢·尤·涅克留多夫：《蒙古人民的英雄史诗》，徐昌汉、高文风、张积智译，内蒙古大学出版社，1991 年，第 168 页。

魔的程式及武器的程式、马匹的程式、数字和方位的程式、行为的程式等比比皆是，这些程式叙事是史诗表达的言语模式，由固定的语言结构因素组成。从这些程式也看出史诗特定传统的特性。

第二节　《格斯尔》史诗叙事的程式句法

在史诗表演中，程式的数量多少、程式的组合规则是由史诗的口头传统来决定的。程式在传统中生成，在传统中发展。对一位歌手来说，这是不断积累的过程。对不同歌手文本的深入分析能使我们对程式发展的态势了解得更加深刻。

程式是不同的。这些不同主要体现在组织程式的句法结构上。洛德指出："在口头叙事诗的模式和替换律中，我们实际上是在观察诗的'语法'，它像语言的语法一样，是人为附加上去的规则。或者让我们换一个形象的说法，我们在语言的语法中，发现了一种特殊的语法，这种语法是由诗化的必要性所决定的。程式便是这种特殊的诗的句法结构中的短语、从句、句子。"[①] 洛德这一对程式的特殊性和不同形式程式的精辟阐释，对我们进一步了解蒙古英雄史诗的程式句法具有理论指导价值。在中国史诗研究中，朝戈金研究员结合口头程式理论对蒙古史诗歌手的"作诗法"进行了具体的讨论，给学界提供了理论与实践相结合的分析典范。他结合国内外相关研究成果和蒙古语的特点，分析了《铁臂萨布尔》文本的652个诗句，探讨了蒙古史诗的步格，进一步确认了《江格尔》以四音步为主流的句式。他对蒙古诗歌的不同韵式予以分析，分析了程式的

① ［美］阿尔伯特·贝茨·洛德：《故事的歌手》，尹虎彬译，中华书局，2004年，第49页。

构造规则带来的句首韵、尾韵和内韵等，继而从传统技巧手段的构造上论证了蒙古史诗的程式的无所不在[①]。朝戈金研究员的分析和论证充分说明了程式在史诗口头创作中的统摄地位，它在不同文类中是共享的单元。《圣主格斯尔可汗》的创编同样是在传统中完成的，所以它的诗行和叙事单元也是在程式句法中实现的。程式在语法意义上有片语和整句及扩展形式，有特定的程式和通用的程式。本文参照《格斯尔》史诗的不同文本，并以传统中大量出现的程式为基础，通过不同句法程式在诗行中的具体表现来阐释《圣主格斯尔可汗》的句法特征。

片语程式主要是指带着特性修饰语的人物和事物特征的程式。片语程式中修饰语和主体组合在一起。关于修饰语，帕里概括为“在诗歌基调的变化中持续不断地流动，不显突兀地与之融合为一体，进而，在毫不妨碍故事本身的同时，赋予其一种恒久的力度，一种隽永的美感”[②]。帕里在诗行的选择机制作用下，对修饰语的词汇和短语形式，即“名词——特性形容词”进行了分析，指出它是歌手采用并传授给其继承者的特殊句法的一部分。史诗叙事中所使用的这些修饰语在多种句子表达中能通用，不仅可以原封不动地使用，也可以在演唱时稍作更改，再运用到句子的相同“步格”位置上，起到装饰性的作用。在不同的史诗中，特性修饰语的面貌并非完全一致，歌手可以采用适宜于多种句式的叙事方式。根据叙事的方式，诗行中出现的修饰语可以是相同的，也可以稍做改动，比如“achitu bogda（仁智的圣主）、ejen bogda（可汗宝格达）、bogda ejen（宝格达可汗）、amarag hatun（恩爱的夫人）、saihan

① 朝戈金：《口传史诗诗学：冉皮勒〈江格尔〉程式句法研究》，广西人民出版社，2000 年，第 174—203 页。

② ［美］约翰·迈尔斯·弗里：《口头诗学：帕里 – 洛德理论》，朝戈金译，社会科学文献出版社，2000 年，第 52 页。

hatun（美丽的夫人）、abaga noyan（叔叔诺颜）”等固定复合词和各种武器的片语程式。把它们归为程式，一是因为它们的重复性极高；二是因为它们在相同位置上所占据的音长；三是因为歌手以类推的方法创造了许许多多的片语程式，体现了韵式的和谐匀整。

此外，和人物有关的还有固定词语的程式，常常以修饰主体的成分出现在诗行中，我们将这种片语也归入片语程式内。史诗片语程式包括武器的、格斯尔家园的固定片语和马匹的片语程式等。它的特征不仅表现在重复性上，更重要的是，它在诗行中所承担的功能是与主体相同的，这种修饰语主要有4个。人物的片语程式如下文所示，如第六章中有关格斯尔的片语程式：

nisuhai joru	尼苏海卓如
bogda joru	宝格达卓如
boyanto joru	洪福无边的卓如
baga joru	小卓如
angga joru	孩儿卓如
hürgen joru	姑爷卓如
ejen joru	圣主卓如
jigahan joru	幼小的卓如
enggürei joru	可爱的卓如
hubilgan joru	神明的卓如
ürüsiyeltü geser	仁慈的格斯尔

以上修饰少年卓如的叙事程式在不同诗行中有机地组合，且这些修饰语是可以被多种修饰语灵活地替换，显示出史诗传统表演中的句法规则。又如对格斯尔的英雄集体的片语程式：

aha jasa	哥哥扎萨
bar bagatur	巴尔斯英雄
bagatur ulagan	英雄乌兰

guchin bagatur 三十名勇士

对格斯尔夫人的容颜、性格及其格斯尔亲属的片语程式如:

goyu rogmu 美丽的茹格慕

arigun süyügechichige 纯洁的苏尤格其其格

ehener arigunguwa 夫人阿日衮高娃

abaga jotung 叔叔晁通

在分析样例诗章后，发现英雄的片语程式出现了38次，是修饰语和人名的结构组合。其中蒙古史诗中“可汗、汗、巴托尔（英雄）”等词可以和修饰的主体人名互换词序，这一点不仅是蒙古族史诗语言的一个特征，也是不同于其他民族史诗之处。比如《荷马史诗》中的“灰眼睛的雅典娜”“捷足的阿喀琉斯”“历经磨难的奥德修斯”和“汇集云层的宙斯”等，词序是不能调换的。

特性修饰语+人名。在文本中歌手所使用的修饰语是很有限的，歌手未必使用大量的纷繁复杂的形容词，如样例中只有3个修饰语“erleheg（勇敢）、aoga（巨大）、erhim（尊贵）”，歌手在这种形容词和人名的句式中竟创编出38个片语程式。这一灵活性可能是为了和谐诗行的韵式。如第六章中出现的“sengsen hagan（僧森可汗），hagan sengsen（可汗僧森）”等片语程式是为适应它的相邻诗行的韵式而互换词序的。当然这里所谈论的是片语程式，有的扩展行的程式是另当别论的。

史诗演唱中描述征战时，往往是三位一体的，即英雄、马匹和武器。英雄们的武器往往是史诗歌手倾注才华并构成程式的主要部分。武器的描述和史诗英雄的出现一样，有着自己的标志——无论是英雄的武器还是敌人或蟒古思的武器。武器的长度、宽度、重量等特征及武器的特殊材质和锻造工艺等都成为武器程式的核心。但是，口头传统中每一位歌手对武器的描述都不尽相同。这不仅和歌手的技巧有关，还和文本的说唱形式有关。不同文本中虽有不同的武器的程式，但其基本组合规则还是不变的，形容性的词组在前面，具体武器如箭、刀等附着于形容词，构成了极为固定的程式。但并非在所有的场景中都是如此，这也是叙事模式发生变化的具体体现。格斯尔史诗中武器的程式往往是以主人的身份和武器本身的特征形式出现的。关于格斯尔的武器名称，在霍莫诺夫的专著中，对歌手却翁霍尔演唱的《格斯尔的故事》《嘎勒丹蟒古思的故事》和《格斯尔的故事》等描述的格斯尔三十箭威风的大黑弓，用神铁和铜铸成的宝剑进行了比较，讨论了却翁霍尔演唱的诗文中与传说有联系的部分[①]。

这是对武器程式结合诗行进行对照的最早研究，作者通过比较，认证了歌手演唱的史诗来自木刻版的说法。每行为 4 个重读音节，抑扬格，适合用胡琴共鸣器伴奏。诗尾的韵律（一行或一段），一般以冗长的颤音结束。但遗憾的是作者没有进一步深入研究其在演唱诗行中出现的规则。

如《布里亚特格斯尔》中的“箭飞去了”“光阴如箭”等，在史诗的描述中都有不同的场景。关于武器方面，《布里亚特格斯尔》和《乌兰察布格斯尔》《青海格斯尔》或《巴林格斯尔》中各有其不同的描述。但这些描述在诗行中根据诗行的需要不尽相同，在《圣主格斯尔可汗》文本中，主要是以片语程式的形式出现。这和歌手的演唱风格、技巧是紧密关联的，在不同诗章中出现的武器程式如下，它们也和其他片语程式一样，和诗行的韵式有关。

arban hüchün nü numu　　　十个神力的弓箭

① ［俄罗斯］霍莫诺夫：《布里亚特英雄史诗〈格斯尔〉》，陈渊宇译，内蒙古文化出版社，2015 年，第 365 页。

ayungga（in）jebe	雷电镞
angga joru in sumun	孩儿卓如的箭
tuusing tasigur	长鞭子
erdeni in sumu	宝箭
badmaraga jebe	红宝石的镞
gal（tu） sumu	火箭
jida jebseg	剑矛
almas jida	金刚长矛
erdeni in seleme	宝剑
erdeni in jibe	宝镞
urtu seleme	长剑
chilagun mündür	冰雹石
bars un arasun tasigur	虎皮鞭
baglaga tai sumu	成包的箭
hürel temür un jida	青钢长矛
aburgu numu	硕大的弓
altan erheibchi	金扳指儿

根据分析统计，在 3 章里的有关武器的片语程式共出现 57 次，在结构上可以分为如下几种。

一是武器的所属。例如：“angga joru in sumun（孩儿卓如的箭）”之类。

二是由武器的材质修饰的程式。例如，“badmaraga jebe（红宝石的镞）、almas jida（金刚长矛）、altan seleme（金剑）、bars un arasun tasigur（虎皮鞭）、hürel temür un jida（青钢长矛）、hürelesitei serege（青铜把的叉子）、altan erheibchi（金扳指）”。史诗中对物品的材质常常用金、银来修饰，如女子的金银饰物、马匹用具的装饰。尤其是金银材质从颜色到恒久的特性上都进入史诗世界的描述中，构成了固定的程式，而且有着深刻的象征意义。像格斯尔的鼻涕是“金黄色的鼻涕（黄金色的鼻涕）”[①]，格斯尔是“altan bogda（金色的圣主）”[②]，史诗中的物品有“altan sirege（金桌子）”[③]以及蒙古格斯尔中考验型婚姻诗章中，在考验项目中出现的“altan garudi in üdü（金凤凰的羽毛）altan üdü（金羽毛）”[④]及布里亚特格斯尔中的金银般的羽毛[⑤]是传统的片语程式。更为普遍的是“altan delehei（黄金世界）”“altan naran（金黄的太阳）”，这是歌手们多次重复的片语程式。蒙古民族对“金色”的象征意义极为推崇，在《格斯尔》中有几种体现。对世界的描写有金色的太阳、金山、金色草原等；对宫殿的描写有金塔、金宫殿、金门等；对日常的用具的描写有金柜、金桌、金椅子、金碗、金针、金磨等；对美女的描写有金仙女等[⑥]。这种色彩的崇拜与民族的审美有关，并且在史诗中成为固定的片语程式反复出现。以“金色”来修饰的程式有着悠久的传统。波佩在蒙古采录的《乌仁高娃达格尼》中，格斯尔博克多汗变成了阿拉坦博克多汗，即金天帝。在文本中多次重复格斯尔博克多汗全身光华夺目的修饰语——“宛若阳光四射，宛若黄金闪烁”[⑦]，表达着“金黄色”在蒙古口传史诗叙事中

---

① 内蒙古自治区社会科学院文学研究所、内蒙古自治区《格斯尔》工作办公室翻印，桑杰扎布译：北京版《格斯尔传》，赤峰第一印刷厂，1985年，第48页。

② 金巴扎木苏演唱，斯钦孟和搜集整理注释：《圣主格斯尔可汗》，内蒙古人民出版社，2003年，第1540页。

③ 金巴扎木苏演唱，斯钦孟和搜集整理注释：《圣主格斯尔可汗》，内蒙古人民出版社，2003年，第665页。

④ 金巴扎木苏演唱，斯钦孟和搜集整理注释：《圣主格斯尔可汗》，内蒙古人民出版社，2003年，第134页。

⑤ ［俄罗斯］霍莫诺夫：《布里亚特英雄史诗〈格斯尔〉》，陈渊宇译，内蒙古文化出版社，2015年，第302页。

⑥ 巴·苏和：《蒙文〈格斯尔〉与蒙古人的文学传统》，《黑龙江民族丛刊》1999年第1期。

⑦ ［苏联］谢·尤·涅克留多夫：《蒙古人民的英雄史诗》，许昌汉、高文风、张积智译，内蒙古大学出版社，1991年，第243页。

特定的观念意义。

三是用武器的特征来修饰的程式。这种程式歌手运用最多，经过分析，共出现了28次，主要用来形容武器的体积、形状、规模、非凡神力和功能等，如利剑、宝镞、火箭、冰雹石、长剑、神力的箭等。武器的程式和英雄的特征紧密联系在一起，通过对武器的描述来烘托英雄的非凡能力。歌手此时也会填充一些修饰语。如英雄摩擦火镰时用猛虎的力量“badmatu hede ban gar tu ban abchu/bars un hüchü ber habirugsan du：（把冒星的火镰握在手中，用猛虎的力量射去）”。在以往的研究中，这些程式总被作为夸张手段来讨论，实际上这是歌手针对武器的特征而创编的程式化表达方式。

四是武器的所在状态。主要是所持着的动作行为和所在状态，如“拿、握、举起、背着”等有关的程式，在样例中多次出现。最多的为“adgun jebseg（手中的武器）”。这些武器的片语程式出现后，歌手还就其功用和威力进行了细化的叙述，笔者将在典型场景中进一步讨论。总之，歌手集中叙事对象即“箭、刀、弓、剑、叉子和镞”，使用有限的修饰语构成了片语程式，在诗行的前半行同一位置上出现。这种片语在句式结构上经常以名词格“ban、eyen、ber、ni”连接副动形式的分列类附加成分“ju、chu”、分离类的附加成分“gad、ged”的述语系统。此外就是有关马匹的片语程式，如下：

agta hülüg	骏马
erdeni（in）hülüg	神骥
hühe mori	大青马
hobilgan hülüg	神马
heger mori	枣红马
jagan hülüg	银合马
süji in boru	棕红色的马
bars un hülüg	猛虎马

bilig un heger mori	赤兔马
haltar mori	粉嘴的黑毛马
sirga mori	亮棕色的马
urgan boru	贴杆马

马匹的片语程式能够充分展现出歌手的技艺。这不仅是蒙古族马文化的体现，也是歌手发挥其演唱才华的重要内容。蒙古族史诗中的英雄与马相依相伴，特别是《格斯尔》史诗中的格斯尔的赤兔马，乃呼之即来的神马，具有人性与神性。守护巴林右旗格斯尔庙的老人都嘎尔扎布自豪地说："在格斯尔庙的南侧小山里放着格斯尔的赤兔马，只有我能抓住它。"[①]足见后人对格斯尔神骥的一种喜爱与崇敬的文化心理。在这里我们分析马匹片语程式的核心意义和不同的马的修饰和动作。在蒙古史诗传统中，马的作用极大。骑马的动作在蒙古史诗中经常被提到。"agta hülüg tü mordaju（骑上了骏马）"或是"erdeni in hülüg eyen nisgejü（使神驹飞腾）"，主要以"动宾结构"来架构骑马的程式。替换项无论是"青马"还是"虎骏"，对动作系统的描述以副动形式的"jü、chü"结尾为多，体现动作的进行态。马匹的片语程式常附着于名词反身领属格的"ban、eyen"和向位格的"tu ban、du ban"归属于主语。当然，这时动作的主语除前一诗行中出现之外，还可以相隔几个诗句。这和洛德分析的萨利赫的有关马的程式的动词"骑"的主语必然出现在诗行的前半部分的位置，是有所不同的[②]。这种不同也说明了每一位歌手选择程式和建构诗行的差异。在金巴扎木苏的文本中，更多是对主体所发出动作的极为细腻的叙述。这些诗句反映了歌手"俭约"主体的规则。

---

① 都嘎尔扎布（1948— ），巴林右旗格斯尔庙的看护者。笔者与他在格斯尔庙的访谈，2017 年 8 月 20 日。

② ［美］阿尔伯特·贝茨·洛德：《故事的歌手》，尹虎彬译，中华书局，2004 年，第 70 页。

本章在分析和统计中并非对史诗的所有程式都进行归类，像描写宫殿的程式、使者的程式等都没有去细化。程式在传统中生成和发展，不同的歌手在每一次演唱中也有新程式的创造，所以统计所有程式的想法是徒劳的。这些片语的特征有：

首先，这些片语程式构成了程式系统。从句法上归类时将修饰语和所修饰的主体连接在一起。在不同的诗行中统计，有的程式只出现一次，这种程式有一部分是传统的程式，有的就是运用程式模式建构的添加式的程式。金巴扎木苏的演唱以添加式的程式为主。这些片语常为两个词的组合，分布在整个样例中的384个诗行之中，重复率为5.93%。除完全相同的片语程式之外，也非常频繁、高产地创造新的程式。这些丰富的程式一是满足了诗行的格律，二是满足了特定的基本观念。所以传统的程式要素发生了变化。这样，大量的变体构成一种“程式系统”，就像帕里的定义：“这样一个程度［一个程式类型或系统］，不含相同韵律音长、表达相同观念、可以互相置换的片语。”[①] 即歌手运用的相同格律价值的惯用语，是一组程式，这些惯用语传达相同的思想，用词上十分相像，组成了可以替换的模式。从不同程式的结构规则看到，在一部特定的歌[②] 中，歌手的修饰语选择面极其广泛，但对相同格律限定下的单个角色来说，即使歌手腹藏大量的程式，但他在即兴演唱中符合程式、满足诗行音节韵律的，并不会有很多程式，甚至有时只有一个。像样例诗章的分析中关于女人的片语程式，无论引出哪一位夫人，基本上只有几个修饰语频繁使用。修饰语有形容词也有名词，成为固定的组合，像下面例子中有关标示“夫人”的蒙古语“abahai、ehener、eme”等，

---

① ［美］约翰·迈尔斯·弗里：《口头诗学：帕里–洛德理论》，朝戈金译，社会科学文献出版社，2000年，第58页。

② ［美］阿尔伯特·贝茨·洛德：《故事的歌手》，尹虎彬译，中华书局，2004，第143页。

都可以任意地和英雄的一位夫人名字结合在一起。即使英雄的修饰语出现频率最多，也不过几个词。如有关格斯尔夫人的描述："saihan（美丽的）、enggürei（可爱的）、ünggetü（艳丽的）、amarag（恩爱的）、bolbarai（柔美的）"等与"abahai、ehener、eme"组合成片语；对英雄的描述"aburgu（力大的）、erlheg（勇敢的）、auga（伟大的）、erhim（尊贵的）"往往与某一位英雄的名字结合在一起。

关于夫人和英雄的上述一组诗句，在语义学和韵律上有某种联系，而且形式上有共同之处，表现了词组两个部分基本上相对一致的组合方式，一个是相对固定的词，一个是可变的词组，它们符合诗行特定的音韵模式而被选用。

在英雄程式片语中更为突出的是"bagatur 巴托尔（英雄）"一词，它与格斯尔或其他任何一位英雄的名称都可以组合在一起，包括敌人的英雄也可以修饰。这种结构的组合最多。

勇士的名字 + bagatur（英雄）

bagatur（英雄）+ 勇士的名字

这种结构是歌手在英雄集团的总的修饰语中，根据诗行音节韵律形态来调整其语序的位置形成的。这种缩略化的表达使人物无数次出现后有了高度的类型性。涅克留多夫研究蒙古民间口头创作，关于修饰语的名词作用，他认为"某些词组——通常是一些固定的模式，它们类似某种临时性的注脚或者带有长长的修饰语的名号，它们脱离基本唱词，前后都用乐器演奏的过门隔开。这里曲调的作用是大的，它显示出情节的转换，最主要的是它同各种角色或角色组相互联系。是叙述主题的表达手段"[①]。这里修饰语片语程式在演唱过程中的间歇、相同

① ［苏联］谢·尤·涅克留多夫：《蒙古人民的英雄史诗》，许昌汉、高文风、张积智译，内蒙古大学出版社，1991 年，第 159 页。

片语程式的组合，在表达主题功能上显得极为精到。

片语的成分和位置在形式上的关联，形成了一类程式系统。片语程式之间也可以组合为更大的单元，可以形成一个整行或扩展行。如“erdeni in hülüg（神骥）”和“bilig un heger（赤兔马）”可以组成为一个整行，也可以各自单独成为一个诗行并列出现，这在《巴林格斯尔》中很普遍。这些可置换片语的多种形式，为了满足诗行表达某种观念而发生变化。程式系统表明，格斯尔的语言采用一种自由的表达方式，歌手腹藏着大量程式，这些程式促成歌手纯熟的表演，并非因其多次出现而影响和束缚歌手。

其次，片语程式在音律结构上体现了史诗的一种步格模式。众所周知，从语言学的发生学角度来看，蒙古语属于阿尔泰语系的蒙古语族，但从其形态来分，蒙古语属于黏着型语言，元音音位在蒙古语体系中起着重要的作用。加上蒙古语在词的语音结构上的元音和谐律，其语音结构和所组成的语句结构有着音律的特色。这些充分体现在蒙古人的诗歌中。史诗的诗行是有音节和重音的，而且从诗歌韵律组织来说，音节的数量具有重要的意义。在片语程式中，任意选择了15个片语，音节分别为：

nisuhai joru ～～～——

bogda joru ～～——

agta hülüg ～～——

surgug boidug ～～——

hobilgan hülüg ～～～——

aburaltu geser ～～～～——

arigun hatun ～～——

abaga yoyan ～～～——

bagatur bodurgan ～～～———

ehener arigunguwa ～～～—————

banjur bagatur　～～———

barsi un hülüg　～～～——

从以上15个片语程式的音节来看，可以说史诗中的片语是以4～5音节居多,《圣主格斯尔可汗》样例诗行以3～4个带重音的词组合，一个诗行内重音之间的间隔为1～2个音节。蒙古语的重音通常是固定的，出现在词首的第一个音节。但在歌手的表演中，非常强的吐气的重音作用不是很明显。在蒙古语诗歌的表演中，歌手因其语言的特征，往往用力地发出第一个音节，但在史诗诗行中不是一个词间歇一次，片语程式一般有2～5节，每行为3～4重音，歌手说："我的诗行都是5个词来组成。"[①] 我们对样例中任意一章进行统计后也发现，每一诗行的词和歌手所说的都基本吻合。这里歌手所说的一行5个词是指一诗行的所有词语和语法成分。这样分析的样例中每行为3～4词重音节、有7～10音节，以整齐的句首韵为主，以一个片语程式为一个曲段，进而和接续诗行之间的诗行末尾的停顿相和谐。如有4个词的曲段经常在半行诗上；如果有5个词的，曲段就在将两个半行诗分配的比例为2∶3的位置上，语法成分归属前半行出现的片语程式。（画线部分为片语程式）

saihan rogmuguwa gi/ hürgehü ber　要送美丽的茹格慕高娃

erdeni in hülüg iyen/ unuju　骑着神骥

nisuhai joru/ basa sonuschai　尼苏海卓如也听到了

abaga jotung/ mordaju　叔叔晁通出发

不仅如此，片语程式一旦进入对句中，它就决定着相邻诗行行内的曲段和音律。如：

bars bagatur chü/ magsila　巴尔斯英雄也前去

① 见笔者于2006年2月12日在内蒙古赤峰市巴林右旗大板镇歌手金巴扎木苏家访谈的笔记。

baga bühe tai ni/ barildula　　　和小摔跤手较量了

~ ~ ———~ / ~ ~ ~

~ ~ ——~ ~ / ~ ~ ~ ~

erdeni hülüg iyen/ tasigurdan　　　策鞭神骥

eres jegünsi/ yabutala ni　　　直向东走时

~ ~ ~ — ~ ~ — / ~ ~ ~ ~

~ ~ ———/ ~ ~ ~ ~ —

上述诗句中除了语法成分，歌手表演中音节数因词有长有短而显得并不均衡，但词数相等，所以构成的重音相等，从而使诗行具备了音韵美感。在蒙古族史诗中片语程式符合音节——重音模式。这是史诗形成音律节奏的主要方法。换言之，史诗的节奏是在片语程式的支配下得以实现的。在这种支配规律下产生了诗行的重音和非重音（弱音）交替的节奏，同时也形成了歌手停顿间歇的手段。歌手创作某一个诗行时，选择某一个词，而不是另外的一个词，这是出于对词的意义、长度和韵律等要素的综合考虑。于是出现诗行长短不均、长短诗行交替出现的现象，行间停顿在表演中经常就被尾音的各种调式突出强化，因为歌手演唱时的停顿服务于呼吸停顿和程式边界。特定的重音模式构成了特定的程式的整合部分。换言之，歌手是选择词数相等的片语程式作为中介来创作，注重音节和词语并置的因素，这时停顿就会作为一种程式和句子构造的边界，即暗示了歌手是以片语程式为单元构思诗行，并促成诗行的多种韵式。这正体现了史诗创作中词不是基本单元，而片语程式是它的最小的观念部件。

最后，在蒙古史诗中，因成双成对的用语习惯而有了很多复合词，形成固定的片语程式，并在诗行中代替主体而出现。如第二十七诗章中以“a”元音起首的“auga bagatur（伟大的英雄）、aburgu bagatur（大力士英雄）、aru in bagatur（北方的英雄）”和第六诗章中的“abaga noyan jotung（叔叔诺颜晁通）”等。在《圣主格斯尔可汗》中，这些固定的片语程式，代表主体而出现在相同的位置上，而且具有与所指的主体相同的功能，比如“arigun hatun 纯洁的夫人”，它可以置换格斯尔的任意一位夫人出现在相应的位置上。但这种片语程式并不能通用，比如专门指示晁通诺颜的有“abaga noyan”，指示格斯尔的有“achitu bogda，ejen bogda”等，这些不能通用，它们各自的所指含义在诗行中是明确的，节奏方面的功能也是相同的。在样例中出现最多的还有如下几种。

abaga noyan　　叔叔诺颜
aru nutug　　北方的家园
aru gurban aimag　　北方三个部落
aru aimag　　北方部落
aru orun　　北方[①]

程式诗行的多少取决于歌手的叙述，在添加式的程式中，歌手在核心的词汇外还涉及诗行的顺序和个别词语的调整。这些修饰语语义纷繁，从词汇学上看，英雄一方的都是褒义的，反方是贬义的，而且数量较多。扩展的程式有并列式的；有时各诗行是一连串的分词或分项，最后才道出修饰的主体，这种程式中修饰语在结构上起着主体的定语的作用，属于逐步升级的程式，可谓“修饰语的历史就是一部缩写版的诗歌风格史”[②]。这些程式装饰了史诗，并在表演中具有丰富性和多样

① 涅克留多夫认为：格斯尔本人有时也被解释为世界外方统治者之一，他统治的地域已经不是中央，而是北方。见［苏联］谢·尤·涅克留多夫：《蒙古人民的英雄史诗》，徐昌汉、高文风、张积智译，内蒙古大学出版社，1991 年，第 172 页。

② ［俄］维谢洛夫斯基：《历史诗学》，刘宁译，百花文艺出版社，2003 年，第 63 页。

性，阐明了史诗传承的不同阶段的特征。

整句程式是根据诗行和同诗章的句法结构关系意义而命名的概念。整句程式这一概念是相对的，大于一个诗行还是小于一个诗行？是一个完整的句子还是不完整的句子？牵涉到很多问题。在诗学中，“诗的句法是有自己的特点的。诗歌的句法特点主要是由特殊的韵律所组织造成的”①。这种韵律具体体现在诗行上。诗行是诗歌节律单位，而句子是语法结构单位。但在史诗的诗行中，歌手往往把一个句子等同于一个诗行来创编，这种句子在史诗中可以是一个完整的句子，也可以是不完整的、意义上依赖前后句而存在的句子。所以根据歌手的表演，这里的整句程式是“占据一个诗句长度”②的叙事单元。整句程式中由片语程式加上语法成分，属于典型的由修饰语 + 主体 + 名词所属格的“mini、chini、ni”构成的一个诗句，与相邻诗句在音节、字数上相同或基本相同，而且步格和谐。所以正如我们在这里所说的，整句程式可以完全和一个诗行吻合。可见，诗学中的程式句法在遵从现成的语法规范上，似乎享有一定的灵活性。如果我们从片语程式上观察歌手的停顿和节奏的基本单元，那么就会发现整句程式是对诗行的结构表达，即在诗节组合内部中考察其程式句法。整句程式与相邻诗句组合，形成了不同的句法形式，即平行式、递进式等。在句法意义上出现了问答式、解释式的诗句。为了考察方便，我们对样例中的整句程式进行考察，诸如：

baga nisuhai joru chini	小尼苏海卓如（你的）
hobilgan iyer mededeg joru	神明的卓如

① 黄玫：《韵律与意义：20世纪俄罗斯诗学理论研究》，人民出版社，2005年，第127页。

② 朝戈金：《口传史诗诗学：冉皮勒〈江格尔〉程式句法研究》，广西人民出版社，2000年，第150页。

arban hara in darulga　　十个祸根的镇压者
achitu bogda joru　　仁德的宝格德卓如
aruinejengeser han　　北方的格斯尔汗
arban jüg un geser　　十方的格斯尔是
agar tngri in hüü gedeg　　帝释天的儿子
guchin yehe bagatur tai　　有三十名勇士
gurban jagun husiguchi tai　　有三百名先锋
aburgu guchin bagatur ni(mini)　　大力的三十名勇士（我的）
bagatur ere xoomar i　　（把）英雄儿郎绍米尔
bars bagadur bamsurja nar　　巴尔斯班索尔扎等英雄
ilagugsan gurban egechi dü(ni)　　（向）三位神姊

这是描述格斯尔及他的英雄集体和家人的整句程式。对方敌人的程式如：

aha ni chagan hertü gedeg gene
哥哥叫查干格尔图
as un hoyadugar ni sira gertü gejei
老二叫希日格尔图
angga baga degüü hara gertü gedeg gene
小弟弟叫哈日格尔图
sira hur un gurban hagan
黄霍尔的三汗
hüchütü bagatur bürgüd chini
无比的布尔古德英雄（你的）①

这些整句程式在结构上大多是相同的，有的是偏正结构，而且是必须依赖前后诗句而存在的程式。在史诗中引出一个人物时可用“××gene（叫）、××gedeg（是）”等，这是通常引

① 指黄霍尔的英雄吸血雕。

出人物时采用的技巧。而且这种整句和相邻的诗行构成了互补或解释性的程式，更能说清楚所叙述内容的语意。我们知道，史诗的句法结构和语法范畴的句法是不同的。我们研究的是在史诗或叙事诗范围内的句法特点。这一特点涉及词类、数量、不同的格和时间叙述以及对某些句子成分的省略。这些无一不体现在程式之中。史诗表演中的语言材料要靠句法来实现，而句法首先也体现在这些诗行上。尽管我们所指的整句程式并非完整意义上的句子（句子是语法概念，通常要有最主要的主谓成分，意思才能完整），但它们占据一个诗行的位置，形成排列分行的史诗文本。虽然整句程式未必是一个句法上完整的句子，但是双行、三行或者是更多的诗行之间，是以词的组合和词的顺序来灵活构成诗句的。因歌手演唱情境和情节的需要，可以调整整句程式的词序，因此会常常出现变化。尤其歌手将需要强调的部分放在行首或行尾时，诗行中会出现一些人物的名称放在行末的动词性程式。动词性整句程式主要是行为动作在前、主体在后。

在创造程式的过程中，句法上的动词有着特殊的地位，它和各种词类都能结合。因而动词性整句程式和其他程式一样，体现着修饰语和述语的系统及其反复出现的叙事范型。当然，在史诗传统中，叙事的范型是多种多样的。在我们的样例中出现的动词性程式有：

tarihi ban choburagulugsan nisuhai　　流着鼻涕的尼苏海
jogsuju baigsan joru chini　　站着的卓如（你的）
argalaju hobilugsan geser yum yu　　变身了的格斯尔（吗）

这一类的整句也不是金巴扎木苏的专利和创造，通常在格斯尔的其他说唱文本中同样可以看到类似的程式。如“harigad irejei oljibai darhan（回来了敖力吉拜铁匠）”“olanta tengsegsen rogmuguwa（多次考验的茹格慕高娃）”[①]等。在动词性整句中，人物是有限的，史诗主人公“格斯尔”出现的次数最多。这里的动词在句法方面成了人物的修饰语。这种结构的整句中，“egün i（把这个）”这一带有名词格的指示代词与句末所出现的主体有关，而且很多时候是带有宾格的“gi 和 i”，动词性程式的意思在诗行中未完结，它是一个前置的从句，也是名词带有动作修饰语的一行诗句。有的句式是倒置的，如“hasiraju jigsijei rogmuguwa（茹格慕高娃讨厌了）”“amur jirgajai hoyagula（两个人享乐了）”“baharagulju abchai geser i（使格斯尔迷上）”。在史诗中，程式的建构非常自由。此外，在分析的样例中有关武器的整句程式共出现10次。

chahilgan erdeni in sumu ber	用神雷宝箭
solir erdeni in jebe	用金刚的镞

用相同结构来建构的武器的整句程式在第二十六章中，如：

garhu üye dü utuga tai sumu	射出时带着烟的箭
gajar dumda gal tai sumu	在地上冒火的箭
gamsigtu daisun i tanidag sumu	能识别顽敌的箭
gabala degere ni dusdag sumu	专射顽敌头颅的箭
ulagan gal tai nisdeg sumu	火红的飞箭
ursigtu daisun i tanidag sumu	能认准顽敌的箭
agushi jirühe gi ni jagudag sumu	专射胸脉的箭
urushu chisu gi ni sorudag sumu	专吸流血的箭

这种程式在史诗中是常见的，其结构是平行式的，而且韵式也非常规整。但修饰语和变换项是不稳定的，比如这里的变换项“箭”也可以替换为“镞、剑、大刀”等，因歌手的选择

① 道荣尕整理，那·阿萨尔拉特审订：《琶杰格斯尔传》（下册），民族出版社，1989 年，第 104、105 页。

而定。正像洛德所言，“俭约来自某一位歌手，而不是某一个地区或某一个传统”[①]。口头创作的诗歌与书面作品的主要区别是句法结构，口头史诗的句法结构较为简单。口头史诗语言的特点似乎是静止的，不易改变的，史诗的形式也相对稳定。这些都是因为它的口头性。从开始，歌手们就是尽力以当时他们从前辈说书人那里所习得的同样的方式来讲述史诗。史诗的基本核心保留在其中，但史诗的词汇和语法发生了某些变化，因为史诗的每一位歌手都把自己的创作特点融入史诗之中，因此程式的结构也是多种多样的。它们有的是两个词，有的是由两行或多个诗行来构成，但结构是十分紧凑的。无论是表现身份、地位的人物程式还是表现规模、程度或行为的程式，都是用于描述对象的特征或状况，出现在整句的末尾。歌手为了填补唱词的间歇、适应曲调而使用语气词，以此来调整旋律和基调，比如诗行末尾以“ba（吧）、siü（的、呀）”“bile（呀、吧）”等来适应旋律的基调。程式的方法是语法框架内的一种替换。

程式是丰富多样的，程式的分类却是相对有限的。我们分类的目的是便于阐释问题。这种分类标准虽然不尽相同，但在类型中总能找出其规则，并为我们解决问题提供思路。通过以上的分析了解了程式在《圣主格斯尔可汗》诗行中占据的比重，由此可见史诗诗行建构中的程式法则的艺术功能。

第三节 《格斯尔》史诗程式的韵式特征

史诗语言的程式构成了史诗句法的一个特征，程式词语的

---

① ［美］阿尔伯特·贝茨·洛德：《故事的歌手》，尹虎彬译，中华书局，2004年，第73页。

灵活性也是句法的一个特点。句法的另一个重要特点就是同样句式的重复加上应有的韵律结构，这就构成了史诗不同的韵式。在《格斯尔》史诗语言特征的研究中，霍莫诺夫进行了系统的韵式研究。他在《布里亚特英雄史诗〈格斯尔〉》中以两章的篇幅来讨论史诗《格斯尔》的艺术描绘手段和语言特点，他指出："《格斯尔》史诗过去是用诗歌演唱的，押韵有助于所唱原文的节奏化。同样也遵循了诗歌的相称性。"[①]并从同音法、词的运用和各种修辞手法等方面进行了论述。在国内的研究中，却日勒扎布对蒙古文《格斯尔》的语言特点进行了分析，主要从词汇的使用和节奏的编排上来进行讨论。朝戈金研究员以不同的韵式分析冉皮勒演唱的《江格尔》的程式句法，在程式化的风格中概括蒙古史诗句法的韵式特征。史诗的韵式虽然是程式化的，但每一位歌手所使用的程式和具体演唱中的韵式是有所区别的。因为歌手叙述的重复性程式和大量的片语单元都不尽相同，所以出现的韵式也是富于变化的。史诗《圣主格斯尔可汗》是韵体说唱文本，它没有明确划分诗节，以押韵为核心，可以分为 2 个诗行、4 个诗行、12 个诗行等不同的韵式单元。只有划分后才能对诗行韵式的种类和特征进行分析。下面我们主要结合程式片语和程式扩展行来分析史诗的韵式。

一、诗行的句首韵特征

句首韵是蒙古语所说的诗行的 tologai holbolta，即在蒙古语诗歌中重复相邻诗行的起始音的押韵形式[②]。它能加强诗行的韵律和节奏，是蒙古诗歌基本的押韵规则。句首韵在蒙古

---

① ［俄罗斯］霍莫诺夫：《布里亚特英雄史诗〈格斯尔〉》，陈渊宇译，阿萨尔审订，内蒙古文化出版社，2015 年，第 173 页。

② 纳·赛希亚拉图：《论蒙文诗的形式》，内蒙古人民出版社，1981 年，第 159 页。

史诗中以两行和四行押韵较为典型，这和蒙古诗歌传统有关。句首韵是歌手演唱史诗时基于语音构筑程式诗行的技巧，除相同的音、音节外，也可以用相同的词来押首韵。因诗行的相称性，句首韵在程式对句和扩展的程式中体现得非常明显，趋于多样化。

（一）对句押韵：蒙古诗歌中同音构成了连接诗行的基础手段，成双成对的诗句错落有致。因史诗诗行的平行本质，歌手以韵文演唱来表达史诗主题。对句押韵是诗段的基本韵式单元，是指两行诗的首音、首词的押韵。《圣主格斯尔可汗》中，蒙古族诗歌传统的双行对句押韵比较普遍，如在第六章中：

sün dalai gi gisgijü	脚踩孙达赖海
sümbür agula gi tüsijü	背靠孙布尔山
jegün nidü ni sohur	左眼瞎
jübtei nidü ni solir	右眼斜
arban hara in darulga	十个祸根的镇压者
achitu bogda joru chini	仁智的宝格达卓如你的
gajar bolhur dagagajai bile	只有大地才承得起
galba bolhur bagdagajai bile	只有世间才容得起

以上分别是以相同的音节或相同的音来押首韵。这种用相同的音节来押韵的方式是歌手构造程式的技巧。在一个节奏中有两个词，有时是一个词或一个复合词，像后置词“ni”随同上一个词构成了诗行的节奏。关于这种复合词或节奏单元，歌手曾说：“蒙古人说唱时，成双成对的用词常常出口成章。”这句看似感性的表述，实则是对蒙古语叙事习惯的一种经验性认识，即在蒙古语诗歌中，通常使用复合词，比如“degere doora（上下）”“horiye hasiya（庭院）”，上述每一个词在创作中都可单独使用，但口头叙事诗行中往往为了韵律和音节的整齐而以复合词的形式来直接使用，也就是一个词

往往带着一些其他词构成了语词程式或整句程式。这是史诗艺人们从“传统词库”中调用那些储备的片语来创编，使其演唱得以顺利进行的一种技巧。史诗中的“左眼瞎，右眼斜”这一程式早在北京版《格斯尔传》和其他文本中就以“nige nidün ni sohur，nige nidü ni hilagar（ 只眼睛瞎， 只眼睛斜）”的形式出现。在我们的文本中还出现一处“ürügesün nidü ban aniju，ügere nidü ban hiluiijai（一只眼睛闭着，一只眼睛瞪着）”，这可以看作是一种变异的程式。词语有所变化，但句首韵和节奏是相同的。这一古老的程式在蒙古史诗中经常被使用。歌手运用这些双行对句押韵可以减轻表演中的压力，灵巧地调用这些和谐的韵式来缓冲紧张的节奏。

（二）四行的韵式：14 世纪以来，蒙古族诗歌中以四行为一节的规律普遍盛行，对后来的文学产生了深远的影响。在韵体史诗中，四行为一节的基于音韵的分节也很普遍。《圣主格斯尔可汗》是巨型韵体史诗，其 60% 以上的诗行由四行诗节组成。其中一是用相同的音和音节，二是运用形似的音和音节，如蒙古语的“o”与“u”、“ö”与“ü”的书写形是相同的，有的基于口语和书面的谐音来押韵，如口语的“a”元音音节起首的词与“arishan（圣水）”；“e”“i”元音音节起首的词与“yirtinchü（世界）”；“ö”元音音节起首的词与“woqir（金刚杵）”等并置在相同位置上构成韵律的也不少见，这是一种调用语言规律进行押韵的艺术。四行首韵的句子多用于描述人物或描述一种行为动作。如：

arban jüg un geser i　　　　十方的格斯尔
agar tngri in hüü gedeg　　　　是帝释天的儿子
aru orun nu ejen ni　　　　北方的可汗
arban hortan nu darulga gedeg　　　　是十个祸害的镇压者

这是叙事格斯尔常见的扩展程式，而且是高度定型化的。歌手表演时对人物特征始终倍加关注，这一程式的每个诗句都可以单独构成一个整句程式，或以对句的形式构成固定的程式。每一个人物特性的程式都在韵式中得以体现，例如：

ene nutug un ejen ni bi　　这个家乡的主人是我
ejen geser un ü siyeten bi　　格斯尔可汗的仇人是我
edüge in hagan nu abaga ni bi　　现任可汗的叔叔是我
echige in hin degüü ni bi　　他父亲的弟弟是我

这是晁通介绍自己时惯用的程式，即以“AAAA”押首韵的程式，同时这一程式还以相同的词押了尾韵，并形成了模式，在不同的场景中变换使用。在第二十七章中，诗行有所增加，以扩展的形式又出现了一次。

abaga ni bolhu jotung bi　　当叔叔的晁通我
arad olan iyen tülügelejü bi　　代表着百姓的我
arsi olan lamtan i bi　　我把仙化的喇嘛
alaga hamtudgan ugtuna bi　　我合掌来迎接
ayuulihai du ban bisirene bi　　我在心中膜拜
altan gerel sonusuna bi　　我要听金光经

以上例子均为“AAAAAA”押首韵程式，并以“bi（我）”来通押尾韵。当然，四行押韵中有时是变化多样的。有一种首尾呼应的韵式特征，如《卓如娶仙女化身茹格慕高娃为妻》一章中：

ejen hümün nu ehener　　如果是可汗的夫人
gorban jil hümün tai ocharahu ügei　　三年不能见人
egel arad un ehener　　如果是百姓的妻子
gorban sara h ü m ü n tai jolgahu ügei　　三个月不能见人

这一传统的程式早在北京版《格斯尔传》散体叙事中就已经出现，在金巴扎木苏的文本中则以“ABAB”的形式出现，呈现相同的音节和相同词的整齐押韵，增强音韵美感。歌手的程式库中词语的搭配是多样的。歌手常常建构出令人称奇的诗句。蒙古族人成双成对的用语习惯，在口语中尤为突出，比如“gar hül（手脚）”“gal usu（水火）”“edür süni（昼夜）”“emüne hoina（南北）”等。这些由互为反义词的词组成的复合词在口头史诗诗行中也得到了具体的表现。

ögchü abhu uchir chu	嫁娶的事也
emüne hoina gejü baidag	有先后之分
öber jaguar in urug chu	自家的婚事也
ögelei baga gejü ilgadag yum	分为长幼之别

反义词“ögchü abhu（嫁娶）”“emüne hoina（先后）”“ögelei baga（长幼）”和“öber jaguar（内部、彼此间）”在相同位置上出现，并以“ö”音形成了“ABAA”的韵式，带来诗行间的停顿，增强了诗句的音律节奏。

《圣主格斯尔可汗》中，歌手以四行一节的押韵为演唱的基本单元，“AAAA”式成为最普遍的韵式机制。相对而言，在句首韵的四行中，“AABB”“ABAB”的韵式很少。语言是一个机械的过程，歌手在建构诗行时，在史诗的传统和语法规则中替换一些语词，创编出一些诗句。替换和调用语言体现出不同歌手演唱风格和诗行基本韵式特征之差别。

蒙古族诗歌遵循句首押韵的传统规则，在英雄史诗中，歌手们灵活运用这一规则创编了多行押韵。这不仅是歌手的语言技巧，而且歌手在表演中会随着灵感的涌现对所演述的内容进行复杂细化的描述，使诗行自由地扩展。当然，这并不是歌手的专利，在蒙古族书面文学《青史演义》中，乌尤图斯钦向帕拉古岱询问来孛特国的事情之后，作者尹湛纳希用了“a”元音起首的116个句子连缀描述其动作。作者虽然没有在原作中将其并排成诗行，但并置后形成了典型的押头韵的诗行。显然，作者受到口头诗歌语言表达形式之影响。这不仅体现了口头文学和书面文学的互通性，而且是对民间叙事张口即来的创编能力的阐释。如在《圣主格斯尔可汗》中，有关阿鲁莫日根童年时期的描述中以“a”元音为起首的词一韵就是40行。

金巴扎木苏的演唱妙语连珠，这一点早被学界所关注。笔者对所选样例进行句首韵统计，得知以“a”元音为句首韵的诗行在《圣主格斯尔可汗》第六章中有443行，第十六章中有672行，第二十七章中多达761行[①]，占据总诗行的28.8%。尤其在第二十七章中以“a”元音作为句首韵的竟多达33.89%。在一个诗章中，以同一个元音起首的词如此高频地出现是罕见的，歌手在程式模式中聚合了元音的语音功能。当然这里所说的以“a”作为句首韵的诗行并非全部都是程式，只是从韵式上来观察，足可以证明蒙古语中包含元音“a”的词汇之丰富[②]。

总之，在《圣主格斯尔可汗》文本的句首韵中，四行是诗行韵式的基本单元，如果8个和12个诗行成为扩充式的典型，那么上达几十行的句首韵是歌手高超语言技巧和史诗高度程式化的表现。

二、史诗诗行的内韵特征

内韵是蒙古族诗歌韵式的一种，和其他韵式一样，它对诗行的建构起着同样重要的作用。内韵是指在一个诗行中，由两个或两个以上的词以相同音或相同音节构成的韵式。这种内韵在同一诗行的词首、中间的词和词尾均有所体现，即“在一个诗句的内部就形成了某种音素的规律性复现”[③]，内韵强化了诗行之间和诗行内部的节奏韵律，比如：

---

① 统计“a”元音起首的诗行时，对两个诗行以上的样例进行统计，有的竟高达28行。

② 蒙古语中以“a”元音起首的词条最多，在内蒙古大学蒙古学研究院、蒙古语文研究所编写的《蒙汉词典》中，以“a”起首的词条为1505个。比其他任何音的词汇都丰富。见《蒙汉词典》，内蒙古大学出版社，1999年。

③ 朝戈金：《口传史诗诗学：冉皮勒〈江格尔〉程式句法研究》，广西人民出版社，2000年，第189—190页。

aru gurban aimag tü　　　　在北方的三个部落

banjuur bagatur baidugsagar　　英雄班朱尔战斗着

以上两个程式以“a”和“ba”整音节来押内韵，使相同的音节在一个句子中得到进一步的强化，并且每一个重音都十分突出。

hara sira chagan chini　　　　哈日希日查干你的

这是引出霍尔三汗的一个特殊的诗句，它也是一个整句程式，它是对人物的一种缩略化的表达，而且以“ra”音节和“ch”音构成了“AABB”式的内韵，非常自然和顺畅。像这样的还有：

sira hur un gurban hagan　　　黄霍尔的三汗

在口语中“ra”音节和“r”音是相同的，于是也构成了“AABB”式的内韵，有了抑扬顿挫的节奏感。而且这一程式也是歌手们共享的单元。有的是全部押词尾韵，形成极其和谐的内韵，如：

aduguchin honichin uherchin　牧马人牧羊人放牛人

这也是一个传统的整句程式，是歌手们在经年累月的演唱过程中高度定型化的程式。它以相同的“chin”构成内韵，使名词的连缀更加口语化。此外，以形容词的重复构成内韵，不仅使内韵多样化，而且诗行间也有了匀称和谐的节奏及对应的结构。

三、史诗诗行的尾韵特征

尾韵是蒙古族诗歌的主要特征。尾韵虽不像头韵作用那么大，但在口传史诗押韵方面也是常用的技巧。尾韵在蒙古语中通常也称为“segül darusigulhu”，同句首韵的音不固定一样，尾韵也是非常多样的，可以以动词的不同式和副动词，以及动词的体、态和助动词来表现语法意义和诗行结构。在《圣主格斯尔可汗》中，以动词的变化和静词的形态变化来押尾韵的情况颇多，而且在尾韵上富有特色。我们还是以程式来分析。

洛德在研究不同文本时指出："所有的歌手都是以传统的方式来运用传统的材料的，但并没有以相同方式使用相同材料的两位歌手。"[①]这就说明不同歌手在史诗传统中对程式的使用和对故事的创编有着各自独特的把握。同样的内容和情节，不同歌手的叙事彰显了个人风格，体现相差甚大的演唱技巧。不同的《格斯尔》口头文本因歌手的差异，风格也不尽相同。这些歌手润色的部分在尾韵上更为丰富多样。因叙事的程式化，史诗的诗行通常凝练而精短，而且往往在尾词加强语气。如同一个词在不同的诗行中以尾韵出现时，因音节、韵律之差异，会有拖长、中长和短促三种不同的处理方式。这和歌手所采用的曲调和方言口语有着紧密的联系。总之，歌手对尾韵的处理有多种技巧，下面将围绕文本第二十七章《格斯尔使巴尔斯汗势力衰败不振》的诗行讨论不同歌手的韵式技巧。

首先，用相同的词作为诗句尾韵的情况比较多。作为尾韵的词类不是固定的，可以是名词、形容词，也可以数词，如：

hoyar setgil tai jotung	异心的晁通
hoor un ündüsü jotung	祸根子晁通
hongsiyar dürüdeg jotung	多嘴的晁通
huubilduju yabudag jotung	串通的晁通

以上的例句中以名词"晁通"来押韵。这种句式是添加式的，其修饰语部分和尾韵部分都可以用其他词替换。

其次，是以语气词、后置词和动词的多种成分来押尾韵，这是诗行中最常见的尾韵类型。歌手演唱时，需要阐明诗行的语气和情态意义，于是那些常用的语气词就有了发挥的空间。语气词能使史诗的意境表现得生动逼真，如：

---

① ［美］阿尔伯特·贝茨·洛德：《故事的歌手》，尹虎彬译，中华书局，2004 年，第 88 页。

abu degedus un boyan siu　　祖先的福分呀
arad olon nu hesig siu　　人民的福气呀
altan türü in sitügen siu　　国家的偶像呀
agsiraga minu süsüg siu　　老人我的信仰呀

动词在句法上可以和不同的词结合在一起，尤其在史诗中以各种变化生成多种句式，这里的分句主要说明主体的行为动作。动词的能动作用在尾韵上有极为丰富的体现。在第二十七章中，动词结尾的简短句子尤为典型，仅动词“baina（有）”就出现了188次，“gene（叫、是）”出现了54次，“irele（来了）”出现了55次，仅3个词就占了诗章尾韵的13.52%。歌手对语词的选择也不仅仅局限于复合词和固定的修饰语，在诗行结尾部分也用动词的各种变化来同时现构，与句首韵一起把诗行连接成基础的诗段。

（1）borhan nidütü boidug　　神眼的宝伊都格
bochan bochan bailduju　　来回地作战
bosud bagatur ud un üsiye dü　　给其他英雄报仇
bosun bosun bailduju　　反复起来作战

（2）olan bügüdeger sonuschu ab　　大家要记住
uchir yabudal i medeju ab　　情形要知道
udga gi sain chegejileju ab　　记牢其意思
uhagaraju medejü taniju ab　　知晓并记住

在第（1）组例句中，隔行押尾韵时以副动成分“ju”来结尾，并且诗行中运用整句的程式和首次的重复来建构韵律。而第（2）组例不仅以形似的“o”“u”元音押句首韵，而且在诗行相同位置上并置副动成分，并以相同的“ab（要）”来押尾韵。多种韵的结合，因演唱语气的转换需要而出现，这不仅增添了节奏感，而且使歌手的演唱更加顺畅。在动词的使用上，歌手的技巧并非相同，如：

hül gar i ni tasu tasu　　手脚给打断又打断
hüjügüü seger ni hugu hugu　　脖子脑袋割断又割断
hehüdeg chegeji balba balba　　胸腹给穿刺又穿刺
h ü reng chisu ni gos gos　　黑血飞溅又飞溅

这一诗节中，每一句的尾韵都并置同一动词，而各句的动词皆不相同，同样构成了整齐的韵律。它的节奏短促而且有力。口头表演中，歌手似乎对紧迫行为有着一种叙事上的独特经验，能营造出一种诗行意境。在机械的语法和诗学句法中，诗行的变化由动词来体现，如描述夫人被抢走时：

alus gajar un erelheg daisun　　远方的顽敌
aru oron du sirguju baigad　　钻入北方
arga mehe h ü delgejü baigad　　施用伎俩
alta münggü hereglejü baigad　　花金舍银
abaga noyan i goridagulju baigad　　诱惑叔叔诺颜
altan gerel iyer hagurchu baigad　　以金光为幌
arad huyag i mehelej ü baigad　　欺骗了军民
alaju nitüljü idejü baigad　　杀着掠着吃着
ayultu hereg üiledchü baigad　　制造危险的事件
arigun hatun i abachijai　　抢走了纯洁的夫人

歌手竟以句首韵和尾韵结合的 8 个诗行来表述，可见其高超的演唱技巧。史诗中对行为动作的反复、多样化的叙述，正是来自一种传统的力量。这样在句子的结尾上使用诸如“sagunau gehü dü（住一段吗）”“hereglejü baigad（用着）”等副动词与“de”“te”等附加成分构成的偏正复句来叙述英雄的连续动作，同时持续着动作的演唱。

ünürtübel manarana gene　　听说闻到这味会晕倒
üjebel sohurana gene　　听说看到后会变瞎
onogdabal ühüne gene　　听说遭到会死
olbal galjagurana gene　　听说得了就发疯

“听说和据说”这种句式是史诗中极为常见的叙述模式。“……gene”是一个解释性的简短句式，从一个诗行到多个诗行都可以并列出现这种句式。在史诗流传过程中，“把久远发生的事件，后来的传承者改编为间接叙事时加工为简短的诗句”[①]。像文本中的“enghe esen gajar gene（是太平的地方）”“jar chimege tarhaju baina（传递着口信）”这样的简短诗句与描述动作行为的偏正复句交错出现。这种在不同史诗中重复率极高的句式，反映了民间艺人一种惯用的思维表达方式。

《圣主格斯尔可汗》的尾韵中最经常出现的是动词式的附加成分“jai、chai”、副动形式的并列类附加成分“ju、chu”和分离类的附加成分“gad、ged”。由词来押韵而出现频率较高的有“gene（说、据说）”“irele（来）”“baina（有）”“bolula（成了）”“gedeg（叫）”等动词；在句子末尾并置相同名词的诗句及名词和同格的“tai（和……；同……；与……）”、从比格“eche”，人称领属的附加成分“nimi”“chini”“ni”，语气词“siü（的、呀）”“bile（呀、吧）”以及后置词“sig（像）”“metü（像）”来押韵的诗行居多，以上多种动词的变化使歌手极为注重每一个行动的细节化。这也可看作是金巴扎木苏演唱篇幅极长的重要原因之一。由于场景细节化，歌手都要放慢叙事速度，对同一个场景进行几次细化扩展，这就调动了听众的情绪。

可见，史诗中句首韵和尾韵可以同时出现在诗行里，但也未必缺一不可，即可以押首韵，但未必兼顾尾韵，反之亦然。这是因为歌手要根据乐器的曲调来权衡诗行的多少，并调遣词句，蒙古语中存在着大量特定的语法成分，例如名词的格和领

① ［蒙古］热·娜仁托娅：《蒙古英雄史诗的口头与书面文本的关系》，海英转写，民族出版社，2004年，第21页。

属成分，时位词、代词的变格等，它们重复出现在诗句末尾时，就会形成韵律关系。

上述几种韵式是金巴扎木苏构筑史诗诗行的典型韵式，韵式出现的次数不等。无论是哪一种韵式都来自文本背后的传统，即洛德所说的“口头史诗的诗歌语法是建立在程式之上的，而且是必须建立在程式之上”[①]。换言之，我们在对史诗的押韵诗行进行分析后发现，在诗行的重音、节奏、字数方面虽然因歌手的不同而出现一些差异，但总体上相邻诗行的句法结构是相同的。从一个词组的诗句到一个诗行乃至一个叙事单元，都是有规律可循的。结合程式诗行，我们对本章内容可以得出如下结论。

（一）蒙古史诗的诗行中，以片语程式和整句程式作为主干部分，在一个叙事单元中，对韵式步格有着统领的功能。虽然各种韵式自由灵活，但韵式规则体系是基本稳定的，以3 ~ 4个词的诗行为主，以两个和6个词的诗行为辅。含有程式片语、步格相同的长诗句，尤其是通过尾词的重复组成的长句可以拆分为短的诗行，其表达意义不会发生变化，如：

abaga noyan nu/aburi jang i/medene medene
amin nu asig tu/sinuhai bologsagar/ hoor tai hoor tai
aru nutug un/ayul bologsan/eimü eimü
angharchu egün i/medejü abhu/chihula chihula
hümün idedeg/hünügeltü daisun i/högerehüilejü bolhu ügei
hüser tü debsejü/hüjügüü gi ogtulhu/tagarana taggarana
hüchün chidal iyen/nisgen baiju/sergeilene sergeilene
hümün bühün/ayuulihai dotora ban/chegejile chegejile

把这段诗行直译成汉文：

① ［美］约翰·迈尔斯·弗里：《口头诗学：帕里-洛德理论》，朝戈金译，社会科学文献出版社，2000年，第99页。

叔叔诺颜的秉性知道又知道
仅想自己利益有害又有害
北方大难是如此又如此
注意防范是重要又重要
不能可怜吃人的恶魔
旋空斩首是对的对的
集中精力防范又防范
人人心中记住要记住

以上是较长的几个诗句，在史诗中按照它的停顿，每个长句从韵式上可以拆分为“/”标示的 3 个短诗句，其节奏不会发生变化。反之，程式片语的短句也可以接续为长句，其意义同样不会发生变化。

bars han nu	巴尔斯汗的
bildauchi tüsimel	爱奉承的大臣
baha gi ni üjeged nairagulju baina	趁兴趣回答着

这一节诗前两行可以接续为“bars han nu bildauchi tüsimel（巴尔斯汗的爱恭维的大臣）”，对应于下一句“baha gi ni üjeged nairagulju baina”，意思不会发生变化。所以，歌手对口头诗歌文本诗行的创编有一定的影响，同一个歌手演唱同一个情节或内容时，可能会编创出不同长短的文本。当然，这里就涉及一个问题，什么样的句子是长的，什么样的句子可以拆分和整合？在观察诗行和整句程式的基础上，笔者认为，含一个片语程式的 4 个词以上的诗句为长句，尤其是通过首词重复或尾词重复构成的程式诗行可以按照停顿拆分；反过来，一个片语程式可以单独成为一行，片语程式构成的诗行可以整合于相邻诗行，这是完全行得通的。我们把《圣主格斯尔可汗》与《琶杰格斯尔》和《巴林格斯尔》进行对照，便能发现歌手们所唱的长句和短句之分，也能回答歌手为何能唱出语词不同的成千上万行诗句。这些诗句以相同的音、音节

或词来押韵，这种基本程式句式所涵括的韵式使“诗行节奏更加悦耳动听”[①]。所以，歌手对文本篇幅的影响是通过程式来实现的。

（二）诗行的词数和节内诗行数不等及诗行在节内的作用不同，充分体现了《圣主格斯尔可汗》韵式的口语化特征，如史诗中敌对的双方交战时，时常问彼此的家乡和姓名，这些问答形成了史诗传统程式，并代代流传，成了不同英雄（或勇士、将领、士兵）登场的常规程式。像“……guju ehilejei：（……问道：）”应答的“bolona bolona bolona gejü（好好好这样答应着）”，有些诗行的押韵是互为解释性的，像“baragun tib un ejen bars yehe hgan（西方的主人巴尔斯大汗）”，具有这类韵式的主要是人物所属的程式。歌手在程式的建构中巧妙并置书面语和口语，形成整齐的句首韵“hojigir chagan tolugai tai/huu luubang un tolugai tai（有灰溜溜的脸，有胡萝卜的头）”，且以名词的概称形式来扩展词的含义，使句子更加口语化。名词的概称形式主要是在一个名词后边加上一个以“m”辅音为首的词（辅助词），这个词除词首“m”外，与该名词相同；有时也重复其他的辅音，如以“sh”“j”“t”为首的词，如：

hamar mamar eyen bajaju baitala　　掐着鼻子什么的

hanchui manchui simeleju　　把袖子什么的甩着

这里的“mamar”“manchui”是名词的概称形式，与上一个词组合，指同类或相关的事物，有时上下两个词变为一个词汇单位。这种词语在蒙古语口语中是经常使用的，史诗歌手在演唱中遣词造句，使得其口语和书面语有机地组合起来，构成不同的韵式且作为程式而反复出现在文本中，这表现了民间

① 苏尤格：《蒙古诗歌理论研究》，内蒙古人民出版社，2005年，第184页。

艺人说唱语言之丰富。

（三）蒙古族英雄史诗中很多传统的语词程式和整句程式是民间文学共享的单元，这也促成了蒙古族史诗与其他民间文学的互通性。在解析程式化的句子时能够判定它的韵式规则，但是很难判定它最初出现在哪个文类或具体到哪篇作品中。在传统中，这些韵体句式不断地得到应用，添入一些更换的语词，体现着程式的俭省法则。金巴扎木苏精通胡琴、胡笳、笛子等乐器，时常说书、讲本子故事，演唱大量的蒙古族民歌、祝赞词、好来宝等，“在内蒙古 5 个盟市、8 个旗县、22 个苏木和 30 多个嘎查、牧场、寺庙留下了自己的足迹”[①]。金巴扎木苏对民间口头文学的流传有着切身的体验，对不同文类的演唱有着丰富的实践经验。因此，他的程式宝库中民间文类的共享单元不胜枚举，这体现了蒙古口头叙事传统中的不同文类在共享着语言单元。

---

① 嘎·希日布扎木苏:《巴林的著名格斯尔奇金巴扎木苏》,《查干沐沦》（巴林右旗文联内部刊物）2004 年第 1 期。

第五章　巴林《格斯尔》传承、保护与发展研究

格斯尔文化有着悠久的传统，在发展的过程中呈现出具有浓郁的地域特色的口传文学，特别是《格斯尔》史诗，形成了内蒙古型、青海型、新疆型，形成了地方传统。其中内蒙古赤峰市巴林右旗是蒙古格斯尔文化传承、保护和发展方面最具代表性的地区。本章叙述巴林社会历史环境，结合田野调查，对巴林《格斯尔》口传文学、巴林格斯尔习俗信仰进行民族志深度描述，进而阐释巴林《格斯尔》文化传承、保护情况对发展、弘扬传统民族文化的学理启示。

巴林右旗位于内蒙古赤峰市北部，是赤峰市 7 个旗之一，有着悠久的历史和独特的地方文化。巴林右旗总面积为 10256.36 平方千米，人口 18 万，其中蒙古族人口占 48%，是以蒙古族为主体，汉族、满族、回族、朝鲜族、壮族等多民族聚居的民族地区，旗政府所在地为大板镇。在广阔的巴林草原，美丽名贵的金莲花芳香四溢，风景秀丽的世界生物保护圈赛罕乌拉建于此地，远处可见八角七层、砖木结构的辽庆州白塔及固伦淑慧公主建的“公主桥”，即巴林桥。这里流传着定居过王府一带的荣宪公主的佳话，有流连忘返的荣升十八景，有 1706 年朝格图诺尔建在王府东南的大板荟福寺（习称“东大庙”），等等。这些风景名胜和逸事传说使巴林闻名遐迩，1915 年巴林左、右二旗初定旗界。

据文献记载，早在六七千年前在巴林右旗一带就有人类繁衍生息的痕迹。唐代前曾属东胡地，乌桓、鲜卑地等；唐朝时为契丹族的发源地。13世纪初，巴林部始安居于此，元代时属中书省，为鲁王分地。15世纪中叶，达延汗统一蒙古诸部后，形成左右翼三万户，巴林部属左翼三万户。1546年，成吉思汗世孙苏巴海称达尔罕诺颜，统领巴林部。在他的统领下，包括巴林部在内的喀尔喀五部兵马与明军连年征战。随着女真人攻入巴林地区，藏传佛教传入后修塔刻碑。1634年，清廷划分蒙古诸部牧地，巴林部始定居于此。1648年，即清顺治五年（1648）建巴林右翼旗①。1957年，巴林右翼旗改为巴林右旗②。1969年从内蒙古自治区划出，归辽宁省辖③。1979年，巴林右旗由辽宁省划归内蒙古自治区管辖。1983年，昭乌达盟改称地级市赤峰市，巴林右旗属赤峰市辖④。历史上这里的居民顺应地理和自然环境，一直过着"逐水草而居"的游牧生活。随着时代发展，改革开放后，巴林右旗针对本地区自然生态条件实施"林牧结合，多种经营"的方针，经济社会得到长足的发展。

巴林右旗有着360余年的历史，北邻锡林郭勒盟西乌珠穆沁旗，南与翁牛特旗对望，东连阿鲁科尔沁旗、巴林左旗，西与林西县毗邻。格斯尔是镇压四方恶魔蟒古思、为民除害的英雄。在巴林的山川河流间流传着格斯尔的风物传说，民间艺人代代传唱着《格斯尔》史诗，文人学者书写着《格斯尔赞》

---

① 《巴林右旗志》编撰委员会：《巴林右旗志》，内蒙古人民出版社，1990年，第1页。

② 《巴林右旗志》编撰委员会：《巴林右旗志》，内蒙古人民出版社，1990年，第18页。

③ 《巴林右旗志》编撰委员会：《巴林右旗志》，内蒙古人民出版社，1990年，第23页。

④ 《巴林右旗志》编撰委员会：《巴林右旗志》，内蒙古人民出版社，1990年，第29页。

等，丰富多元的格斯尔文化成为巴林独特的景观，这与其历史社会环境有着紧密的内在关联。

世居巴林草原的蒙古族人民以勤劳智慧、质朴豪情赋予巴林山水神话与风物传说等。为抢救、整理《格斯尔》史诗，当地搜集了大量的资料文献，传承和保护格斯尔文化，有力推进了格斯尔文化的发展。巴林《格斯尔》口传文学包括巴林地区史诗艺人或民间艺人表演讲述的有关格斯尔的史诗、传说、故事、赞词和训谕诗、歌曲等。这些口头文类的搜集整理、录制、出版发行工作是传承、保护与发展格斯尔文化的重要部分，也为日后研究格斯尔文化的学术工作奠定了坚实的基础。

第一节　巴林《格斯尔》史诗的传承、发展

巴林《格斯尔》史诗是蒙古格斯尔地方文本中独具特色的史诗文本，也是传承、发展蒙古族史诗口传文本的活形态史诗典范。巴林《格斯尔》史诗的搜集、整理与出版，口头文本的多样化发展，深入的学术研究相互推进，为蒙古族格斯尔文化的发展做出了极大的贡献。

一、巴林《格斯尔》史诗的搜集、整理、出版工作

巴林《格斯尔》史诗是巴林文化的产物。大约在巴林文化兴盛的16—20世纪产生、发展，并不断完善[①]。巴林《格斯尔》史诗是在格斯尔神话、故事的基础上形成的，并形成了自己的特色。在巴林《格斯尔》史诗传承保护工作中，巴林右

---

① 索德那木拉布坦编纂审订:《巴林格斯尔传》，内蒙古科学技术出版社，2000年，第43页。

旗的文人学者、民间艺人等通过整理、编撰文本和口头传唱，有效推动了《格斯尔》史诗的发展。巴林籍的文人学者较早关注蒙古族史诗的搜集、整理工作，他们整理了《格斯尔》史诗口传文本、汉译文本，成果相继出版。如早在1959年7月由内蒙古人民出版社出版了琶杰说唱、巴林作家其木德道尔吉整理的《英雄格斯尔》；1959年12月作家出版社出版了琶杰说唱、其木德道尔吉整理编撰、安柯钦夫汉译的《英雄格斯尔可汗》[①]，这是我国最早的汉译文本；1960年内蒙古人民出版社出版了道荣尕整理的《英雄史诗集》；1984年8月内蒙古人民出版社出版了琶杰说唱、其木德道尔吉改编的蒙古文《英雄格斯尔》；同年，苏鲁丰嘎说唱，新巴雅尔、格日乐图录制的《格斯尔》录音带（2小时）及国家级格斯尔奇桑布拉诺尔布演唱的《格斯尔》录音带（1小时）相继问世。此外，手抄本复印件有桑布拉诺尔布记录、整理的《圣主格斯尔可汗传》（7500诗行）及《格斯尔训谕诗》（1300诗行）。改革开放后，内蒙古《格斯尔》工作办公室搜集、整理、编印内部发行的文本有苏鲁丰嘎说唱并整理的《巴林格斯尔传（一）》第十五章（1984年）、《巴林格斯尔传（二）》第十六章（1985年），讲述了十方圣主格斯尔可汗降伏金角魔王的故事；布和朝鲁、纳·宝音贺希格整理的《巴林格斯尔传》（三）（1985年），该文本包括史诗《力大无比的格斯尔宝格达镇压十三头黑蟒古思的故事》一章及纳·宝音贺希格写的散文式的《阿斯罕山顶豁口》《嘎顺淖尔》《陶高哈达》《前德门楚鲁》《图拉嘎哈达》等5则风物传说。1979年其木德道尔吉说唱整理的《格斯尔传》两章得以出版。1986年编印了苏鲁丰嘎说唱、布和巴特尔汉译的《巴林〈格

① 内蒙古自治区《格斯尔》工作领导小组办公室编：《内蒙古〈格斯尔〉工作》（内部资料），内蒙古新华印刷厂，1986年。

斯尔传〉（一）》（《第十五章：格斯尔用如意宝石平定罪恶的魔王》）和《巴林〈格斯尔传〉（二）》（《第十六章：十方圣主格斯尔可汗降伏金角魔王》）。

进入21世纪，随着史诗的传承、保护工作不断推进，学者们不断整理口传史诗，并相继出版。国家级格斯尔奇桑布拉诺尔布说唱的120章100万字的《格斯尔传》由格日乐图、刘文华录音；却音霍尔的《格斯尔》5章内容收录于索德那木拉布坦编纂审订的《巴林格斯尔传》史诗中，由内蒙古科学技术出版社于2000年出版。该文本中，索德那木拉布坦以《巴林文化与巴林〈格斯尔〉》为代序，详细阐述了巴林《格斯尔》的形成、发展的历史进程并分析了巴林《格斯尔》的特色，这篇序对巴林《格斯尔》研究具有重要的学术价值。文本包括八部分，前五部分由苏鲁丰嘎、却音霍尔、其木德道尔吉、其木苏荣、散布拉诺日布等史诗艺人说唱，由作者编纂的《格斯尔》史诗16章，其余三部分是训谕诗等其他民间文类。第六部分是散布拉诺尔布演唱的《格斯尔训谕诗》，第八部分是敖特根通拉嘎编辑、整理的《格斯尔桑祭词》。同年，道荣尕整理、金巴扎木苏演唱的《宝格德格斯尔汗传》由内蒙古人民出版社出版。全书由《格斯尔从天而降生》《肇事者伊和乌兰鄂勃尔图抢劫北方财富》《征服大石洞里的女喇嘛》《向秃头可汗夺回牧场》《征服格吉格图汗，夺回马群》《消除古汝汗的疾病》《西方的巴尔苏汗抢劫格斯尔的爱妻》《格斯尔夺回爱妻》组成，共9章12400诗行，除了第一部受《格斯尔》的影响外，其余部分是金巴扎木苏创编的格斯尔可汗的故事，不愧为一部独特的蒙古族《格斯尔》[1]，但这不是他的独创，是他在学习不同格斯尔艺人演述的口传《格斯尔》的基础上创编的

① 仁钦道尔吉：《〈格斯尔〉文本的一项重大发现》，《民族文学研究》2002年第1期。

传承之作。

2003年，金巴扎木苏演唱、斯钦孟和整理注释的《圣主格斯尔可汗》由内蒙古人民出版社出版，这部分内容已在第四章里有所分析，在此不再赘述。金巴扎木苏是当今能够演述最完整的格斯尔史诗的歌手[①]。金巴扎木苏先后给中国社会科学院斯钦孟和教授演唱史诗故事523小时[②]，2003—2006年间，金巴扎木苏演唱的8万多诗行的《宇宙主宰格斯尔可汗》由斯钦孟和主编，于2007年得以出版。根据金巴扎木苏演唱的内容、情节，该文本分四编。前三编包括金巴扎木苏继《圣主格斯尔可汗》后演唱的格斯尔故事，异文变体和异文的异文等45章《格斯尔》史诗，最后一编为《巴林格斯尔与风物传说》53则。文本的第一编《圣主格斯尔再次降伏蟒魔》由29个诗章组成，分别是《圣主格斯尔为消灾再次西征》《降伏嗜血罗刹铲除孽障》《降伏招恶红魔》《狼口救出小孩》《降伏传播瘟疫的花斑蟒魔》《圣主格斯尔与佛祖相会》《绿袍赐披滔天沙海》《降伏灾祸之源魔兽吞基尔》《满门灭杀祸根罗布萨哈》《追杀十恶不赦的蟒古思》《寻访相会占卜大师》《哨箭投信遥远的故乡》《侦巡黑暗的三方》《灭杀魔首萨尔巴全族》《降伏宝日拉嘎蟒古思》《在魔窟中镇服十八恶魔》《灭杀魔头合特日格师徒》《耄耋夫妇怀胎生子》《降伏残角蟒古思拉哈巴》《降伏耳环蟒古思救助土地山神》《降伏妖袋蟒古思出征北方》《降伏淫棍之首希拉·格奇蟒古思》《降伏萨日塔盖蟒古思扶持虔诚佛徒》《圣主格斯尔可汗调遣将臣巡查不祥的霾雾》《圣主格斯尔亲征查清污霾之源》《圣主格斯尔在亚马图山降伏高哈蟒古思》《圣主格斯尔返回故乡大摆太平

---

① 笔者与纳·宝音贺希格的访谈，2017年10月14日，在内蒙古通辽市科尔沁左翼后旗甘旗卡镇博王酒店。

② 斯钦孟和主编：《格斯尔全书》（卷三），内蒙古人民出版社，2007年，第1页。

宴》《圣主格斯尔留给后代儿孙的嘱托》《十方圣主格斯尔可汗重返天界》；第二编《圣主格斯尔的化身现世人间》由10个诗章组成，分别是《多角蟒古思祸乱西方世界》《圣主格斯尔的俯身宝音图降伏恶魔蟒古思》《圣主格斯尔变作猎人相助宝勒德》《圣主格斯尔相助英雄好汉消灭祸害一方的蟒古思》《格斯尔可汗令遣哈斯巴日降伏萨日巴嘎尔蟒古思》《圣主格斯尔可汗派遣哈斯巴日降伏妖魔岱穗》《格斯尔化作阿拉玛斯降伏二十一颗头颅的郝比基蟒古思》《格斯尔俯身特古斯降伏纳拉哈蟒古思》《格斯尔相助乌宁奇降伏道勒基尔蟒古思》《圣主格斯尔可汗化作英雄巴特尔降伏萨日德格蟒古思》；第三编《圣女阿鲁莫日根的故事》由6个诗章组成，分别是《阿鲁莫日根在阿塔日干山降伏阿冉岱蟒古思》《阿鲁莫日根在西方的巴拉宝地方降伏萨日塔嘎尔蟒古思》《阿鲁莫日根惩治残暴的鄂勒图施行仁政》《阿鲁莫日根降伏乖戾逆反的蟒古思》《阿鲁莫日根在唐古拉地方降伏五个蟒古思》《阿鲁莫日根回顾当年的初遇重回仙境》，对阿鲁莫日根夫人的美貌和才智进行了尽情的演述。

金巴扎木苏演唱的故事有的是从同一个史诗故事唱出的异文，像格斯尔投胎来到世间的故事，他曾唱了5种不同的异文。第三卷的45章中有一部分是金巴扎木苏从他的师傅达瓦敖斯尔、诺彦扎布、宝音毕力格图处学来的，有些章节是一种故事异文的变体，如《满门灭杀祸根罗布萨哈》，其余的基本都是新的诗章。对此金巴扎木苏在访谈中说："我想把我所知道的《格斯尔》史诗全部演唱出来。这卷本是别的史诗里没有的故事。"[①] 他以丰富生动的语言、洋洋洒洒的9万行诗创编的浩繁诗章，是迄今为止歌唱《格斯尔》史诗的最长篇幅，对

① 笔者与金巴扎木苏的访谈，在内蒙古赤峰市巴林右旗他的家中，2017年8月20日。

保护《格斯尔》口头传统具有重要意义，为人类史诗文化遗产宝库留下了最珍贵的财富。

巴林右旗的学者们注重文本的录制和整理，使《格斯尔》史诗研究得到长足的发展。2013年民族出版社出版了《“格斯尔之乡”新格斯尔奇艺人：敖干巴特尔演唱的〈阿齐图·莫日根·格斯尔可汗〉史诗文本及研究》。该著作源于中国社会科学院民族文学研究所乌·纳钦博士的田野调查成果，乌·纳钦录制了史诗歌手敖干巴特尔演唱的7章《阿齐图·莫日根·格斯尔可汗》，在其著作的下编编入这7章史诗文本内容。这7章内容分别是《阿齐图·莫日根·格斯尔可汗降生人间部》《阿齐图·莫日根·格斯尔可汗少年部》《阿齐图·莫日根·格斯尔可汗镇压黑斑虎部》《阿齐图·莫日根·格斯尔可汗镇压嘎拉旦蟒古思部》《阿齐图·莫日根·格斯尔可汗镇压劳布斯嘎蟒古思部》《阿齐图·莫日根·格斯尔可汗地狱救母部》《阿齐图·莫日根·格斯尔可汗镇压红毛疯牛部》[①]。歌手以格斯尔的人物程式特性形容词“阿齐图·莫日根·格斯尔可汗”命名每一个诗章，并在表演中运用了多种程式演述了格斯尔英雄的故事。《阿齐图·莫日根·格斯尔可汗降生人间部》《阿齐图·莫日根·格斯尔可汗少年部》《阿齐图·莫日根·格斯尔可汗镇压黑斑虎部》《阿齐图·莫日根·格斯尔可汗镇压劳布斯嘎蟒古思部》《阿齐图·莫日根·格斯尔可汗地狱救母部》5章来自北京木刻版《格斯尔》；《阿齐图·莫日根·格斯尔可汗镇压嘎拉旦蟒古思部》来自却音霍尔演唱的《格斯尔》文本；《阿齐图·莫日根·格斯尔可汗镇压红毛疯

① 乌·纳钦：《“格斯尔之乡”新格斯尔奇艺人：敖干巴特尔演唱的〈阿齐图·莫日根·格斯尔可汗〉史诗文本及研究》，民族出版社，2014年，第2页。

牛部》来自巴林地区查干沐沦苏木宝哈山传说[①]。敖干巴特尔是巴林地区新传承人的代表，他的演唱来自巴林的文化环境，是活态史诗的又一个经典文本，乌·纳钦博士以其文本为例进行了深入研究，在此不再赘述。

在传承、保护《格斯尔》史诗的过程中，巴林《格斯尔》出现了不同的文本，既有来自传统的，也有当地艺人创编的新型文本。在巴林“格斯尔文化中心”藏有一部书法长卷镌刻本，该文本的作者毕力格图（1980— ）是赤峰市巴林右旗大板一中的青年教师，2011—2013 年，用近 3 年时间书写出长卷书法镌刻本史诗《格斯尔传》。该文本 8 卷 233 页，全长 108 米，每卷长 135 厘米、宽 40 厘米、厚 35 厘米，全文 5 万多字。该文本主要选自索德那木拉布坦的《巴林格斯尔传》中苏鲁丰嘎等艺人演唱的内容，其中第一卷为策仁索德纳木编写的《格斯尔》经文，第二卷为有关《格斯尔》史诗的介绍，第三卷至第八卷是《格斯尔》史诗的内容。该文本的包装箱是在河北用铜熔制成的，在四角上刻有传统文化中的四神兽，即狮子、虎、龙、凤，包藏卷的杭州金色锦缎上绣了 7 种精美的吉祥图纹，箱盖正中位置上用 500 克白银刻成蒙古文的“格斯尔”一词[②]，周围用珍珠、玛瑙、翡翠等珠宝镶嵌点缀，并在包装箱里一并收藏了一枚长 12 厘米、宽 12 厘米、高 25 厘米的祝玺。时至今天，在蒙古族史诗发展史上，这是第一部书法镌刻长卷。其艺术价值和包装精美的工艺等对传承弘扬格斯尔文化、研究蒙古人祭拜格斯尔的文化心理，具有重要的意义。毕力格图编辑的八省区书法家格斯尔题材作品《格斯尔赞书法

---

① 乌·纳钦著:《“格斯尔之乡”新格斯尔奇艺人：敖干巴特尔演唱的〈阿齐图·莫日根·格斯尔可汗〉史诗文本及研究》，民族出版社，2014 年，第 27—45 页。

② 笔者与书法长卷本《格斯尔》的作者毕力格图的访谈。

选萃》[①]于2013年出版。《格斯尔传》有十几种变异本，“蒙古《格斯尔》史诗，在17世纪末以木、竹笔手抄本流传，18世纪有了木刻刊印本，20世纪有了铅字版，而21世纪则以电子版刊印传播。若说300年前只有少数人的木笔或竹笔手抄本，那么今天却涵盖了108位书法家的蒙古、汉、藏三种文字的《格斯尔》史诗，故事及其他相关内容的书法字体精品本的问世对史诗《格斯尔》的搜集、整理、研究、出版工作意义深远”[②]。这些镌刻文本、书法文本，展现出多角度的不同风格，再现了《格斯尔》史诗的艺术魅力和精神风貌，对文本向外传播具有积极意义。

20世纪80年代中期学界开始研究巴林《格斯尔》，起初主要以单篇论文对某一个专题的论述为主。《巴林〈格斯尔〉新论》[③]，是一篇综合性的论述巴林历史文化、巴林《格斯尔》渊源、巴林《格斯尔》学术研究概况及巴林《格斯尔》独特性的力作，提出了著名的“巴林《格斯尔》是巴林文化产物”的学术论断。《有关巴林〈格斯尔〉》[④]主要阐述了《格斯尔》演述的习俗及《格斯尔》的主题思想。《巴林〈格斯尔〉的某些特征》[⑤]、《巴林〈格斯尔〉的三个特征》[⑥]从丰富了格斯尔的情节母题，使人物形象更加威武英勇，以潮

① 毕力格图主编：《格斯尔赞书法选萃》，内蒙古人民出版社，2013年。

② 毕力格图主编：《格斯尔赞书法选萃》，内蒙古人民出版社，2013年，前言。

③ 索德那木拉布坦编纂审订：《巴林格斯尔传·序》，内蒙古科学技术出版社，2000年，第1—49页。

④ 达尔玛僧格：《有关巴林〈格斯尔〉》，《蒙古语言文学》1989年第6期。

⑤ 芒来：《巴林〈格斯尔〉的某些特征》，《内蒙古社会科学》（蒙古文版）1985年第5期。

⑥ 宝音德力格尔：《巴林〈格斯尔〉的三个特征》，《昭乌达蒙专学报》1995年第3期。

尔、四胡伴奏等三个方面来分析，其对《巴林〈格斯尔〉》中“金马驹”母题进行分析，阐述史诗与民间故事最初的互文性。《巴林〈格斯尔〉的独特风格》[①]中对巴林《格斯尔》的人物、语言特色进行分析，并阐述了巴林格斯尔文化的特征。《巴林〈格斯尔〉新论》《巴林格斯尔文化在蒙古格斯尔中的地位》[②]《巴林人“格斯尔”崇拜习俗之由来》[③]《巴林〈格斯尔〉的独特风格》等成果对巴林《格斯尔》史诗的语境、史诗的产生、演唱习俗及地方性特色进行了研究，对系统了解巴林《格斯尔》大有裨益。

史诗是语言艺术。巴林《格斯尔》是以潮尔、四胡伴唱的口传韵体文类，其诗行中蒙古语的丰富词汇、生动形象的叙事也是令人叹为观止的。无论是苏鲁丰嘎、桑布拉诺日布，还是当今的《格斯尔》传承人金巴扎木苏、乌力吉图等艺人的文本都彰显了蒙古语汇独有的音韵与纯美，文本中几乎没有混用其他语言，这与巴林蒙古族文化也有着紧密关系，也正是蒙古语言的独特表达，使巴林《格斯尔》得以传承，形成多个巨型文本，成为格斯尔文化中的瑰宝。

二、巴林《格斯尔》史诗传承、保护与发展的特征

《格斯尔》史诗书面形式的有10余种，但在巴林地区目前尚未发现书面形式的文本和手抄文本，《格斯尔》史诗以口传文本为主。巴林《格斯尔》史诗是蒙古《格斯尔》口传文本的重要类型之一。观察巴林《格斯尔》的传承、保护工作，可

---

① 塔娜：《巴林〈格斯尔〉的独特风格》，《内蒙古社会科学》（蒙古文版）2008年第6期。

② 纳·宝音贺希格：《巴林格斯尔文化在蒙古格斯尔中的地位》，载《2009年全国格萨（斯）尔学术研讨会论文选集》，西藏藏文古籍出版社，2009年，第390—398页。

③ 额尔敦巴干：《巴林人“格斯尔”崇拜习俗之由来》，《内蒙古社会科学》（蒙古文版）2008年第1期。

以将其特征概括为以下几点：

首先，在内容上，巴林《格斯尔》史诗中来自北京木刻版《格斯尔》等传统史诗的内容居多，但也有很多新的故事母题，如上述的“金马驹”母题等。一代代传承人从巴林地区流传的格斯尔传说、训谕诗、祈祷文等多种文类中吸取精华，创编演述了新的文本，使其成为活形态史诗传承的典型。如金巴扎木苏演唱的文本的诸多章是与巴林地区的文化息息相关的新故事，他近些年演唱的《格斯尔》史诗录音多达 130 多个小时，由他演唱的《圣主格斯尔可汗》史诗巨著 2 卷已出版。

其次，传承人队伍实现新的发展。巴林右旗的达瓦敖斯尔、却吉浩日老，国家级格斯尔传承人苏鲁丰嘎、散布拉诺日布、敖干巴雅尔等，这些堪称记忆超人的老一辈艺人对史诗传承做出了杰出的贡献。当前，传承人主要有金巴扎木苏、孟和吉日嘎拉、敖特根花、图门乌力吉、苏利德等，这些老一辈艺人和青年艺人活跃在巴林格斯尔的说唱语境中。其中，当今能说唱最多、最长《格斯尔》史诗的艺人金巴扎木苏，于 2009 年入选赤峰市非物质文化遗产名录巴林《格斯尔》传承人，并于 2018 年入选“第五批国家级非物质文化遗产代表性传承人”。2015 年巴林右旗承办全国《格萨（斯）尔》保护暨非遗工作培训，其间选拔《格斯尔》史诗演述艺人，8 月 22 日全国《格萨（斯）尔》工作领导小组办公室授予敖干巴特尔、尼玛敖斯尔、色拉西、乌兰巴特尔、敖特根花、敖特根巴音、朝鲁蒙 7 人全国第一批“格斯尔奇”称号，其中，巴林右旗的艺人占 4 位。他们分别是：

尼玛敖斯尔，1947 年正月二十六日出生于巴林右旗西拉沐沦苏木胡日哈嘎查，1949 年搬迁到宝日乌苏镇宝日乌苏嘎查，擅长讲述本子故事，师从艺人散布拉诺日布学习说唱蟒古思故事。

敖特根花，女，1963 年 11 月 10 日出生于赤峰市巴林右旗查干诺尔苏木楼子嘎查要他拉村。她酷爱蒙古族的说唱艺术。2014 年负责组建“格斯尔组合”；于 2018 年被评为巴林右旗旗级《格斯尔》史诗传承人；2019 年开始走进校园做“圆梦工程”志愿者，推进民族文化艺术在校园的传播与传承。

乌兰巴特尔，1972 年 4 月 3 日出生于巴林右旗巴彦塔拉苏木巴兰诺尔毛敦阿日独贵龙。2006 年拉着四胡说好来宝、本子故事；2012 年师从传承人金巴扎木苏系统学唱《格斯尔》；以本子故事风格表演了《格斯尔镇压蟒古思的故事》，受到听众的喜爱。他是“格斯尔组合”的成员之一。

敖干巴特尔，1971 年 4 月 13 日出生于巴林右旗查干沐沦苏木毛敦敦达嘎查毛敦敦达独贵龙，从 14 岁开始学拉四胡，18 岁说好来宝，他的说唱文本有《阿齐图 · 莫日根 · 格斯尔可汗》等。他是“格斯尔组合”的成员之一。

巴林右旗政府高度重视《格斯尔》史诗传承人的培育工作，采取了相应的措施，确保史诗传承后继有人。因此，格斯尔文化研究发展中心自 2013 年 3 月 18 日举行首届内蒙古《格斯尔》史诗说唱艺人培训班，至今已培训了 4 期，目前有 20 多位艺人已经能演述《格斯尔》史诗和故事。“格斯尔组合”从最初的敖特根花、图门乌力吉、乌兰巴特尔、哈斯额尔德尼 4 人，到如今已邀请格斯尔奇巴达玛仁钦、敖干巴特尔、乌云格日勒，摄影师那达木德、孟和等加入，从最初的 4 人增至 9 人，该组合几年来在巴林右旗各苏木、嘎查及学校等，进行了多场《格斯尔》说唱文类的表演。2019 年 7 月 15 日，习近平总书记视察内蒙古自治区时，在赤峰市博物馆二楼观看了《格萨（斯）尔》史诗说唱展示，该组合中的敖特根花、图门乌力吉参加。同年 11 月 9 日，该组合中的敖特根花、巴达玛仁钦、乌兰巴特尔、图门乌力吉、敖干巴特尔和葡萄 6 人，在上海第二届中国国际进口博览会“非物质文化遗产暨中华老字号”文化展示项目中，用马头琴、蒙古鼓等传统蒙古族乐器诵唱《格斯尔》，向全世界展示了格斯尔文化的独特魅力。

在巴林大地上，这些艺人使古老的《格斯尔》史诗传唱至今，绵延不绝。

最后，《格斯尔》史诗文本的数字化发展。从演唱形式上来说，巴林《格斯尔》史诗是韵体史诗，民间艺人用潮尔、四胡等乐器来伴奏，运用大量的程式化叙事演唱《格斯尔》，延续其活态的传承，形成了具有巴林土语丰富语汇特点且曲调优美、地方色彩浓郁的史诗说唱文本。在21世纪，这些口传史诗文本的搜集、整理、出版工作得到较好的发展，同时，巴林《格斯尔》从传统的录音文本、书面文本开始向视频、光盘等数字文本形式转化。在线可以查阅有关视频数字文献，如艺人乌力吉图演唱的史诗。这类文本为整理保存《格斯尔》史诗、建设“格斯尔”文化数据库、开展在“表演中的创作”“回到声音”[①]的口头诗学探索研究等诸多方面，提供了广阔的空间。

第二节　巴林格斯尔传说的传承、发展

格斯尔传说在蒙古地区的流传有着悠久的历史。格斯尔传说在内蒙古自治区的赤峰巴林地区、阿鲁科尔沁旗、通辽地区、乌兰察布，以及辽宁、青海、新疆尼勒克等地区广为流传，这与蒙古族的生活习俗、文化息息相关。据巴林的文化人朝洛蒙说，他从七八岁时开始经常听到他奶奶讲述格斯尔传说，格斯尔在世间生活了168年，娶了16位夫人。他讲道：“大约在40多年前，我的家乡巴林的沙布日台一带，每个村里都有老人以优美生动的语言讲述格斯尔的传说。老人们讲

① 朝戈金：《史诗学论集》，社会科学文献出版社，2016年，第174页。

述格斯尔镇服蟒古思的故事，崇拜英雄主义精神，弘扬济贫精神，并以此激励孩子们，每当遇到自然灾害，或畜群遇到狼的攻击时，老人们就会讲述格斯尔的故事。”[①]足见在巴林地区，巴林格斯尔的传说家喻户晓。随着《格斯尔》史诗的流传，格斯尔英雄的故事与巴林民间人物传说故事、地方山水风物传说故事交融发展，形成独具特色的巴林格斯尔传说故事。

一、巴林格斯尔传说的整理、出版研究

巴林格斯尔传说故事主要包括在巴林地区流传的有关格斯尔的故事和有关山水的格斯尔风物传说。“巴林部从西拉木伦迁到查干沐沦流域，自然对他们来说是新家园、新地域、新山水。最初他们针对这一新地方山水、新奇的自然风物创编了很多有关格斯尔的神话，这些神话在民间流传并发展成了格斯尔的故事。”[②]这些神话故事、风物传说促进了《格斯尔》史诗的形成发展。巴林格斯尔传说故事大多讲述的是格斯尔以普通牧人的身份在广阔的草原上放牧，骑着马巡视草原，还有下棋等日常生活情节，当蟒古思恶魔作乱时，尽显英雄本色，消除祸害，保护家园。“在巴林右旗和左旗大约有 30 篇篇幅短、情节互相有连续性的故事，一般从一个点开始，随着故事的发展，线性展开。”[③]

（一）整理出版的格斯尔传说、故事文本

目前发现的巴林格斯尔传说、故事的文本，最初来自 1985 年内蒙古自治区《格斯尔》工作办公室搜集、整理、编

---

① 朝洛蒙（1963— ），蒙古族作家，文化工作者。见笔者与他的电话访谈，2017 年 11 月 19 日。

② 索德那木拉布坦编纂审订:《巴林格斯尔传》，内蒙古科学技术出版社，2000 年，第 43 页。

③ 龙梅：《流传在巴林右旗的蒙古“格斯尔”》，《实践（思想理论版）》2010 年第 10 期。

印的内部资料丛书，分别是由道荣尕、呼日勒巴图、布和朝鲁整理，宝音敖其尔汉译的蒙古文、汉文对照的《巴林格斯尔传（一）》；宝音德力格尔等搜集、整理的《巴林格斯尔传说（二）》16 个传说故事；1986 年布和巴雅尔翻译的巴林《格斯尔》及《巴林右旗志》[①] 中的《图拉嘎山和哈拉金山》《阿斯干山和吉日朗图哈达》等。《巴林格斯尔传》[②] 第七部收录了乌·新巴雅尔搜集、整理的格斯尔风物传说 29 个。2007 年出版的《格斯尔全书》（第三卷）的第四编《格斯尔与风物传说》收录传说故事 53 个。2010 年纳·宝音贺希格所著的《巴林格斯尔文化》[③]，从《巴林格斯尔传》中收录了乌·新巴雅尔搜集的 30 个传说，其中 29 个故事是《巴林格斯尔传》中已有的，剩下的最后一则是《阿珠莫日根夫人》的故事。在《格斯尔文化之乡》[④] 中记录了《哈日巴因召》《查巴湖》等 66 个风物传说，其中《山水传说故事》[⑤] 收录了《阿斯罕山豁口》《锅子撑山传说》《吉布图》等几个故事。

其中，《巴林格斯尔传（一）》包括 26 个故事，分别是《阿斯罕山的豁口》、《豪赉呼特勒》（干枯的山坡）、《塔本花》（五座土丘）、《诺干淖尔》（绿色的湖泊）、《吉日嘎朗图哈达》（幸福之石）（一、二）、《伊玛吐山岩洞》（伊玛：野羊、青羊）、《吉布吐山》（吉布吐：红铁锈）、《呼特勒达坝的传说》、《格斯尔可汗的期盘桌》、《赛拉哈吐山

① 巴林右旗志编撰委员会：《巴林右旗志》，内蒙古人民出版社，1990 年，第 593—594 页。

② 索德那木拉布坦编纂审订：《巴林格斯尔传》，内蒙古科学技术出版社，2000 年，第 723—743 页。

③ 纳·宝音贺希格编：《巴林格斯尔文化》，内蒙古文化出版社，2010 年。

④ 贺·孟和吉日嘎拉编著：《格斯尔文化之乡》，内蒙古文化出版社，2010 年。

⑤ 却日勒扎布汇编：《山水传说故事》，内蒙古人民出版社，1992 年。

坡》（刮风坡）、《乌力吉图山》（吉祥山）、《嘎西鲧诺尔》（苦水湖）、《查干淖尔》（白水湖）、《格斯尔可汗的马桩》、《格斯尔可汗的图拉嘎－图拉嘎山的传说》（图拉嘎：锅撑子）、《钱达木尼石的来历》（吉祥的意石）（一、二、三）、《格特奇和强那奇》（格特奇：千里眼，强那奇：顺风耳）、《德勒呼尔哈山的传说》（德勒呼尔哈山：马鬃山）等，其中《钱达木尼石的来历》（吉祥的意石）（一、二、三）是有关巴林左旗盖力布尔召格斯尔镇服作乱的金蟾、长角黑蟒古思的故事的异文。该文本是蒙汉合璧的文本。

《巴林格斯尔传说（二）》，包括在巴林右旗流传的16个传说故事、在阿鲁科尔沁旗和翁牛特旗流传的6个故事。这一文本第16个故事是渤·仁钦的《一日奇观》（巴林格斯尔故事），其中包括5个小故事《嘎日迪山的传奇》《阿斯罕山豁口》《吉日嘎朗图哈达》《巴汗宝力高》《格斯尔庙》等，这几个故事在巴林右旗盛传至今，成为巴林格斯尔风物传说较早的记载。

《巴林格斯尔传》（一、二）文本叙事故事精短，体现了民间艺人的口头传承的艺术，如有关诺干淖尔的描述为“长角黑蟒古思吸进肚子里的水迸出来，变成了诺干淖尔”。这不仅是民间讲述者极俭省的表达，更需要听众具备听故事所需的知识储备。

随着格斯尔文化的深入推进，陆续整理、出版的有《巴林民间故事》[①]中记录的17则故事；《格斯尔全书》（第三卷）[②]中的第四编《格斯尔与风物传说》，包括53则故事，艺人以韵体史诗的形式说唱了格斯尔在巴林地区流传的故事，分

① 纳·宝音贺希格：《巴林民间故事》，内蒙古教育出版社，2007年。

② 斯钦孟和主编：《格斯尔全书》（第三卷），内蒙古人民出版社，2007年。

别是《十方圣主格斯尔降伏的金蟾》（891 诗行）、《格斯尔命名的胡日哈山与马鬃山》（130 诗行）、《马鬃山与胡日哈山》（131 诗行）、《格斯尔的方儿和孟根敖包、杜希敖包》（131 诗行）、《圣主格斯尔的棋盘》（128 诗行）、《圣主格斯尔的棋桌》（128 诗行）、《哈拉金山和图拉嘎山》（514 诗行）、《火撑子和锅》（656 诗行）、《格斯尔的火撑子》（262 诗行）、《三眼井和印章沙漠》（127 诗行）、《格斯尔庙的遗址》（131 诗行）、《巴林的格斯尔庙》（391 诗行）、《圣主格斯尔射箭的宝尔汗图梁》（132 诗行）、《豁口山梁》（131 诗行）、《戈尔蒂山的狩猎》（264 诗行）、《阿斯罕山的乌尼》（132 诗行）、《阿斯罕山的霍口与吉日嘎冷图岩石的传说（变体）》（129 诗行）、《阿斯罕山豁口的系列传说》（388 诗行）、《吉日嘎冷图岩石》（515 诗行）、《吉日嘎冷图岩石的传说》（131 诗行）、《巴林儿童记忆中的传说》（265 诗行）、《阿拉岱沙漠与格斯尔湖（阿鲁科尔沁）》（123 诗行）、《阿木尔树与洞古尔沙漠》（134 诗行）、《格斯尔的夏营地与摩力图》（134 诗行）、《圣主格斯尔和阿珠莫日根夫人相约的敖包》（266 诗行）、《格斯尔梁、杜松梁》（524 诗行）、《格斯尔的黄城（巴林左旗）》（358 诗行）、《色基古尔泉水与马日拉图荒原（巴林左旗）》（543 诗行）、《环儿岩的传说（巴林左旗）》（529 诗行）、《阿贵图岩的传说（巴林左旗）》（264 诗行）、《绿湖与亚马图山洞》（132 诗行）、《铁锈山顶的传说》（132 诗行）、《圣主格斯尔的马蹄印》（132 诗行）、《格斯尔的拴马桩》（132 诗行）、《乌力吉图山、萨里黑棋沙梁和嘎顺诺尔》（260 诗行）、《嘎顺诺尔》（252 诗行）、《应验灵石如意岩（一）》（122 诗行）、《钦达莫尼岩石的来历（二）》（133 诗行）、《钦达莫尼岩石的来历（三）》（131 诗行）、《石如灵岩与银蛇石崖》（255 诗行）、《千里眼、顺风耳》（132 诗行）、《格斯尔漫话》（130 诗行）、《巴林格斯尔传说》（131 诗行）、《遍布巴林的格斯尔传》（570 诗行）、《高尼尔岩石的传说》（262 诗行）、《刻画岩石的传说》（651 诗行）、《马蹄泉的传说》（647 诗行）、《吊膘桩的传说》（261 诗行）、《鹞鹭岩石的传说》（262 诗行）、《马日拉图山的传说》（393 诗行）、《宝哈山的传说》（2207 诗行）、《鄂尔多斯众多丘陵的传说》（2194 诗行）、《塔本·陶里盖蘑菇岩的传说》（1435 诗行）等。

金巴扎木苏演唱的格斯尔风物传说有以下特征：第一，内容丰富，独具特色。在内蒙古赤峰市巴林右旗、巴林左旗、阿鲁科尔沁旗及鄂尔多斯地区流传的格斯尔风物传说，由歌手演唱的 53 个故事中，流传于巴林左旗的风物传说有 5 个诗章，流传于阿鲁科尔沁旗的有 1 个诗章，在鄂尔多斯流传的有 1 个诗章，这是金巴扎木苏从小听到的多种格斯尔故事的汇集。《马日拉图山的传说》《高尼尔岩石的传说》《刻画岩石的传说》等，在迄今搜集的巴林风物传说中是崭新的故事文本。第二，他在演述中，用异文来表演同一个风物故事，增加了故事性、系统性。如《格斯尔庙的遗址》《巴林的格斯尔庙》是关于巴林格斯尔庙的两次表演，《格斯尔庙的遗址》有 131 诗行，《巴林的格斯尔庙》有 391 诗行，在不同演述文本中，金巴扎木苏用大量的词语形容格斯尔庙坐落的位置、周围环境、布局格调、格斯尔铜像、绍米尔和南冲两个英雄等，对全国唯一一座格斯尔庙进行尽情的描述。又如《阿斯罕山的乌尼》《阿斯罕山的霍口与吉日嘎冷图岩石的传说（变体）》《阿斯罕山豁口的系列传说》等，是有关阿斯罕山的豁口传说的一种系列化的艺术表述，《吉日嘎冷图岩石》《吉日嘎冷图岩石的传说》及《乌力吉图山、萨里黑棋沙梁和嘎顺诺尔》《嘎顺诺尔》《钦达莫尼岩石的来历》等，是对巴林格斯尔风物传说的诗性叙述文本。第三，蒙古传统文化的影响。这部格斯尔风物传说采用了韵体史诗的形式，是蒙古族史诗对其他民间不同文类的一种创新。在故事情节中，有关英雄格斯尔的程式不胜枚举，如“十方圣主”，格斯尔的“三十名勇士”“三个神姊妹”，格斯尔的马匹“神骥”赤兔马、武器“神威乌雕弓”和“三十支白翎箭”等；降伏恶魔蟒古思的战斗场景、返回家园的宴饮场景等，比比皆是。从内容上也能见到晚近史诗的影子，如在《巴林儿童记忆中的传说》和《铁锈山顶的传说》中出现的驴和驴耳朵恶魔的叙事，是晚近史诗的影子。“在晚近史诗中蟒古思都有自己的坐骑，驴或是骡子。按照佛教文化，驴是鬼或者鬼的坐骑。骡子也是审丑对象。”[①]歌手对巴林地区孩童听到的故事进行创编，体现出对丑恶的蟒古思恶魔的心灵记忆。第四，艺人对格斯尔文类此消彼长的自我解读。以《石如灵岩与银蛇石崖》故事结尾的30诗行表述了演唱格斯尔的习俗：旧社会不能随便演述格斯尔，而是在发生瘟疫、牲畜遭灾后才能说唱《格斯尔》，以期消除灾害。因此巴林地区很多格斯尔的神话逐渐消失，民间的故事得以盛传。这一结尾不仅能表明巴林地区格斯尔文类随着时间的推移发生了很大变化，又体现了《格斯尔》演述的民间习俗。《遍布巴林的格斯尔传》主要讲述了格斯尔下凡出生的故事，以及金巴扎木苏小的时候听巴勒吉尔老人说，《格斯尔传》的演述不能在冬季以外的3个季节进行的原因和演唱《格斯尔》时要点着香等史诗演唱习俗。

2017年10月出版的金巴扎木苏口述、钱德海编的《圣主格斯尔故事》[②]是讲述格斯尔故事的一部力作，为蒙汉文合璧，包括了格斯尔传承人金巴扎木苏讲述的11个故事和《格

① 金海：《蒙古族变异史诗思想内容论析》，《内蒙古大学学报（社会科学版）》1998年第4期。

② 金巴扎木苏口述，钱德海编：《圣主格斯尔故事》，内蒙古文化出版社，2017年。

斯尔传说中的巴林山水》中的28个风物传说和《宝音图宝格达格斯尔桑》中的1个故事。这些故事以韵体诗的形式讲述了圣主格斯尔降伏蟒古思的英雄传奇，包括《格斯尔可汗的诞生》《格斯尔可汗降伏买吉嘎麻日拉恶魔》《格斯尔追杀恶毒的蟒古思》《格斯尔大战白帐黄帐黑帐三魔头》《格斯尔智伏双角魔》《格斯尔赶杀男女双魔》《格斯尔斩除北方虎魔》《格斯尔智除三个魔头》《格斯尔劝解契丹国王》及《格斯尔庙》《吉布图》《拴马墩》等与格斯尔有关的风物传说。该文本概括起来有几个特点：

一是第一部是格斯尔故事的史诗化表达，内容有的来自北京木刻版《格斯尔传》等，其中蒙古文部分有的诗章没有翻译，汉文部分的故事在蒙古文部分里也没有对应的文字。如《格斯尔大战白帐黄帐黑帐三魔头》是著名的锡莱河（有的版本叫霍尔）三可汗的故事，但蒙古文部分里没有，即蒙汉文本的故事是由编者和译者对部分内容进行了选取、加工后编撰的新文本。关于蒙汉文诗章及故事未对照翻译的情况，编者谈道："最后一个蒙古文诗章《格斯尔宝格达返回天界》，由于对格斯尔的敬仰等文化心理，我们没有这样结束故事，却留下了无穷无尽的传说伏笔。"[①] 二是汉译中有明显的胡仁乌力格尔说唱的艺术特色。如《格斯尔可汗降伏买吉嘎麻日拉恶魔》的开头："有一天格斯尔可汗坐在金銮殿 / 文武大臣都来拜朝 / 老臣扎存西和尔特来禀报……" 这是皇帝上朝情形的缩影。又如，在《格斯尔赶杀男女双魔》中关于出征前的描述："把神圣不可战胜的苏鲁丁[②]/ 立在那高高的山顶上 / 让三十名勇士全部披甲执锐 / 站在苏鲁丁的旁边 / 又让一百个武士手持鼓槌 / 擂鼓三三九声 / 然后自己站在苏鲁丁前 / 大声传天庭的

① 笔者与该书的编者钱德海的电话访谈，2017年11月24日。

② 苏鲁丁：蒙古语，也叫苏鲁德，意为战旗。

命令。”由此可以看到巴林《格斯尔》故事与其他蒙古族民间文类有着互文性。三是汉文译介内容精练，是带有节译和改编性质的创造性翻译，是以意译为主的汉译，不是诗行的对译，译者或编者对原文的某些行为动作、情节故事进行描述性改编、翻译，形成了新文本，并确保了故事内容的完整性。如蒙古文《格斯尔追杀恶毒的蟒古思》有512诗行，汉译却有400诗行，诗行非对译，如蒙古文开头是：

alus hola balbu tib tü
architu neretei nigen agula baiju gene

汉译的开头是：

古代在遥远的边疆
有一个巴拉布的地方
巴拉布有一座美丽的大山
人们叫它阿日其图峰

又如第二部分中《格斯尔庙》的蒙古文部分是：

arban jüg un bogda geser un
arigun tahilgatu orui in
asi gol doni süme biriju
aguu geser i soguju bütügen
arban jüg un mürgülchin nu
arigun süsüg i hüliyedeg
deged ü orui doni tahiga in süme
dergete ni egüden süme
ündür dehi gool süme dü

ürgü lji in sitügen bairilaju
ülemji olan mürgülchin no
ünide sitühü dü beledgejü
ejen bagda geser i ban
erdeni huyag dugulaga tai
eteged un darulga jida tai ni
erdeni hülüg toni murdagulju
naen süme gi bütügegsen eche
eguride sang salaga tai
erdemten lama in egeijitei
egel jilentahiju sitüdeg

汉译是：

格斯尔庙坐落在草原深处
庙顶上总有祥云飞舞
格斯尔的神像傲然威武
虔诚的香火四季不误
格斯尔庙屹立在人民的心目
五月十三必会有润雨和甘霖
因为战马嘶鸣来找圣主
也托来黄金世界永远的祝福

当然，有些蒙古语的汉译是音译的，如“益拉”指苍蝇，“阿拉达”指抻开两手后的距离，“买吉嘎”指身体扭斜，“麻日拉”指懒惰的驴等，不仅增强了故事的趣味性，也增强了语言的生动性和多样化，体现了不同语言叙事的民族文化心理。从这些特点来看，该文本翻译极具艺术性，具有了较高的蒙古文、汉文学跨语言、跨民族、跨文化比较研究的学术价值。金巴扎木苏在他有关生活道路、学艺过程的手写稿中写道："力争把自己所知道的格斯尔故事、传说、史诗留给子孙后代，特别是巴林右旗为格斯尔文化之乡，也鼓励了我倾注毕生精力去为之努力。"①

此外，近年来整理出版的还有《传说、抑或真实的巴林格斯尔》和《镜头下的巴林格斯尔文史精萃》②两本画册，分别以图文形式记录了有关格斯尔的 47 则传说。两部文本借助现代影像技术图文并茂地展现了巴林人民赋予山水的丰富多彩的传说故事。上述这些文本中的故事内容简短，情节简单直白，是口头讲述的散体叙事。

关于巴林《格斯尔》风物传说的研究成果有《有关巴林格斯尔传说、寺庙、祭祀》③、《巴林〈格斯尔〉传说研究》④，它们将巴林格斯尔的母题分为山石的母题、弓箭宝剑的母题、关联生活的母题等，进而分析巴林《格斯尔》传说所蕴含的信仰，阐明了传说对巴林《格斯尔》史诗、格斯尔庙以及习俗、民族传统文化意识的功能意义和对巴林格斯尔文化发展的意义。

近年来系统研究格斯尔传说、故事与文化关系的《格斯尔传说故事与蒙古族的传统信仰崇拜》⑤，从文化学的视角分析格斯尔传说故事中的山石崇拜、箭弩崇拜、泉水崇拜信仰，分析英雄情结时结合巴林《格斯尔》传说故事进行了阐释，是一项深入细化的研究。

---

① 金巴扎木苏的手写稿，是笔者 2014 年田野调查采集的资料。

② 钱德海的这两部画册中的后者除了格斯尔风物传说47则外，也包括了巴林婚礼相关习俗。钱德海：《镜头下的巴林格斯尔文史精萃》，内蒙古文化出版社，2015 年。

③ 纳·宝音贺希格：《有关巴林格斯尔传说、寺庙、祭祀》，《蒙古语言文学》1993 年第 6 期。

④ 乌日嘎：《巴林〈格斯尔〉传说研究》，内蒙古大学硕士学位论文，2011 年。

⑤ 魏银荣：《格斯尔传说故事与蒙古族的传统信仰崇拜》，内蒙古大学硕士学位论文，2010 年。

（二）巴林《格斯尔》传说传承、发展的特色

其一，文本的多样化特征。巴林格斯尔故事的主要内容可以概括为铲除邪恶、弘扬正气的故事[①]，且故事变异文本多，分为散体和韵体形式，以口头和书面文本传承。其中，诸多文本是在巴林地区代代相传，在口耳相传中不断丰富的，初期整理的口头讲述的文本大多极为精短，而近年同一个故事的演述文本却达几百行。同时，单一的文字文本向蒙汉文合璧与风物遗址图片相得益彰的新技术文本转变。随着新的影音技术的快速发展，以新媒体技术录制的传说故事，不仅使艺人的声像、音色、表演场景可感可视，而且对文本的保护、语料库建设、口头文学数据库建设都有重要的意义和价值。史诗艺人用马头琴、四胡等伴奏边拉边唱，他们基本功扎实，弹奏技能娴熟，他们信仰、崇拜格斯尔英雄，注入深厚的情感来叙述，并体现了史诗歌手的技艺才华，用形象生动的语言和优美的曲调增强史诗的艺术感染力，曲调使史诗文字表现具有了特殊的艺术效应，表演中的即兴创作成为史诗艺人的试金石，需要研究史诗表演的创作方法。对史诗艺人表演的全景式的录制，开展艺人与文本的多学科交叉研究，需要用现代技术声像文本（DVD）来传承和保存。这种文本也是数字化语境下的产物，也是格斯尔文化对外宣传推介的有效方式。中共巴林右旗委员会、巴林右旗人民政府、赤峰广播电视台联合录制的巴达玛仁钦艺人的100小时的百集电视说唱艺术片《格斯尔故事》[②]（说唱版）珍藏DVD于2009年出版。百集电视说唱艺术片《格斯尔故事》首发式在北京民族文化宫举行，蒙古格斯尔以电视艺术片光盘版的形式出版发行还属首次。关于《格斯尔下凡平伏人

---

① 达日玛僧格：《论巴林〈格斯尔〉》，《蒙古语言文学》1989年第6期。

② 巴达玛仁钦说唱：《格斯尔故事》，内蒙古文化音像出版社，2009年。

间》[1]等，“巴达玛仁钦说其故事内容来自巴林山水格斯尔风物传说，每天演唱2个多小时，大约演唱了40天”[2]。艺人演唱现场的全景式视频，对格斯尔传说的创编、现场表演和受众在场与否对口头创作的影响等多项研究有着重要学术价值。

其二，传承、发展队伍专业化特征。巴林格斯尔传说、故事由一代代民间艺人口耳相传，在巴林草原传承发展，再加上蒙古族学者文人的田野工作和搜集、整理、出版，使其得以保存流传。那些名不见经传的无数个民间传承者和学者文人是传承、保护格斯尔文化的主力军。巴林《格斯尔》传说、故事文本的搜集和出版与道荣尕、其木德道尔吉、斯钦孟和、纳·宝音贺希格、布和朝鲁、乌·新巴雅尔、贺·孟和吉日嘎拉（也写孟和吉日嘎拉）等文人学者的努力分不开。近年来，民间艺人与文人学者共同进行风物传说的田野调查，这一传统的延续，是民间口传文学得以传承、保护与发展的内动力。如著名格斯尔奇金巴扎木苏与钱德海、朝洛蒙一同于2017年秋天驱车前往内蒙古通辽市扎鲁特旗格日朝鲁苏木、阿日昆都楞，开鲁县，锡林郭勒盟西乌珠穆沁等地航拍多日格斯尔风物传说的山山水水，用镜头记录、搜集格斯尔风物传说。年近九旬的国家级非物质文化遗产《格斯尔》的传承人金巴扎木苏，与年过半百的两位文人学者实地调查，新发现了10余处格斯尔风物传说遗址，这种田野作业采集了可观可感的原始资料，丰富了巴林格斯尔文化。

其三，学术研究的系统化。格斯尔传说、故事在巴林广为流传，与巴林是蒙古族宗教和文化的中心有内在关联。格斯尔的传说、故事是在蒙古族聚居的广阔境域流传中不断被创编的

---

① 贺·孟和吉日嘎拉编著：《格斯尔文化之乡》，内蒙古文化出版社，2010年，第183—195页。

② 朝格吐、额尔很白乙拉编著：《蒙古族说书艺人口述史》，内蒙古人民出版社，2012年，第450—451页。

活态故事。蒙古族人民世居的山川河流，特别是那些奇山异石与格斯尔的风物传说紧紧相连。据资料记载，内蒙古自治区赤峰市巴林地区有39则，赤峰市阿鲁科尔沁有15则，通辽市扎鲁特有6则，青海蒙古族人中有26则。在蒙古历史文化中，通辽市蒙古族英雄史诗中唯有《格斯尔传》的主人公“格斯尔”进入山水风物传说之中并得以永恒①，进而形成了巴林格斯尔信仰文化。巴林格斯尔传说、故事是蒙古族民间文学的重要组成部分，也是具有鲜明特色的格斯尔故事的民间叙事。对其类型、情节、母题、共享程式的分析，通过对格斯尔史诗的母题进行研究后，它的传统内部的发展路径是“史诗—传说—祭祀—史诗，巴林史诗与传说产生深度的互文交织”②，对蒙古语族《格斯尔》史诗传统文本进行地方化改造，是继承和发展的产物，这些为蒙古族民间文学本体研究、文本的互文性特征、跨文类研究提供了范式。

第三节　巴林格斯尔文化传承、保护与发展的学理启示

史诗《格斯尔》在巴林草原广为流传，崇拜格斯尔英雄的巴林人民建立寺庙、塑金身，顶礼膜拜，出现了巴林《格斯尔》史诗、传说故事、祭词、格斯尔庙、格斯尔祭祀、巴林格斯尔风物传说遗址，形成了独具特色的多元化的巴林格斯尔文化。

① 宝音德力格尔：《蒙古族传说研究》，内蒙古科学技术出版社，1999年。

② 乌·纳钦：《传说情节反哺史诗母题——以巴林〈格斯尔〉文本为例》，《第八届〈格斯（萨）尔〉国际学术研讨会暨纪念北京木刻版〈格斯尔传〉刊行300周年学术研讨会论文集》，2016年8月。

除巴林《格斯尔》史诗和格斯尔风物传说之外，“在巴林独有的蒙古《格斯尔桑》有6篇。两部蒙古文手抄经文、4部木刻版藏文，其中两部已经被译成蒙古文。这4部经文分别是《成为高和的大汗格斯尔宝格达金酹招徕全部所望祈祷文》《快成兴教灭敌著名的格斯尔汗祭祀祈祷文》《格斯尔宝格达祭祀祝文》《格斯尔宝格达祭祀祈祷文》”[①]。同时，还有《格斯尔桑》[②]、《格斯尔训谕诗》[③]以及与格斯尔禁忌礼俗相关的《格斯尔禁忌》[④]等。民间艺人们用优美的旋律创造了格斯尔的歌，使巴林地区流传着有关格斯尔的歌曲。迄今为止发现的《格斯尔宫殿》是唯一完整传唱的一首歌，是从祭祀格斯尔的歌逐渐变成了民歌，这也体现了格斯尔文化的广度[⑤]。近年来金巴扎木苏演唱的3首关于格斯尔的歌，即《十方圣主格斯尔——恶魔蟒古思的镇压者》《恩德的格斯尔——百姓心中的神》《力大无比的格斯尔》[⑥]及新创编的歌曲《圣主格斯尔歌》[⑦]充分体现着巴林格斯尔文类的多样性，多样化的民间文类在巴林格斯尔口头传统中得以传承。“巴林右旗积极开展传承保护工作，先后共搜集口传《格斯尔》1300多个小

---

① 龙梅:《流传在巴林右旗的蒙古“格斯尔”》,《实践(思想理论版)》2008年10期。

② 贺·孟和吉日嘎拉编著:《格斯尔文化之乡》，内蒙古文化出版社，2010年，第196—198页。

③ 贺·孟和吉日嘎拉编著:《格斯尔文化之乡》，内蒙古文化出版社，2010年，第199—203页。国家级格斯尔传承人散布拉诺日布说唱，格日勒图录音整理的《格斯尔训谕诗》（1万字）最具代表性。

④ 贺·孟和吉日嘎拉编著:《格斯尔文化之乡》，内蒙古文化出版社，2010年，第204—209页。

⑤ 塔娜:《〈巴林格斯尔传〉的独特性》，载《史诗〈格萨（斯）尔〉千年纪念大会论文集》，2002年。

⑥ 贺·孟和吉日嘎拉编著:《格斯尔文化之乡》，内蒙古文化出版社，2010年，第210—211页。

⑦ 乌·纳钦作词、斯琴朝克图作曲:《圣主格斯尔歌》，《格斯尔文化》2017年第1期。

时的资料，出版格斯尔文化资料 200 多部，格斯尔传说、祭文 55 种，另有 10 余部研究著作问世，已培育了格斯尔民间说唱艺人 27 名，出版格斯尔中小学学生读本，正在筹建投资 1149 万，占地 3000 平米的格斯尔传习所建设项目。”[①] 巴林格斯尔文化在新的历史时期取得了显著的成绩，连续获得国家和内蒙古自治区多项殊荣。2008 年文化部将巴林右旗命名为“中国格斯尔文化之乡”；同年 11 月，内蒙古自治区文化厅被命名为“第四批全区民间文化艺术之乡——格斯尔文化之乡”；2011 年，巴林右旗被内蒙古自治区命名为“格斯尔文化生态保护区”；2012 年，全国《格萨（斯）尔》工作领导小组、内蒙古自治区民族事务委员会在巴林右旗联合成立中国格斯尔文化抢救与保护研究基地；2014 年巴林《格斯尔》项目被列为“第四批国家级非物质文化遗产代表性项目名录扩展项目名录”。巴林格斯尔文化保护、传承与发展对活态文化的传承，对如何保护传统文化有着重要的现实指导意义和学理启示。

一、巴林格斯尔文化发挥着巨大的社会功能

一个民族文化语境的要素融进该民族日常生活现实、社会组织及地域环境中。蒙古族格斯尔文化与蒙古族的习俗信仰、社会生活、山水风物息息相关，不仅体现了蒙古族人民对英雄格斯尔的热爱，也体现了英雄故事的世代流传。巴林《格斯尔》史诗、格斯尔风物传说和习俗信仰便是蒙古格斯尔中非常重要的一种表达。格斯尔英雄的传奇故事在年深日久的流传中与地方文化相融合，形成了形态各异、内涵丰富的格斯尔文化体系。口传文学与民族信仰习俗相互渗透，在民间百姓生活中有着不可替代的重要功能，这些信仰习俗历久弥

① 浩毕斯嘎拉图:《巴林右旗倾情培育格斯尔文化名片让草原文化“活”起来》，《格斯尔文化》2017 年第 1 期。

新，不断丰富和推动格斯尔文化的发展。巴林地区的格斯尔习俗信仰随着格斯尔口传文学传承至今并不断发展，成为活态格斯尔的标志性文化。格斯尔在民间流传过程中，主人公从史诗传说中的英雄形象进入民间生活，具有神化的文化功能。这些信仰习俗在史诗演唱、史诗内容和现实生活中都得以体现。

格斯尔信仰是蒙古族民俗文化的一个重要组成部分。"蒙古人对格斯尔英雄的信仰崇拜，集中体现在风物传说、寺庙、敖包、祭祀、那达慕、家教等诸方面。这些崇拜既熔铸了蒙古人的审美情趣，又蕴藏着蒙古人极为丰富的文化内涵。"[①]在巴林地区形成了格斯尔宝格达（也作宝格德、博格达，不同文本的汉译有所不同）的祭祀信仰。在蒙古地区，人们称格斯尔为"宝格达格斯尔"或"格斯尔宝格达""圣主格斯尔"，意为"圣帝"。格斯尔是无所不能的斩除恶魔的战神；在草原，蒙古族人又奉其为保护神，认为格斯尔能消除各种灾害，使人畜两旺。朗读《格斯尔》史诗时需"漱口净身、点香膜拜并以洪亮的声音朗读《格斯尔》史诗，老人听众有的紧闭双眼祈祷，有的听众听到茹格慕高娃可怜的故事时落下泪"[②]，体现了格斯尔的演述是神圣的，不能随意演唱，其仪式有浓厚的神秘色彩。有时春天遭到瘟疫就请艺人来演唱。由于是说唱神的故事，因此开场前先打扫干净房屋，并烧香、点佛灯。《土族格赛尔》中记载土族也有同样的习俗。在内蒙古东部地区家里供奉格斯尔博格达[③]，巴林地区至今也保留着这一信仰习

① 巴·苏和：《蒙古人的格斯尔崇拜》，《黑龙江民族丛刊》2006年第5期。

② 达日玛僧格：《论巴林〈格斯尔〉》，《蒙古语言文学》1989年第6期。

③ 满都呼：《论〈格斯尔〉的神话色彩》，《内蒙古民族师院学报》1997年第4期。

俗。“直到本世纪（20世纪）三四十年代，在中国东部某些蒙古族居住的村屯，如突发较重的瘟疫或灾害时，常常要请胡尔沁（民间艺人）焚上香，说唱《镇服蟒古思的故事》，以辟邪禳灾。无疑，他们仍把说唱史诗看作是一种宗教活动。”[①]可见，蒙古族人如遇家人生病或者牲畜感染瘟疫，就祭祀格斯尔，或请格斯尔奇说唱《格斯尔传》或格斯尔的故事。概括起来，巴林《格斯尔》史诗有传统的演唱习俗。“在巴林，说唱史诗有一定的禁忌，平时不能说唱史诗，通常在发生疫病、军事灾乱、水火灾害、久旱、发生瘟疫时才请格斯尔奇演唱史诗，向佛焚香点灯，在香火里敬献炒米油等才能听。”[②]如春天牲畜遭灾遭瘟疫，为驱邪避灾可说唱《格斯尔》史诗，但不能随意说唱，且说唱时焚香点灯等仪式极为严格。巴林人民尊奉格斯尔为“宝格达”（圣主）而祭祀格斯尔，因此说唱《格斯尔》史诗是神圣的，以往在巴林有人家在佛龛里供奉着《格斯尔》史诗文本。巴林地区有老人给小孩讲述格斯尔传说的习俗，也叫“说《格斯尔》”，即给孩子们读史诗。“在巴林，格斯尔就是一位巡视草原、随时降临危险之地，及时除魔驱邪的地方保护神。较之在蒙古语族宏大时空中的神职范围，格斯尔在巴林的神职范围不再是漫无边际，而是变得相对集中，有了个性化构造，有了即时的灵验性和现实的针对性。这也构成了格斯尔多层次神职体系中的一个具体层面，由‘天神之子’‘民族战神’‘部落首领’转变为巴林的保护神。”[③]

格斯尔庙的祭祀。随着格斯尔故事在蒙古地区的传播，格

① 王迅：《中国东部蒙古族民间说唱的艺术考略》，《黑龙江民族丛刊》1995年第2期。

② 纳·宝音贺希格：《巴林民俗》，内蒙古科学技术出版社，2014年，第418页。

③ 乌·纳钦：《格斯尔本土形象与信仰》，《内蒙古社会科学》2016年第2期。

斯尔信仰随着格斯尔英雄故事的流传而成为民间信仰，格斯尔寺庙是一个独特的文化现象。巴林右旗大板镇以北30千米处的沙布日台苏木有一座1776年巴林右旗第八世扎萨克多罗郡王巴图所建的格斯尔庙，也是“格斯尔学”研究中唯一的一座格斯尔庙，在岁月的年轮中于“四清”时被破坏。1997年，当地政府在原址的东侧巴罕宝力格重建格斯尔庙，2004年，这一格斯尔文化中心——格斯尔庙迁至原址。2016年，查干沐沦党委、政府与上级有关部门协调筹措1000万元，重新修缮格斯尔庙，把原36平方米的小殿扩建成400平方米的大殿，并充实了格斯尔庙的内容，主殿里塑有一尊新的格斯尔像，此庙成为目前世界上最大的格斯尔庙。2017年6月3日，在格斯尔庙进行了格斯尔庙扩建工程竣工典礼暨格斯尔像开光仪式。格斯尔庙的神像有着红色的脸，与关公神似。据俄罗斯学者阿·马·波兹德涅夫的著述《蒙古及蒙古人》记载，在蒙古国境内的一座寺庙蒙古文木匾上写着“guwan obugtu bogda geser qagan”，直译为“关姓圣主格斯尔可汗”[1]，足见格斯尔在蒙古地区流传时成为信仰的组成部分，而且与关帝形象同时出现，体现了蒙汉民族民间信仰及对英雄神化的文化认同。格斯尔庙是巴林人民许下美好愿望的心灵家园。巴林人民每年农历五月十三日和六月二十四日祭祀格斯尔庙，五月十三日人们从四面八方赶来，以奶食品祭祀，这是一种民间祭祀，有时达到几千人。这一日为“红褐洗马礼”，即民间所说的格斯尔赤兔马沐浴日，牧民们膜拜格斯尔、祭祀格斯尔以祈雨求福。六月二十四日是传统的祭祀日，以往是由王爷祭祀。主要以肉食品来祭祀，祈求巴林风调雨顺、牛羊兴旺，祈求国泰民安。在2017年的格斯尔开光祭祀

① 陈岗龙：《内格斯尔而外关公——关公信仰在蒙古地区》，《民族艺术》2011年第2期。

仪式上，民间艺人金巴扎木苏和民间说唱家乌嘎说唱了《格斯尔桑》，在达尔罕马（达尔罕是“从此不再骑用”之意）[1]的过程中，巴林朝鲁说唱了《格斯尔骏马赞》等。此外，还有格斯尔敖包祭祀，“三四十年前，每年农历五月十三日，牧民来祭祀珠拉沁村以西的咯拉乌孙敖包，以祈雨求福。放游经的喇嘛们把游经从查干沐沦河源头起放在108个漩涡处，游经结束日须逢五月十三日，恰逢这一天他们收游经[2]，也称为“智慧之骏沐浴日”[3]。格斯尔庙祭祀凝聚着民众的祈愿，不断丰富，不断发展。

随着《格斯尔》史诗、传说的发展，在巴林出现了多种《格斯尔》口传文类，如《格斯尔桑》《格斯尔训谕诗》《格斯尔的歌》，丰富了巴林格斯尔文化，这些文类及相关习俗的传承、发展与其地方文化、与蒙古民族的精神及文化心理有着内在的紧密关联，也是传统文化对和谐、美好社会的最好的诠释。

二、巴林格斯尔文化以多样化、多元化促进了地方经济社会的建设发展

巴林格斯尔文化在传统中生成，在传统中得以发展。巴林《格斯尔》在数百年的流传中已经形成了独特的文化体系，是集史诗演唱、神话传说、祭祀习俗、那达慕、戏剧、民间娱乐、生态保护于一体的《格斯尔》活态文化体系。巴林右旗认真贯彻落实各项政策，在文化部非物质文化遗产司、全国《格

① 看护格斯尔庙的道嘎尔扎布老人说，格斯尔庙附近的达尔罕山里现有一匹枣红马，是格斯尔的神骑，只有他能抓住这匹马，2017年6月3日把格斯尔的这匹马放回山里。见笔者与道嘎尔扎布老人的访谈，2017年8月18日。

② 安巴：《查干沐沦河流域崇拜格斯尔的习俗》，《蒙古语言文学》1993年第5期。

③ 乌·纳钦：《格斯尔本土形象与信仰》，《内蒙古社会科学》2016年第2期。

萨（斯）尔》工作领导小组的指导下，多方学者协力的顶层设计，专设研究机构等多措并举，巴林格斯尔文化保护工作取得了显著的成就。

首先，巴林右旗文体局非物质文化遗产办公室结合非物质文化遗产保护工作实际，采取有效的保护措施，征集有关格斯尔文化的多种资料，如图片、光盘、实物等。并于2016年开设《格斯尔》史诗传习所，7月22日举办巴林右旗非物质文化遗产传承者及说唱国家级非物质文化遗产《格斯尔》的培训班。讲授的教师主要以四胡来伴奏演唱《格斯尔》史诗，培训传承人近30位。每两年传习所举办一次培训活动，由文化部非物质文化遗产司专项经费来扶持。传习所聘请著名格斯尔奇金巴扎木苏教授课程，学员年龄结构不等，大多是牧民。在本人的田野访谈中，非遗办的学者钱德海说："下一步培训以室内课和田野现场教学为主，让学员到格斯尔风物传说的山水遗迹、格斯尔庙等地方，从感性上体验格斯尔文化，更加深入了解格斯尔文化的精神，敬畏、信仰格斯尔文化，这样他们的技艺就能提高了。"[①] 田野作业不仅是专家研究者的专属，在格斯尔的传说故事广为流传的地域，口传文学艺人也进行田野作业，在接触不同风物传说遗迹的田野工作中，艺人耳濡目染了解到更多新的情况，他们看到格斯尔传说风物遗址、格斯尔庙等虽保存着历史的风姿，但也有了新时代的特征。从这种田野调查中，艺人能直接获取鲜活的素材，他们在故事范型中创编具有时代特征、大量描述风物遗迹文化信息的故事，使得传说故事在程式叙事下形成了新的文本，使口传文学得以向前发展。民间艺人在田野工作中得到的地方性知识也是对学术研究最真实、最具体的一项补充和完善，从在他们实地调查后获取的资料基础上创编的文本，可观察到同一个传说故事由不同时

① 笔者与钱德海的访谈，2017年11月20日。

代的艺人表演的诸多特性、差异性。巴林右旗非遗办计划在今后的工作中，结合巴林“格斯尔祭祀”，与艺人的培训工作配合，让艺人也参与现场。这种鲜活的教学授课是口头文学传承发展的根基，特别是巴林山山水水中蕴含着的格斯尔传说故事，艺人走进田野，参与观察、讲述田野，把他们的感知转换成研究者们所熟悉的口头文类，这是格斯尔口传文化传承的非常精微细致的工作，也是格斯尔口传文学传承保护的重要途径之一。

其次，巴林右旗旗委、政府成立格斯尔文化研究发展中心。为加强巴林格斯尔文化建设，巴林右旗正式成立格斯尔文化研究发展中心。该中心成立于2010年，在巴林右旗大板镇，场地有办公室、格斯尔文化展厅、说唱厅、录制厅等。这里确定工作人员编制，专门负责搜集、整理有关巴林格斯尔文化的资料、文献，组织格斯尔艺人进行培训，企划格斯尔研究项目，以及格斯尔文化的对外交流宣传等，发布中心工作和文化活动剪影；展厅里常设格斯尔文化展。自2013年3月至今，中心举办了4期《格斯尔》史诗艺人培训班，主要邀请著名格斯尔奇金巴扎木苏授课，传承以四胡伴奏的《格斯尔》史诗故事。中心还策划与格斯尔文化有关的选题项目，开展不同层级的格斯尔文化工程工作等。该中心出版内部刊物《巴林格斯尔文化》年刊（总第一期），编辑制作出版了《格斯尔文化在巴林》等精美的彩色宣传手册。近年来不断加大建设经费投入，使巴林格斯尔文化得到长足发展。

再次，加快巴林格斯尔文化数字化平台建设。在旗党委、政府的有力推动下，巴林右旗成功注册了“中国格斯尔文化.net”和“中国格斯尔文化.com”，即“http//www.gsrwh.com”，拥有两种域名的专业格斯尔文化网站，格斯尔文化蒙古文网均已开通。网站涵盖了新闻动态、历史人物、格斯尔遗迹、格斯尔图库、格斯尔成果、格斯尔简介、蒙古文网等内容，同时自2005年先后制作了《格斯尔研究大师——斯钦孟和》、《巴林格斯尔奇金巴扎木苏》、《第三届格斯尔文化暨查干沐沦苏木那达慕大会》、巴林《格斯尔》、《巴林格斯尔之光》、《红褐洗马礼纪实》等DVD或VCD等[①]，丰富了在线数据资源，实现了格斯尔文化对外传播交流的数字化发展，这对我国史诗文化传承、保护与发展具有示范意义。

同时，高度重视巴林格斯尔主题文化宣传推介。巴林右旗是整个《格斯尔》的中心流传地区，是格斯尔文化的发祥地之一，格斯尔文化是巴林文化的核心之一。以往巴林右旗传播格斯尔文化的方式主要以口头文本、文字版本为主，随着各地区非物质文化遗产抢救保护工作加快推进，"格斯尔"文化进入多个领域，彰显了其传统文化特色和时代性。中心以历史民俗旅游区建设、舞台艺术、传统那达慕文化来推进宣传推介。2013年首次培训班结束时，艺人们同台献艺，完成巴林右旗《格斯尔》史诗专场演出，上演创编的《格斯尔》皇后舞蹈；2013年举办了巴林右旗"格斯尔杯"搏克邀请赛、内蒙古巴林右旗首届"格斯尔杯"传统弓射箭全国邀请赛；2017年举办巴林右旗第四届"格斯尔杯"搏克比赛等文体活动。先后举办7次格斯尔文化节，其中有的与基层村镇那达慕大会一并进行，如第三届格斯尔文化节暨查干沐沦镇首届那达慕大会，表演《格斯尔》史诗、格斯尔赞等口传文类，也进行男儿三艺传统技艺比赛等。

此外，历史民俗文化景区旅游是巴林旅游文化的重要组成部分，这一旅游文化传播地区的经济文化、民俗信仰、地方特点，对打造文化品牌，有效推进格斯尔传统文化发展有着不可替代的作用。沙巴尔台王府院内东侧有一座"格斯尔文化书

① 贺·孟和吉日嘎拉编著：《格斯尔文化之乡》，内蒙古文化出版社，2010年，第72—73页。

屋”，那里陈列着有关巴林《格斯尔》的文本、巴林格斯尔文化研究专家简介、部分研究成果等，精致又宁静；在巴林右旗沙巴尔台嘎查“格斯尔蒙古艾力”旅游度假村，巴林格斯尔旅游中心，在大板镇里公主街（格斯尔街）、沙巴尔台村格斯尔路等街道，无处不彰显着传统文化特色。从大板镇到格斯尔庙沿途高高耸立的“格斯尔文化起源、巴林石文化故土”牌子、“格斯尔庙格斯尔传说遗址”石牌，大板镇四面路口处树立的“中国格斯尔文化之乡”及注册“格斯尔”商标的“格斯尔马鞍”“格斯尔牛角弓”“格斯尔驾校”“格斯尔射箭馆”文化品牌，使巴林格斯尔文化多措并举，宣传立体又直观，也提高了民俗文化旅游的独特品位，其注册的商标加速了产业化进程。格斯尔牛角弓制造厂、格斯尔驾校的规模日益扩大，文化精品与大众旅游消费融合，开创了格斯尔文化保护发展的新路子，“格斯尔”品牌也成为巴林地区的一张文化名片。

三、巴林格斯尔文化进入了校园课堂教育教学

学校是文化的摇篮，也是一个地区的标志性文化。学校的职能之一就是实现文化传承。结合格斯尔文化建设，巴林右旗党委、巴林右旗政府，遵照上级的政策，结合地方实际，责成巴林右旗格斯尔文化研究发展中心编写出版的中小学《格斯尔文化》读本——乡土教材于 2015 年 7 月出版。丰富多彩的巴林格斯尔文化进入学校教育教学中，成为中小学学生阅读欣赏的重要内容。小学乡土教材《格斯尔文化》① 内容包括 6 个单元，分别是：第一单元《格斯尔》，包括两课，即第一课《蒙古〈格斯尔〉》、第二课《藏族〈格萨尔〉》；第二单元《巴林〈格斯尔〉》，包括三课，即第三课《巴林部落》、第四课《巴林文化》、第五课《巴林〈格萨尔〉》；第三单元《格斯

① 孟和吉日嘎拉主编：《格斯尔文化》，内蒙古文化出版社，2015 年。

尔祭祀》，包括两课，即第六课《“格斯尔庙”祭祀》、第七课《“格斯尔敖包”祭祀》；第四单元《格斯尔口传文学》，包括五课，即第八课《格斯尔传说》、第九课《格斯尔的故事》、第十课《格斯尔史诗》、第十一课《格斯尔桑》、第十二课《格斯尔训谕诗》、第十三课《格斯尔占卜》、第十四课《格斯尔的歌》；第五单元《巴林格斯尔奇、巴林籍学者及他们的作品》，包括两课，即第十五课《巴林格斯尔奇及他们的〈格斯尔〉文本》、第十六课《巴林籍学者及他们的作品》；第六单元《巴林〈格斯尔〉大事记》，即第十七课《〈格斯尔〉大事记》。该教材每单元附有一个单元练习，共89页，含有40张有关格斯尔文化的彩色图片，是一部语言形象精练、篇幅短小精悍、图文并茂的乡土教材。该教材的编写体现了让小学生初步了解有关格斯尔文化基础知识的初衷。

中学乡土教材《格斯尔文化》[①]由4个单元组成，第一单元是格斯尔传说，包括《阿斯罕山的豁口》《吉日朗图哈达》《格斯尔庙》《棋盘桌》《图拉嘎岩》《格斯尔拴马桩》《西热图蒙根敖包与杜石敖包》《钦达玛尼岩和格日楚鲁》《千里眼顺风耳》《格斯尔的脚印》《阿日山图岩的马蹄印》《森吉图哈达》；第二单元为史诗诗章，包括《十方圣主格斯尔可汗》《十五岁时与三十名勇士杀北方体大如山的黑斑虎》《格斯尔汗从地狱救母》《用如意石镇压蟒古思》《格斯尔汗与嘎拉丹蟒古思之战》《十方圣主格斯尔镇压大脑袋九身蟒古思》；第三单元包括《格斯尔桑》《格斯尔赞》《格斯尔训谕诗》；第四单元概述《格斯尔》史诗、巴林文化与巴林《格斯尔》《蒙古格斯尔的类型》《蒙古格斯尔有些名字的解释》等内容。全书共250页，每一单元末尾有练习思考题。两部教材针对学生的不同年龄特征、阅读认知水平，精心构思篇

① 色·哈斯乌力吉主编:《格斯尔文化》，内蒙古文化出版社，2015年。

目，以通俗的语言和长短不一的篇幅介绍了丰富多样的格斯尔文化。2019 年孟和吉日嘎拉编的中小学生传统文化阅读资料《十方圣主格斯尔可汗》刊行，全书 12 章内容精要讲述了威震十方的格斯尔出生、镇压十二头蟒古思、平定锡莱河三可汗、铲除罗布萨蟒古思等内容。这些优美生动的《格斯尔》阅读文本是具有民族文化特色的教材，也是适应中小学课改进行的传统文化主题教材的有益实践，对蒙古族青少年了解格斯尔文化，对中华优秀传统民族文化的传承、弘扬、发展具有深刻的现实意义和深远的历史意义。

巴林沃土上走出的国内外知名学者和在这片神奇土地上耕耘的地方知名学者是巴林格斯尔文化发展的坚实基础，如巴·布林贝赫、仁钦嘎瓦、仁钦道尔吉、道荣尕、其木德道尔吉、索德那木拉布坦、斯钦孟和、朝戈金、巴·布和朝鲁、斯钦巴图、乌·纳钦、斯钦朝克图等。地方学者中从文化角度解读巴林《格斯尔》的包括著有《巴林格斯尔文化》的纳·宝音贺希格、著有《格斯尔文化之乡》的贺·孟和吉日嘎拉等学者，他们多层次审视巴林格斯尔文化，进行研究和推广宣传，不仅为巴林格斯尔文化的发展，也为蒙古学的发展做出了卓越的贡献。他们组织策划并承办多种学术会议，深入开展传承、保护与学术研究工作。1986 年在赤峰市组织召开全国首届格斯尔文化学术研讨会；2007 年在查干沐沦召开格斯尔文化工作会议；2012 年 8 月 6 日首届中国《格斯尔》文化高层论坛、2013 年 8 月《格斯（萨）尔》与口传史诗国际研讨会均在大板镇召开。国内外学者汇聚，对巴林格斯尔文化建设建言献策，与地方知名学者纳·宝音贺希格、贺·孟和吉日嘎拉等诸多学者一同有效推动了格斯尔文化的发展。对文化遗产的保护收藏和展陈宣传也是对文化的一种传承与弘扬。在巴林，格斯尔文化保护工作受到了高度重视，政府和有关部门牵头征集有关格斯尔文化的资料，当地档案馆大力开展抢救、搜集工作，分别收集了《格斯尔全集》《格斯尔的故事》和100张光盘[①]。多机构合作，多人参与，全旗共建，“十三五”期间，巴林右旗制定有关发展规划，“将继续搜集、整理、研究开发《格斯尔》古籍；做好‘格斯尔艺人’的培养工作，加强格斯尔学术交流工作。分阶段建设格斯尔文化产业园、重点建设内容包括新建格斯尔文化中心、格斯尔文化广场、格斯尔人物雕像及群雕塑墙、格斯尔赛马场等项目，制作一批格斯尔动漫、画册、影视剧等项目与文化产品，全面推动格斯尔文化建设向规模化、产业化方向发展”[②]。2017年年初以来加大推进格斯尔文化产业，逐步扩展格斯尔旅游文化产业发展之路。

巴林格斯尔文化是具有鲜明地方文化特色、兼有开放包容特色的蒙古族文化。巴林《格斯尔》口传文学的语言极为优美、独特，传承着多种口传文学，并在与各级政府、科研机构、有关机关、企业的合作中，巴林格斯尔文化得到长足的发展，《格斯尔》史诗的生态[③]也得到了较好的保护。不但口传文类得到了传承、发展，而且大力推动了地方经济社会建设，为建设美丽、富饶、和谐的巴林发挥了不可替代的作用。巴林格斯尔文化的建设发展是蒙古格斯尔文化传承、保护与发展的成功个案，也是示范，在蒙古族历史文化深厚积淀中形成的巴林格斯尔文化发展至今，显示了其强劲的生命力和创造力。对这一文化软实力的分析阐释，对于蒙古族活形态史诗文化、人类口头非物质文化遗产工作的借鉴意义不言而喻。

① 内蒙古自治区巴林右旗档案局:《巴林右旗征集“格斯尔”文化资料档案进馆》，《兰台世界》2010年第15期。

② 浩毕斯嘎拉图:《巴林右旗倾情培育格斯尔文化名片让草原文化“活”起来》，《格斯尔文化》2017年第1期。

③ 斯钦巴图:《从文本保护到史诗文化整体开发与保护巴林右旗格斯尔文化之乡建设过程分析》，《内蒙古师范大学学报》（哲学社会科学版）2011年第1期。

第六章　蒙古格斯尔文化的再思考

内蒙古自治区艺术研究所申报的《格斯尔》，于 2006 年被列入第一批国家级非物质文化遗产名录。2009 年《格萨（斯）尔》被联合国教科文组织列入“非物质文化遗产代表作名录”。《格萨（斯）尔》不仅是藏族、蒙古族两个民族的文化遗产，也是人类文化的瑰宝。具有悠久叙事传统的蒙古《格斯尔》在传承、发展过程中，不断创造和丰富着格斯尔文化体系，显示了它的开放性和独特性，不仅饱含文学艺术的魅力，也面临时代的机遇和挑战。《格斯尔》史诗是珍贵的人类非物质文化遗产，在我国、蒙古国、俄罗斯布里亚特共和国等国家和地区的传承过程中，格斯尔民间艺人做了大量的工作，但随着老艺人的过世，加之人民文化多元化的需求，数字时代人民生活态度和生活方式的差异，口传史诗文化的生态环境发生了极大的变化，口头传统濒临失传，情况不容乐观。因此格斯尔文化传承、保护与如何更好地发展面临着一些新的课题，体现了加强保护的紧迫性。本章梳理格斯尔文化相关建设工作，并结合问卷调查对现存的问题进行分析、查找原因，进而提出一些对策建议。

第一节　格斯尔文化传承、发展的学术建构

格斯尔文化是人类创造力的体现，是历史文化积淀的成果，不仅凝聚着蒙古族人民的智慧结晶，也为我们提供了借鉴、传承和发展的精神资源。如何去传承、保护和利用好这一珍贵的精神资源，延续《格斯尔》口传文学的生命、保护其传统，是时代赋予我们的课题。党和国家高度重视搜集、整理、出版、翻译和研究《格斯尔》的工作。在国家“六五”计划至“九五”计划工作期间，《格斯尔》被列入国家重点科研项目。1984 年 2 月中宣部下达《关于加强少数民族文学研究和资料搜集工作的通知》，并转发中国社会科学院《关于加强国家重点科研项目〈格萨尔〉工作的报告》。2009 年《格斯尔》列入人类非物质文化遗产之际，全国《格萨（斯）尔》工作领导小组部署了《格萨（斯）尔》研究与保护工作。党的十八大以来，党和国家高度重视社会主义文化建设，特别是在 2014 年中央民族工作会议和全国文艺工作者座谈会上，习总书记两次强调《格萨（斯）尔》的政治意义和学术文化价值。习近平总书记在十九大报告中指出，“激发全民族文化创新创造活力，建设社会主义文化强国”，“面向现代化、面向世界、面向未来”，弘扬民族传统文化，坚持创造性地发展、创新性地发展，是新的文化使命。《格斯尔》是珍贵的人类非物质文化遗产，在中国特色社会主义文化发展中，在全国各族人民的大团结、对外交流、促进旅游文化发展中发挥着重要的作用，也成为国内外关注的重点文化工程。综观蒙古《格斯尔》传承、保护工作，主要可概括为以下几点：

一、成立《格斯尔》工作领导机构，建设《格斯尔》研究平台，推进抢救、保护与研究工作

“1979 年由四部委（中国社会科学院、国家民族事务委员会、文化部、中国文联）成立了全国统一的领导组织机构——全国《格萨（斯）尔》工作领导小组，并设立了办公室，1984 年 2 月更名为全国《格萨尔》工作领导小组（最初称作《格萨尔》翻译整理协调小组，成立于 1979 年 10 月，由中宣部领导，国家民族事务委员会、中国文联、中国社会科学院组成，1984 年更名为‘全国《格萨尔》工作领导小组’，自此文化部加入了进来。1990 年开始使用‘全国《格萨（斯）尔》工作领导小组’这一名称。自 2002 年开始，国家广电局也加入进来，这样总共由五部委组成，办公室设在中国社会科学院民族文学所”[①]，后来，内蒙古、西藏、青海、新疆、甘肃等 7 个省区同时成立相应的领导班子及办事机构，各地区办公室设在民委、地方文联、高等学校等，有所不同。1984 年组成内蒙古自治区《格斯尔》工作领导小组，其办公室设在内蒙古自治区社会科学院文学研究所，从而有组织、有计划地推进《格斯尔》抢救、保护工作，开启了格斯尔文化工作新局面。1991 年，内蒙古《格斯尔》工作领导小组办公室与内蒙古自治区少数民族古籍整理办公室合并，隶属内蒙古自治区蒙古语言工作委员会，后又隶属内蒙古自治区民族事务委员会。1985 年 4 月，内蒙古自治区蒙古文学学会常务理事会决定成立内蒙古《格斯尔》研究会。在专设机构的组织领导下，格斯尔文化得到抢救、保护。在《格斯尔》流传的各地区，纷纷建

① 李连荣:《百年“格萨尔学”的发展历程》,《西北民族研究》2017 年第 3 期。

立相应的研究机构或创建研究平台。甘肃省《格萨尔》工作领导小组办公室除组织开展相关工作之外，西北民族大学于1981年在西北民族研究所内设立《格萨尔》研究室，1994年成立《格萨尔》研究所，2002年更名为《格萨尔》研究院。青海省自20世纪50年代成立“格萨尔”普查工作队，已开展多项工作。十一届三中全会后，青海省《格萨尔》工作领导小组办公室，即现在的青海民族大学省级科研平台“青海省格萨尔史诗研究所”的前身，组织开展工作，于2007年成立了青海《格萨尔》学会。西北民族大学的格萨尔研究院、新疆文艺家协会下设的蒙古民间文艺研究室《格斯尔》工作组、青海省《格萨尔》史诗研究所等，分别在青海、甘肃、新疆等地区的蒙古族聚居区开展有关《格萨（斯）尔》的搜集、整理等田野工作并进行相关研究。自2003年联合国教科文组织通过《保护非物质文化遗产公约》以来，在文化和旅游部非遗司的领导下，不同地区设立相应的机构或中心。如2013年，内蒙古自治区赤峰市蒙古族文化保护研究中心设立赤峰市《格斯尔》工作办公室。随着全国非物质文化遗产保护工作不断推进，地方文化局（或文广局）先后设立非物质文化遗产办公室来组织开展《格斯尔》的搜集、整理等工作。在国内《格斯尔》流传的地区，内蒙古自治区非物质文化遗产保护中心下辖内蒙古自治区通辽市艺术研究所非物质文化遗产中心、巴林右旗文广局非物质文化遗产办公室等。此外，辽宁省阜新蒙古族自治县文化局的非物质文遗产保护中心开展了大量的格斯尔传说送下乡活动等。蒙古《格斯尔》是这些机构保护、抢救的重要内容。通常这些机构在《格斯尔》数据库建设、保护格斯尔文物遗迹、传承格斯尔文化和组织、指导、承担该地区《格斯尔》文本的搜集、整理、翻译、出版等工作方面发挥着重要的职能。

此外，中国社会科学院民族文学研究所在甘肃、青海、四川等地建立研究基地来推进蒙古《格斯尔》研究工作。2004

年民族文学研究所和甘肃省玛曲县共同成立玛曲《格萨（斯）尔》口头传统研究基地，在青海省果洛藏族自治州成立了果洛《格萨（斯）尔》口头传统研究基地，分别举行了挂牌仪式；2005 年在四川省甘孜藏族自治州德格县共同建立了德格《格萨（斯）尔》口头传统研究基地。2012 年中国社会科学院与内蒙古自治区民族事务委员会联合辟建中国《格斯尔》文化抢救与保护研究基地。2016 年 9 月 28 日在新疆维吾尔自治区伊犁哈萨克自治州尼勒克县，全国格斯尔文化保护与研究尼勒克基地挂牌，这一基地的成立对利用新疆尼勒克地区得天独厚的优势开展《格斯尔》保护、研究工作具有里程碑意义，是尼勒克县为保护《格斯尔》非物质文化遗产采取的重要举措。

二、以民族文化系列工程、非物质文化遗产项目传承、保护格斯尔文化

《格斯尔》文本的搜集、整理、出版等工作是格斯尔文化建设的基础条件，也是基本保障。《格斯尔》史诗书面文本和口传文本得到了整理、保存和出版发行。特别是 2000 年以来，在口传文本和书面文本的传承、保护方面，中国社会科学院重点研究课题成果《格斯尔全书》（共 12 卷 13 本，其中第九卷为上、下两本），现已出版了 10 卷，还有内蒙古自治区启动的“抢救保护《格斯尔》”工程中系列出版的《格斯尔》影印本，都是《格斯尔》新时期整理出版的重大成果。

首先，中国社会科学院重点研究课题成果《格斯尔全书》陆续得以出版。已出版的第一卷是北京版《格斯尔传》和隆福寺本《格斯尔》，由斯钦孟和主编，全书由系统阐述格斯尔学术史的导论、北京版《格斯尔传》和隆福寺本《格斯尔》影印件、蒙古文校勘注释和拉丁文转写等几个部分组成。

第二卷为金巴扎木苏演唱、斯钦孟和校勘整理的《圣主格斯尔可汗》文本，于 2003 年由内蒙古人民出版社出版，该卷

由格斯尔学的学术导论、艺人金巴扎木苏的评介、金巴扎木苏演唱的9万诗行《格斯尔》、蒙古文注释及金巴扎木苏演唱《格斯尔》的曲谱等部分组成。这是近年来我国抢救整理的大部头的口传史诗文本，其篇幅之长，是迄今为止发现的艺人独自表演的最长的《格斯尔》史诗，也体现了口述记录文本在诗歌的长度和质量方面所具有的优点。该文本对史诗艺人的大脑文本，对曾经表演的记忆、史诗的创编、口头表演及整理采集、誊录转写等当前民俗学关注的话题进行解读，具有较高的参考价值。

第三卷是金巴扎木苏演唱的《宇宙之主格斯尔可汗》，其中有关史诗和格斯尔的风物传说，已在本书第四章做了部分分析介绍，故不再叙述。

第四卷由斯钦孟和、巴图主编，由《鄂尔多斯格斯尔》13章和《乌苏图召格斯尔》3部8章内容、注释及拉丁文转写、史诗的原文影印组成。《鄂尔多斯格斯尔》是竹板本，1956年，从伊克昭盟扎萨克旗（今鄂尔多斯市伊金霍洛旗）发现而得名，由《威震十方的圣主格斯尔可汗》《十方圣主阿其图宝格达格斯尔可汗杀体大如山的黑斑虎》《十方圣主格斯尔可汗娶阿鲁莫日根夫人》《治理固穆汗朝政》《镇压十二头蟒古思救出阿日鲁高娃夫人》《十方圣主格斯尔可汗镇服黑帐汗三汗》《征服黑帐汗三汗救出家眷享太平》《征服黑帐汗三汗天界大欢宴》《铲除十恶蟒古思之力的喇嘛》《格斯尔从地狱救母》《救活众勇士》《十方圣主格斯尔镇服昂都勒玛可汗》《十方圣主降伏罗布萨嘎蟒古思》组成。

《乌苏图召格斯尔》于2005年出版。该文本对两部史诗原文进行深入研究，并对原文与其他文本进行比较研究。

第五卷为从新疆维吾尔自治区搜集、整理的说唱艺人仁钦、朱乃、冉皮勒、达米荣加普、鲁如布、萨米彦、道尔基、奥图卡、巴·那苏卡等演述的《尼苏海觉如》《格斯尔从地狱救母》《格斯尔与锡莱河三可汗大战》《格斯尔镇压昂都勒玛蟒古思》《格斯尔镇压三兄弟蟒古思》等 27 种变体；青海地区乌吉尔、苏克、朝格都布等演述的《格斯尔》史诗 9 章及诺尔金、楚鲁都木演述的《格斯尔传》4 章；1995 年在俄罗斯联邦乌兰乌德出版的《阿拜格斯尔》的蒙古文译文本与 1960 年在蒙古国乌兰巴托出版的《托忒文格斯尔》的蒙古文译本的合集。该卷是对近 30 年来在新疆、青海地区民间流传的《格斯尔》进行系统搜集和整理，并对演述艺人、文本出版情况做了简要介绍和说明的新作，文本中散韵结合的演述，体现了《格斯尔》史诗的创编等多方面不同的艺术特色，这是新疆《格斯尔》出版史上纳入篇幅最多的文本，对深入了解研究新疆、青海多种异文变体有较高的学术价值。

第六卷包括诺木其哈顿《格斯尔》、扎雅《格斯尔》两个文本，书中对两个文本和扎雅《格斯尔》的最后一章《格斯尔桑》进行详尽的学术解读。全书由诺木其哈顿《格斯尔》、扎雅《格斯尔》史诗的蒙古文、拉丁文转写和两个文本的原文影印等组成。这部文本对全面了解诺木其哈顿《格斯尔》、扎雅《格斯尔》两个文本有着不可替代的重要价值。

第七卷是国家级非物质文化遗产《格斯尔》传承人罗布生演唱的《豪尔·格斯尔可汗》，全书由序诗、41 章内容共 7 万多诗行组成。文本前言中有斯钦孟和主编对艺人罗布生的生活、学艺过程，主要说唱文本，参与的国内外交流，做客媒体等情况的介绍。《豪尔·格斯尔可汗》是罗布生的代表作，包括《玉皇大帝派威勒布图格其降人间》《诡异的朱通排外兄僧伦》《消除阿日查桑图山的蜘蛛妖》《玉皇大帝赐儿子格斯尔金玺》《力大无比的格斯尔镇压蟒什如妖》《探清妖怪格斯尔去龙王宫》《诡异的晁通掠夺兄僧伦的牲畜》《格斯尔在诺尔曼山救哈斯高娃公主》《与唐古特的塔木僧格两汗大战》《格斯尔可汗返回天界》等，共 41 个诗章，有的诗章篇幅长，但因故事具有独立性而分了几个诗节。书中附罗布生画的格斯尔可汗图。罗布生是迄今为止以口头表演传承《豪尔·格斯尔》的唯一一位史诗歌手。罗布生说唱的《豪尔·格斯尔》巨作，不仅为蒙古族文化，甚至为非物质文化遗产的抢救、保护、传承方面做出了极大的贡献[①]。

其次，为树立"格斯尔"文化品牌，2012年内蒙古自治区启动实施"抢救保护《格斯尔》"工程，2013年全面启动。"《格斯尔》的抢救与保护工作已成为国内外达成共识的并高度关注的文化保护传承工程。"[②]"编撰出版《格斯尔》系列丛书是国家'十二五'规划'十三五'规划期间内蒙古抢救、保护史诗《格斯尔》的重点规划之一。"[③]其中蒙古族《格斯尔》系列丛书的出版是该工程重要的一个子项目。内蒙古少数民族古籍与《格斯尔》征集研究办公室整理的彩色精装影印本9册，于2016年7月由内蒙古文化出版社出版。这是"格斯尔研究丛书"出版计划的最新成果，底本为蒙古族《格斯尔》经典版本。这是《格斯尔》首次以彩色影印的形式与读者见面。包括蒙古文《格斯尔》8种文本，分别是格日乐图整理的北京木刻版《格斯尔》（共354页7章内容）、乌苏图召本《格斯尔》（共438页8章内容）、策旺《格斯尔》（共522页6章内容）、隆福寺本《格斯尔》（共562页6章内容）、诺姆其哈顿《格斯尔》（共320页11章内容）、扎雅《格斯尔》（共532页18章内容）、鄂尔多斯《格斯尔》（共506页8章内容）、宝玉柱整理的喀喇沁《格斯尔》（上、下册，上册为345页7章内容，下册为560页8章内容），全套共

---

① 斯钦孟和主编：《格斯尔全书》（第七卷），内蒙古人民出版社，2009年，第29页。

② 苏雅拉图：《民族古籍与格斯尔》（内部刊物）2016年第1期。

③ 刘嫱编辑：《保护少数民族古籍，传承优秀传统文化》，内蒙古新闻网，2017年11月23日。

计200余万字。“外包装采用函装形式，共9函，内页则采用原版梵夹装内页形式，古朴庄严。”[①]这是《格斯尔》版本史上的新发展，“这套书是蒙古史诗《格斯尔》的重大出版成果，对抢救、保护、传承和弘扬《格斯尔》史诗传统具有深远意义”[②]。“格斯尔研究丛书”中还有汉译本《十方圣主格斯尔可汗传》[③]。内蒙古自治区抢救保护《格斯尔》课题，有力地推进了格斯尔文化的建设发展，具有引领示范的意义。由内蒙古自治区民族事务委员会古籍办与内蒙古文化出版社合作出版的“蒙古《格斯尔》丛书”，涵盖以下《格斯尔》版本和研究成果：2014年出版的著作有斯钦巴图的《图瓦〈格斯尔〉蒙译注释与比较研究》，巴雅尔图的《蒙古族第一部长篇神话小说北京版〈格斯尔〉研究》，乌·新巴雅尔的《蒙古〈格斯尔〉探究》，玛·乌尼乌兰的《〈格斯尔〉西蒙古变异本研究》；2015年出版的俄罗斯学者霍莫诺夫著、陈渊宇译的《布里亚特英雄史诗〈格斯尔〉》，马·斯·乌力吉的《蒙藏〈格斯尔〉的关系》，玛·乌尼乌兰的《卫拉特〈格斯尔〉研究》等7本；2017年出版的有《十方圣主格斯尔汗传奇》，孟金宝、哈斯图雅的《蒙古口传〈格斯尔〉史诗开篇叙事单元文化解析》，央甲带·特古斯巴雅尔编著的《附魔传：新发现的〈格斯尔〉第十四章》，树林、王小琴著的《蒙古文“格斯尔”与藏文“格萨尔”比较研究》，还有却日勒扎布编著的《格斯尔可汗传》及乌力吉图演唱、龙梅录音整理的《十方圣主格斯尔可汗传奇（上下）》等；2018年出版的有道荣尕、

---

① 郭翠潇：《蒙古〈格斯尔〉重要版本彩色影印本出版》，中国民族文学网，2017年6月11日。

② 朝戈金：《北京木刻版〈格斯尔〉：格斯尔研究新乐章——“格斯尔研究丛书”序言》，内蒙古文化出版社，2015年。

③ 陈岗龙、哈达奇刚等译，《十方圣主格斯尔可汗传》，作家出版社，2016年。

罗布生搜集，阿拉木斯编的《阿珠莫日根传》和道荣尕搜集、贺·孟和吉日嘎拉编的《格斯尔故事传说》等。“蒙古格斯尔研究丛书”中既有《格斯尔》文本，也有专题研究性著作，计划出版50余册。为了更好地传承和保护格斯尔文化，近年来出版社策划“蒙古英雄系列图书”“蒙古族民间文学精品库（英雄史诗）”等选题，针对青少年推出了图文并茂的文本。如《格斯尔可汗》（1、2、3册）[①]，以连环画作品呈现了英雄格斯尔，故事情节简短，语言精练，画面形象，是青少年通俗读物的新文本；《格斯尔的故事》[②]，讲述了《尼索该·珠儒》《智斩魔虎》《固穆可汗》《镇服十二头魔王》《讨平锡莱河》《原尸回阳》《哲萨射死十五头魔王》《力斩罗布沙嘎喇嘛》《大闹地狱》《处决魔鬼贡布》《那钦可汗覆灭》等《格斯尔》史诗的经典故事，寓教于乐，也是适应新时代读者需求的文本。

格斯尔数据库和资料建设。内蒙古自治区“格斯尔研究丛书”以课题的形式推进，2013—2014年评选立项35项课题，包括研究《格斯尔》的著作、搜集整理的文本、修订版、文学文本研究、艺人研究、校勘注释本及词典、论文集、工具书、儿童广播剧、电视纪录片等。其中部分课题成果《“格斯尔”读本》《蒙古“格斯尔”文化解析》，蒙汉文合璧的《策·达木丁苏荣“格斯尔”史诗的历史根源》《十方圣主“格斯尔”传奇》等进入结题验收阶段[③]，计划将陆续出版60余部成果。格斯尔文化抢救保护工程的又一重要成果是成功搭建《格斯尔》数据库软件平台，建立《格斯尔》数据库，数字化采集、

① 却日勒扎布主编，孛·兴安编写，敖其尔、胡德尔绘画：《格斯尔可汗》，内蒙古少年儿童出版社，2013年。

② 吉日木图改编，那日苏译：《格斯尔的故事》，内蒙古人民出版社，2014年。

③ 苏雅拉图：《民族古籍与格斯尔》（内部刊物）2016年第1期。

数字化加工、多形态输出、永久性存储同步实现。目前《格斯尔》内容资源技术支撑平台总框架已形成，项目的资源库、资源在线浏览、资源检索等已初见成效[①]。2019年巴林格斯尔数据库软件开发项目已启动。《格斯尔》诸种文本、相关文献资料的数字化建档是格斯尔文化传承保护、研究发展与时俱进的重要举措。网络化是传承、保护格斯尔文化的根本性变化，《格斯尔》数据库将《格斯尔》语言文化材料提取到高端技术平台。

随着时代的发展，结合现代技术采集保护口头传统是一项新型工程。在格斯尔文化的数字化进程中，20世纪末中国社会科学院申请并实施的"中国少数民族口头文学资料库"项目，以电子数字化技术保存、利用格斯尔文化的演唱文本、影音资料等，收藏了大量的史诗资料，建立了《格斯尔》资料库。完整耐久的文献资料确保了《格斯尔》活形态口头传统研究的持续发展。

三、学科建设推动了格斯尔文化的新发展

学科是人类知识的体系，每个学科都集聚专业人才并有自己独特的研究领域、研究对象。"格斯尔学"是蒙古学的重要组成部分，高校和研究机构、学者文人不仅是《格斯尔》文本整理的组织者、参与策划者，更是以学科理论与方法来研讨人类这一文化遗产的主力军。随着民族学、文学等相关学科的转型发展，在学术研究中，不仅对《格斯尔》口传文学文本进行文学研究，而且运用田野调查研究方法，从民族志诗学、生态学、数字媒体技术等多视角进行综合研究，阐述其文本本身及文本的远因近源、综合观察传承人、数字语境中的多向度发展等诸多学术命题。近300年来，格斯尔文化引起国内外学者

① 苏雅拉图：《民族古籍与格斯尔》（内部刊物）2016年第1期。

的关注，据不完全统计，中国、蒙古国、俄罗斯、德国、匈牙利、丹麦、美国等国家的图书馆、科研机构收藏着100余种《格斯尔》版本（或手抄本）和相关资料，国内学者发表的《格斯尔》研究论著达1000余篇（种）[①]。如果说在20世纪国外学者已开启了学科意义上的研究的话，那么在21世纪，国内研究人员不断开拓着新的视域。特别是2009年《格斯尔》列入“人类非物质文化遗产代表作名录”后，掀起一股格斯尔文化热潮，在这一热潮中，《格斯尔》史诗的传承、保护与研究在中国本土上大有斩获。学科建设中学术会议和学位论文是其重要部分。

自20世纪80年代以来，随着民俗学、比较文学等相关学科的建设，《格斯尔》研究迎来了新的阶段。其中以学科建设为依托的专题学术会议和座谈会等，充分发挥学术研究对《格斯尔》工作的先导作用和支撑作用，多种会议大力推进了格斯尔文化的发展。在国内召开的有关格斯尔的会议主要有《格斯尔》工作会议，《格斯尔》说唱艺人演唱会，全国、国际《格萨（斯）尔》学术会议等。在1982年、1983年、1984年、1991年、1997年、2001年、2009年，全国先后召开《格萨（斯）尔》工作会议6次。1984年5月底，青海省《格萨尔》工作领导小组和省文联在西宁召开首次《格萨尔》工作会议；同年8月，在拉萨举行七省区《格萨尔》民间艺人演唱会。格斯尔艺人罗布生参加。1985年在内蒙古赤峰市召开第二次《格萨尔》艺人演唱会暨第二届《格萨尔》学术研讨会［起初统称为《格萨尔》，1991年以后根据史诗的传承、流布和传播的历史与现状，将《格萨尔》改称为《格萨（斯）尔》］，本次会议内蒙古、新疆、青海等地的80位学者和5位史诗艺

① 朝戈金：《北京木刻版〈格斯尔〉：格斯尔研究的新乐章——“格斯尔研究丛书”序言》，内蒙古文化出版社，2015年。

人参加，会上两名蒙古族艺人演唱了《格斯尔》。1987年在青海召开第三次《格萨尔》艺人演唱会。1988年5月在北京召开了为期一天的蒙古《格斯尔》学术讨论会。1989年11月在成都、1991年8月在拉萨、1993年7月在锡林浩特、1996年7月在兰州、2002年7月在西宁、2006年7月在甘肃省玛曲县、2016年8月在呼和浩特[①]，连续八届的《格萨（斯）尔》国际学术研讨会的成功召开，是学科建设的重要成就，多学科、多方法、全方位的"格斯尔学"也得到国际蒙古学研究的认同，并成为重要的研究领域。"国际学术讨论会，每召开一次都要把《格萨尔》的研究工作推向一个新阶段。"[②]1989年11月1—4日在成都召开中华人民共和国成立以来首届《格萨（斯）尔》国际学术研讨会，内蒙古巴林右旗的散布拉诺日布受邀参加并现场表演了《格斯尔》，齐木道吉等3位《格斯尔》专家参加会议并交流论文。"首届《格萨尔》国际学术讨论会是在我国单学科领域的研究中尚属首创，是这部史诗研究史上最辉煌的一页，具有里程碑的意义。"[③]第二届《格萨（斯）尔》国际学术讨论会上5位蒙古族学者参加，并提出《格斯尔》是"蒙古族独立创作说"[④]，张慧以文化学上的所谓"情感模式"与"行为模式"分析史诗的论文《试论英雄史诗〈格斯尔〉的文化内涵与藏民族的文化特质》[⑤]是姗姗来迟的文化学视角研究的一种反映。第三届《格萨（斯）尔》国际

---

① 有关会议时间、名称等参见中国民俗学网《全国格萨（斯）尔》工作大事记，2009年12月10日。

② 卢克俭：《第四届〈格萨（斯）尔〉国际学术讨论会开幕词》，《西北民族研究》1996年第2期。

③ 吴伟：《〈格萨尔〉工作的里程碑——首届〈格萨尔〉国际学术讨论会综述》，《西藏研究》1990年第2期。

④ 杨恩洪：《第二届〈格萨（斯）尔〉国际学术讨论会在拉萨召开》，《国外社会科学》1992年第5期。

⑤ 谢继胜：《第二届〈格萨（斯）尔〉国际学术讨论会综述》，《中国藏学》1991年第4期。

学术讨论会的中心论题是“回顾和总结蒙古《格斯尔》的研究工作”，以蒙古族《格斯尔》为主要论题的研讨会，并对《格斯尔》与宗教、神话的问题进行研究[①]，中外学者宣读49篇论文，部分学者“用民俗学、心理学、社会学等新学科、新思维进行研究，将《格萨（斯）尔研究推向了一个新的科学领域”[②]，有力地推进了《格斯尔》国际研究。1996年召开的第四届《格萨（斯）尔》国际学术研讨会上，除研究开展抢救、整理文本资料等基础工作议题外，学者们将《格斯尔》史诗与世界各国其他史诗进行比较研究，并从历史、宗教、民俗等视角挖掘，阐述格斯尔文化内涵的主题；2002年在青海召开的藏族史诗《格萨尔》第五届国际学术研讨会上，联合国教科文组织助理总干事布什纳吉在开幕式上称《格萨（斯）尔》为“活的人类财富”，认为包括《格萨（斯）尔》在内的史诗故事是非物质文化遗产最重要的方面之一[③]。这些学术积累也推动了《格斯尔》列入人类非物质文化遗产名录工作。2006年7月，在第六届国际《格萨（斯）尔》学术研讨会上，学者们深入研讨《格斯尔》史诗所具有的独特文化内涵[④]。时隔9年后的第七届国际《格萨（斯）尔》学术研讨会上，有学者说，今后“一定要做到理论化和数字化，我们必须进行更深入的理论化思考，数字化将是《格萨（斯）尔》研究、记载、查阅最好的方式，也是它传承的出路”，指出让更多的人了解史诗，必须通过多媒体的方式。会议对多年来的史诗学科史、学科建

① 满达:《第三届〈格萨（斯）尔〉国际学术讨论会在锡林浩特召开》，《内蒙古社会科学》（文史哲版）1993年第6期。

② 坚赞才让:《第三届〈格萨（斯）尔〉国际学术讨论会在内蒙古锡林浩特召开》，《西北民族研究》1993年第2期。

③ 记者顾玲、钱荣：藏族史诗《格萨尔》第五届国际学术研讨会开幕，新华网2002年7月22日。

④ 宗迦：《第六届国际〈格萨（斯）尔〉学术研讨会》，《民族文学研究》2006年第4期。

设进行反思，旨在将活态史诗作为整体的生态系统，对诸要素进行互渗性、关联性认识和理解性学术范式的转换。在第八届《格萨（斯）尔》国际学术研讨会上的70多篇论文中，陈岗龙的《〈格斯尔〉与阿卡德神话》以“治理汉地贡玛汗的朝政”中逼着黑羽雄鸟找来三种宝物的情节与两河流域的阿卡德语《埃塔纳的神话》中发现相似的情节母题进行比较，阐述了《格斯尔》与希腊神话、《荷马史诗》之间确有源流关系，通过比较，阐明了《格斯尔》史诗的古老起源与国际性。《格斯尔》史诗中不少看似荒诞的故事（如《埃塔纳的神话》等），可能都是具有古老文化起源与东西方文化交流的基础。此次会议的论文还有：《从藏文蒙译〈霍尔岭之战〉的心得体会》《关于巴林格斯尔的起源与发展》《有关蒙古贞地区的格斯尔的简述》《蒙藏格斯（萨）尔传承特征管窥》《论〈格斯（萨）尔〉与印欧史诗》《蒙古文〈格斯尔可汗传〉四幅插图赏析》《新疆卫拉特〈格斯尔〉的神话色彩》《〈格斯尔博格多〉〈关帝灵签〉的比较》《蒙古文〈格斯尔〉与青海〈格斯尔〉比较研究》《〈锡莱河之战〉与〈霍尔岭之战〉的比较研究》《新发现的〈格斯尔〉之第14章与隆福寺〈格斯尔〉之第12章之间的关系》《论源于〈格斯尔传〉的故事谚语》《论北京版〈格斯尔〉与德都蒙古方言关系》《苏和演唱的〈格斯尔〉与蒙古民间文学的关系》《试论新发现的两章蒙古〈格斯尔〉》。该文对2015年内蒙古自治区社会科学院图书馆所藏清末木笔抄本与隆福寺竹笔抄本进行比较分析。木笔抄本虽然是残本，但版本学价值和资料价值毋庸置疑。比较研究跨文化研究成果，还有布里亚特大学的丹媞诺娃伊丽娜《H.O沙拉克希诺娃对〈格斯尔〉史诗研究的贡献》[①]等。这些比较研究、

① 《第八届〈格斯（萨）尔〉国际学术研讨会暨纪念北京木刻版〈格斯尔传〉刊行300周年学术研讨会论文集》，2016年。

跨文化研究的成果体现了对格斯尔渊源、格斯尔与世界不同民族地区文化的关系、东西方文化交流的深入探索。特别是本次会议上，阜新的民间艺人齐铁红参加，并与王志合作提交《有关蒙古贞地区的格斯尔的简述》，该论文对《格斯尔》在不同地区的流传及变异等现状进行阐述，也是民间创作和研究之间的一次学术对话。

2002 年 7 月 8 日，在人民大会堂隆重举行史诗《格萨（斯）尔》千年纪念大会。2003 年 5 月 10 日，在全国政协礼堂举行了史诗格萨（斯）尔千年纪念综艺晚会。2012 年 7 月 15—20 日，格萨（斯）尔与世界史诗国际大会在西宁召开。同年 8 月 5—6 日，在内蒙古自治区赤峰市巴林右旗举办首届中国“格斯尔”文化高层论坛。次年 8 月 12—13 日，《格萨（斯）尔》与口传史诗国际研讨会在巴林右旗召开。2015 年 11 月 18 日，全国《格萨（斯）尔》学术研讨会及项目工作会议（注：指内蒙古自治区抢救保护《格斯尔》项目）在内蒙古自治区呼和浩特召开。同年 12 月 12 日，在中央民族大学召开纪念散佩勒敦德布院士 70 周年诞辰《格斯尔》学术研讨会，会议上提交的研究《格斯尔》的论文由传统的搜集、整理转向以文化研究为主，这种趋势体现了从音乐、伦理学、艺术绘画等领域多学科研究的价值。2016 年 5 月 8 日，在德国工作的民族学专家索龙格德胡日查巴特尔博士在内蒙古大学做了题为《〈格斯尔汗传〉在欧洲保存情况及德语翻译研究》的学术讲座，主要介绍了在欧洲保存的回鹘蒙古文版和托忒蒙古文版《格斯尔传》的散布情况：1716 年北京铅印版《格斯尔传》于 1836 年在德国出版印刷，1839 年对该版进行德语翻译，1804 年对 17 世纪蒙古文手抄本《宝格达格斯尔汗》进行的德语翻译；还介绍了 1716 年之前手抄的有关《格斯尔传》的无名书，西部蒙古《格斯尔》第九、十章，1600 年桦树皮版《格斯尔奥布桑》相关情况等，从几个方面详细介绍了《格斯尔传》在欧洲的保存情况及德语翻译的情况，对以不同版本进一步细化《格斯尔传》的研究有很多启发。这些国际、国内学术会议的成功召开，专家学者的专题学术讲座，政府投入大量的财力和人力抢救、保护、研究这一非物质文化遗产，卓有成效地促进了格斯尔文化的不断发展。

《格斯尔》是蒙古文学三大高峰之一，在学科建设中的重要性地位日益凸显。学科发展本着创新理念和开拓的精神，推动着“格斯尔学”发展，其中高校和研究机构中涌现的年轻学者队伍，成为传承、保护格斯尔文化的新生力量。结合学科特色，《格斯尔》研究日趋细化、深化，具有系统性。在学科发展中出现的学位论文是其中一个重要部分。近些年来，对《格斯尔》口头传统的研究不断深入，搜集、整理、出版工作有力开展，对《格斯尔》多种文本的深层结构、传统形式的解析，传承人、表演语境、民间口头文类价值意义的研究和比较文学研究、文献学研究等逐渐细化。自 21 世纪以来，相关的学位论文有：2005 年，娜仁图雅的《青海蒙古族〈格斯尔〉的独特性》（硕士学位论文）；2007 年，结籽的《阿朱莫日根的形象与相关母题文化研究》（硕士学位论文）；2008 年，秋喜的《蒙古英雄史诗的口头叙事传统——以金巴扎木苏〈圣主格斯尔可汗〉程式分析》（博士学位论文）；2010 年，魏银荣的《格斯尔传说故事与蒙古族传统信仰崇拜》（硕士学位论文），道日娜的《〈江格尔〉说唱艺人周乃演唱的〈格斯尔〉比较研究》（硕士学位论文）；2011 年，乌日嘎的《巴林〈格斯尔〉传说研究》（硕士学位论文）；2012 年，杜荣花的《德都蒙古〈格斯尔〉及其艺人研究》（博士学位论文），喜吉日塔娜的《〈格斯尔〉社会矛盾研究》（硕士学位论文），曹都格日勒的《“沙莱河三汗”母题探析——〈格斯尔〉与〈江格尔〉比价研究》（硕士学位论文），巴德玛拉的《伊犁河流域新发现的托忒文〈格斯尔〉抄本之研究》（硕士学位论文）；2013 年，鲁娜的《说唱艺人冉皮勒演唱的〈格斯尔〉比较研究》（硕士学位论文），特日格乐的《巴林格斯尔史诗〈十方圣主格斯尔镇压十三头蟒古思〉音乐初探》（硕士学位论文）；2014 年，张春祥的《北京木刻版〈格斯尔〉中的萨满信仰》（硕士学位论文）；2015 年，巴达玛的《论〈格斯尔〉的审美特征》（硕士学位论文），其乐木格的《琶杰本〈格斯尔传〉汉译中的译者主体性研究》（硕士学位论文），张秀娟的《〈阿拜格斯尔〉与〈十方圣主格斯尔可汗传〉人物形象体系比较分析》（硕士学位论文），哈斯其木格的《北京版〈格斯尔〉的语言研究》（博士学位论文）；2016 年，陈双梅的《〈江格尔〉与〈格斯尔〉形象比较》（硕士学位论文），格日乐图雅的《蒙古格斯尔传说研究》（硕士学位论文），格日乐吐雅的《北京版〈格斯尔传〉与〈蟒古思故事〉形象比较分析》（硕士学位论文），额尔邓苏布达的《托忒文手抄本"basaarbanjiigiyinejenqeserxanangdulimaxan-Idoroyitulaqsanboloqorosihui"之文献研究》（硕士学术论文）；2017 年，乌日古木乐的《〈琶杰格斯尔〉与科尔沁〈蟒古思〉艺术形象比较研究》（硕士学位论文），马朝格图的《琶杰格斯尔比较研究》（硕士学位论文），斯仁玛的《托忒文手抄本〈铲除十方十恶祸根的圣主格斯尔可汗〉之文献学研究》（硕士学位论文），布音图的《青海蒙古民间艺人苏克〈格斯尔〉口头传统研究》（硕士学位论文）；2018 年，阿如汉的《卡尔梅克口传〈格斯尔〉研究》（硕士学位论文）等。这些学位论文对内蒙古、青海、新疆地区国内流传的《格斯尔》多种文类进行微观细致的论述，使民俗学、文艺学、文献学等学科建设得到长足发展。其中，有的青年学子学习史诗专业，并学唱《格斯尔》史诗，如《格斯尔》艺人呼和牧仁，1992 年出生于内蒙古通辽市科尔沁左翼后旗，内蒙古师范大学 2016 级研究生，18 岁学艺，多次向《格斯尔》艺人罗布生、乌力吉图学习演唱技艺、四胡伴奏的技巧等表演基础技能以及部分诗章的演唱等，这种研究史诗和表演史诗兼顾的年轻学者的出现是学科发展的一个新的增长点。

在新时期，格斯尔文化在党和政府的高度重视下，在不断完善机构，搭建平台扩大学术交流的前提下，有了可喜的丰硕收获。但随着社会的发展，传统文化受到冲击，格斯尔文化也面临着严峻的挑战。正确认识《格斯尔》史诗传统的现状，正面解读传承人减少的缘故，思考如何更好地传承、保护与研究格斯尔文化，厘清存在问题的原因与对策是时代赋予我们的课题。

第二节　现代语境下的格斯尔文化困境与重构

“蒙古英雄史诗作为一种体裁，到了13世纪便完成其形成、发展的使命，随着蒙古民族由奴隶制过渡到封建社会，在蒙古族书面文学的冲击等因素的影响下，开始走上了变异、衰落之路。史诗的濒危与减少，根本原因是史诗艺术的生态环境在改变。最初的游牧生活方式的变化，多民族的杂居带来的语言、风俗的改变，全球化带来的文化的多样性，现代化带来的娱乐游戏的多样化，审美价值、艺术情趣等诸多改变，导致了现代数字化语境中的《格斯尔》史诗传统的衰弱，出现了传承人减少，格斯尔文化宣传系统不全面等急需解决的问题。

一、史诗艺人减少的困境与重构

到20世纪90年代为止，能说唱《格斯尔》史诗一章以上的艺人共有56位[①]。在内蒙古，有散布拉敖日布、罗布生、道

① 谢继胜:《第二届〈格萨（斯）尔〉国际学术讨论会综述》，《中国藏学》1991年第4期。

尔吉、恩克巴雅尔、琶杰、白松、乌日根达来、布仁巴雅尔、拉西吉格木德、苏鲁丰嘎等；在青海，有楚勒德木、番迪、达西、胡亚嘎图、苏克、扣五、点巴、阿卡格楞、金全、诺尔金、拉布哈、罗日布、乌泽尔等[①]。其中优秀的史诗艺人，如扎木苏荣曾能演唱《沙来高勒二汗之部》《尼苏海觉如》等《格斯尔》史诗；出生在《格斯尔》演唱世家的胡亚克图（1934—2005）能演唱9部《格斯尔》的故事；苏和（1947— ）能演唱《阿鲁莫日根夫人》《降伏骑黑公驼的魔鬼》等8部《格斯尔》史诗；尼玛（1941— ）能讲述《格斯尔》的多部故事[②]，而这些艺人有的已经过世。青海当时有乌泽尔等18位史诗艺人，目前能演唱完整的《格斯尔》史诗的，现在只有尼玛和布里亚两位。新疆20世纪二三十年代的《格斯尔》艺人有额鲁特部布音散、土尔扈特宗喀巴沙比纳尔苏木拉吉普古兹泰、察哈尔部巴图那生等；20世纪80年代以后，有布·罗日布、阿日察、功其格、达米荣加普、巴·那苏卡、卓·道尔吉、加·朱乃、冉皮勒、奥图卡、森格、巴斯特夫等30多名格斯尔奇。他们有的能说六七章，有的能唱一两章，有的只会演唱某一章节、某一片段[③]。其中，除1991年追誉琶杰为“杰出格斯尔奇”外，被命名为“格斯尔奇”的还有散布拉敖日布、罗布生、苏鲁丰嘎、乌泽尔、胡亚嘎图、罗日布（吕日甫）、昭·道尔吉等7位。2007年尼勒克县“格斯尔奇”吕日甫荣获国家级“口头和非物质文化遗产传承人”称号。他们为《格斯尔》的研究提供了丰富的说唱文本，并传授学徒，使

① 却日勒扎布：《蒙古格斯尔的流变及其艺人概览》，在第二届《格萨（斯）尔》国际学术研讨会上宣读的论文，1991年。

② 斯钦巴图：《蒙古史诗：从程式到隐喻》，民族出版社，2006年，第66—92页。

③ 娜仁花：《新疆蒙古族〈格斯尔〉及格斯尔齐》，载《“史诗之光·辉映中国”——中国三大史诗传承与保护研讨会论文及论文提要汇编》，2012年。

千古传唱的史诗艺术得以延续。

史诗艺人是《格斯尔》传承者、保护者，他们以惊人的记忆力和丰富生动的语言来表演史诗，推动着格斯尔文化的发展。然而，随着时代的变化，史诗艺人相继老去或离世，《格斯尔》史诗艺人数量骤减，史诗艺术亟待保护，这是学界的共识，也是今后《格斯尔》工作的重点内容之一。本课题组从2012年年底至2017年10月在内蒙古、青海、吉林前郭尔罗斯蒙古族自治县、辽宁阜新等地对史诗艺人进行田野调查和电话访谈发现，当前能说唱完整《格斯尔》史诗的艺人非常少，只有内蒙古的金巴扎木苏、罗布生、巴达玛仁钦，青海的尼玛、布里亚，辽宁的齐铁红等寥寥几人；能演述一章或几个章节的，如内蒙古自治区通辽市扎鲁特旗鲁北镇的内蒙古自治区级《格斯尔》史诗传承人拉西敖斯尔[①]；以潮尔伴唱的，如内蒙古自治区通辽市扎鲁特旗的赛纳、内蒙古自治区兴安盟的七山、赤峰市阿鲁科尔沁旗的敖特根巴音。《经典史诗〈格斯尔〉谁来续说?〈格斯尔〉传承人演唱65年》中谈到目前能完整演唱《格斯尔》史诗的艺人不足10人[②]。从分析的巴林《格斯尔》艺人个案来看，老艺人散布拉（1918—1999）、达木仁（1939—2001）、尼玛敖斯尔（1933—1998）、敖干巴雅尔（1930—2004）、散布拉诺日布（1925—1993）等[③]相继过世后，目前在这一地区，除金巴扎木苏以外，还有新学史诗或者近几年表演史诗的20余位年轻艺人。辽宁阜新地区，“清末胡尔齐潮尔齐诵念形成共同传播格斯尔的局面，中华人民共和国成立前夕，艺人减少，人们只能是三五成群坐在一起由一人诵念，于是这一时期产生了adar geser，因为胡尔齐说书艺

① 2010年被命名。

② CCTV《晚间报道》，央视网，2013年8月23日。

③ 仁钦道尔吉编著：《萨满诗歌与艺人传》，民族出版社，2010年，第157—195页。

人的减少，蒙古人民便用类似盖子的圆形物体打节奏唱格斯尔，这从侧面也反映出了蒙古贞（阜新蒙古族自治县）人民民族文化流失的无奈局面，至此，格斯尔的传唱开始衰弱下来”。而在这一地区，曾经能完整地说唱《格斯尔》的丹森尼玛、更生、道义、色勒贺扎布、章查、衮都布淘格淘呼、额尔敦白依尔[①]等艺人相继去世，《格斯尔》口传文学传统在这一地区逐渐衰弱了。当前，从不同地区的《格斯尔》口头史诗传承人队伍及生活状况来看，保护艺人和传承《格斯尔》已刻不容缓。根据课题组田野作业中掌握的资料，《格斯尔》史诗说唱艺人文化程度较低，基本生活在农牧区，或者交通不便的基层社区，生活并不充裕，甚至像金巴扎木苏这样能完整地演唱《格斯尔》史诗并表演多种文类的杰出传承人，没有固定的收入。这些艺人几乎没有工资收入，如果被评为国家级和省（区）、市级传承人，就有传承人补贴。国家级传承人的传承补贴为每年2万元，市、区级传承人的传承补贴为5000元。《格斯尔》的传承人大多从事着农业或牧业，或种地养羊，或开着诊所，或外出打工端盘子，或者在农牧区庆贺老人寿宴、新生儿满月酒席、商店开业以及喜迁新居等民俗仪式上受邀表演获得微薄的劳务费来补给生活，如“表演一段好来宝200元”[②]等，但他们执着地学习和传承《格斯尔》史诗。现代生活中，那种冬季闲暇时晚上村落里聚在一人家中聆听史诗打发漫漫冬夜的场景已不复存在，那种牲畜遭瘟疫时请格斯尔奇演述史诗的习俗已不再重现，家里请来格斯尔奇或胡尔齐说唱《格斯尔》的民间生活不复存在，等等。部分格斯尔奇无论是口头还是书写，都在重构着《格斯尔》叙事传统，为民族优秀

---

① 齐铁红、白志刚：《有关蒙古贞地区格斯尔的简述》，载《第八届〈格萨（斯）尔〉国际学术研讨会论文集》，2016年。

② 朝格吐、额尔很白乙拉编著：《蒙古族说书艺人口述史》，内蒙古人民出版社，2012年，第464页。

文化的发展竭尽所能，付出不懈的努力，使得格斯尔文化在新的语境下得到发展。正在重构史诗的民间艺人有如下几位，通过了解他们，可以考察当今《格斯尔》史诗传播途径和样态。

敖特根巴雅尔（1971— ），男，出生于内蒙古自治区赤峰市阿鲁科尔沁旗毛罕苏木镇毛浩尔嘎查，著名的民间艺人。33岁登台表演乌力格尔、好来宝等，2004、2005年连续获得全国第四届、第五届全国乌力格尔、好来宝大赛第一名。在中国社会科学院民族文学研究所朝戈金所长的带领下，2010年12月3—5日，参加美国哈佛大学举办的21世纪的歌手和故事：帕里-洛德遗产国际学术研讨会，并在会上表演了《格斯尔》史诗片段，时长为46分52秒。该表演片段已被哈佛大学"帕里口头文学特藏馆"收藏，这是《格斯尔》史诗艺人在世界一流大学的首次表演。2012年6月底，在新疆克州阿陶县召开的中国三大史诗传承与保护研讨会上表演了《格斯尔》史诗；2012年9月21—25日受邀参加在兰州市召开的中国人类学2012年年会，会上表演《格斯尔》史诗，并成为西北民族大学兼职教授；2013年在中央民族大学民间文学与非物质文化遗产研讨会上表演《格斯尔》。2015年8月22日被国家《格萨（斯）尔》工作领导小组办公室命名为"格斯尔奇"。

齐铁红（1966— ），男，辽宁省阜新蒙古族自治县富荣镇珠日干拜兴（六家子村）人。他精通蒙古语和汉语，13岁就会拉四胡演唱20多首民歌，16岁被阜新蒙古族自治县文化局选派报送到喀喇沁左翼蒙古族自治县民族歌舞团学习，同年被派到内蒙古民族艺术团进修，拜胡尔齐嘎瓦大师为师。19岁返回喀喇沁左翼蒙古族自治县民族歌舞团，同年调回阜新蒙古族自治县民族歌团[①]。齐铁红热爱格斯尔文化，积极投

① 齐铁红、白志刚：《有关蒙古贞地区格斯尔的简述》，载《第八届〈格萨（斯）尔〉国际学术研讨会论文集》，2016年。

身保护传承工作，完成手写稿《格斯尔英雄传》（2013 年）。近年来他每天说唱 1 ～ 2 个小时，录制了 250 小时的《格斯尔英雄传》，正在辽宁省阜新蒙古族自治县蒙古语广播电台每天 13：30—14：00 时播放[①]。他以说书形式传承《格斯尔英雄传》，将传统韵体表达与讲述故事结合，是对以四胡伴奏的胡仁乌力格尔形式的一种传承与发展。他汲取蒙古族格斯尔文化，曾在台上表演过 1 个小时的《格斯尔》史诗。现在齐铁红正在为阜新电台录制胡仁乌力格尔《钟国母》的故事。

七山，38 岁，出生于内蒙古自治区兴安盟科尔沁右翼中旗新佳木苏木贝子府嘎查十家子村，农民。2003 年他在内蒙古自治区呼和浩特有幸见到蒙古族说书艺人扎拉森胡尔齐，交流有关蟒古思的故事内容。他小的时候经常听到外号叫发喇嘛的亲族爷爷讲述格斯尔的故事，他的村里有很多人讲述格斯尔，后来慢慢地就寥寥无几了。在那个没有电灯的年代，每到夜晚，七山等小孩子坐在炕上，围着发喇嘛爷爷，聆听他用优美流畅的语言讲述“如何去表演格斯尔与蟒古思之战”“如何去夸赞夫人的美丽”“如何讲述蟒古思居所的恶臭”等，并且听到很多讲唱《格斯尔》的习俗禁忌。2004 年、2005 年开始学蟒古思故事的曲调，学了 5 套曲调。自 2012 年开始和蒙古族年轻学者杨玉成（博特乐图）联系后，每年冬天到内蒙古自治区首府呼和浩特录制蟒古思的故事。七山与一位村里老人交流时，老人给他讲述了《在伊孙岱高坡格斯尔大战蟒古思女格勒邦希日》的诗章，从此七山有意识地学习，在田间地头、放羊外出时与左邻右舍的人聊《格斯尔》史诗。有一次他听巴勒吉尔（一个 50 多岁的村民）讲的盖世英雄格斯尔的奇异故事。这些对七山学习演唱《格斯尔》史诗有很大

① 笔者与齐铁红艺人的访谈，2017 年 11 月 3 日。

的帮助。七山认为《格斯尔》的文本有很多很多，从村里老人那里听到的故事既生动又有趣，七山在此基础上录制的《格斯尔》史诗近 40 小时，现在仍在继续。访谈时他说："现在方便了，一旦听到有人讲格斯尔的故事等，我就用手机录下来了。"[①]

上文对格斯尔史诗传承人的状况进行了简要概述，并介绍了 3 位传承保护格斯尔史诗文化的不同年龄的格斯尔艺人，从他们的传承经历可见，艺人的表演包括几种类型：一是艺人的兴趣使然，艺人喜欢说唱《格斯尔》史诗，自己唱，自己录制或书写；二是专家学者邀约搜集录制；三是在学术会议或文艺节目、那达慕、民间文艺大赛等不同舞台上的演出。传统的史诗演述生态的变化、艺人生活的边缘化、娱乐生活的多元化、传播途径的电子化等，新的语境中《格斯尔》口头传统保护与传承必然发生了时代性变革，更需要科学有效地保护好传承人，守护口头传统，确保活态格斯尔文化的可持续发展。

二、格斯尔文化建设的困境与思考

为了进一步阐述格斯尔文化的现状，提出传承与保护的对策建议，课题组于 2017 年 9 月在内蒙古自治区的一所高校及"中国格斯尔文化之乡"内蒙古自治区巴林右旗一所高中进行了 1000 份问卷调查，收回了 968 份。本次调查问卷设计了有关格斯尔文化的基本现状的 21 个问题，其中 19 个问题是主观题，最后两道是客观题。这些问卷数据显示了格斯尔文化在学校教育、民众生活中的情形，对于思考格斯尔文化传承、保护与发展对策有一定的参考价值。首先，填写调查表的对象基本情况如下：

---

① 笔者与七山的访谈，2017 年 11 月 7 日。

调查对象基本情况（共968人）

分类	选项	男：281	女：687
民族	蒙古族	257　91%	601　87%
	汉族	21　7%	71　10%
	其他民族	3　2%	15　3%
年龄	15 ~ 18 岁	150　53%	131　19%
	20 ~ 30 岁	127　45%	552　80%
	30 ~ 40 岁	4　2%	4　1%
文化程度	中学生	143　51%	115　15%
	大学生	138　49%	566　84%
	研究生	—	6　1%
家所在地	农村	139　49%	436　63%
	牧区	70　26%	115　17%
	城镇	72　25%	136　20%

有效问卷中，蒙古族、汉族和其他少数民族学生共 968 人，其年龄大多在 15 ~ 30 岁，只有 6 人在 30 岁以上；他们大部分人的家所在地在内蒙古自治区农村或牧区，在具有《格斯尔》口头传统的环境中长大求学。然而，他们对于《格斯尔》史诗了解得很少，传承、保护、发展有一定的困难，情况如下图：

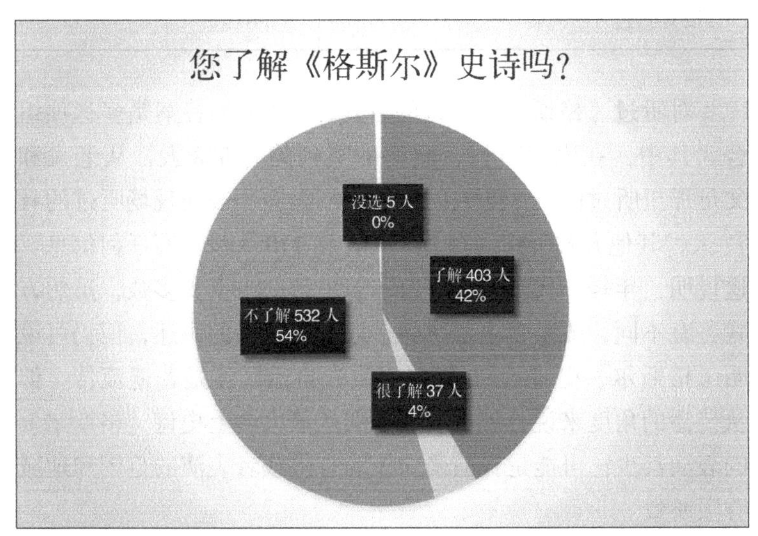

可见，“不了解”《格斯尔》史诗的占54%，“了解”的占42%，“很了解”的只有4%；调查“您听过《格斯尔》史诗吗”这一问题时，结果为“听过”的有641人，“有听过”的为184人，其余的没有选或写了“不知道”；对“您听过《格斯尔》史诗的方式是什么”这一问题回答如下表：

您听过《格斯尔》史诗的方式是什么	选择人数	
A. 从老人那里听过	251人	858人 多选项组合
B. 从父母那里听过	93人	
C. 从电视节目中听过	236人	
D. 从表演现场听过	29人	
E. 通过微信听过	72人	
F. 在那达慕大会上听过	48人	
G. 其他方式听过	348人	
H. 没有听过	110人	

对听过《格斯尔》史诗的方式，858人的答案是多选项组合。其中，在电视节目、微信中听到的有308人，从老人和父母那里听过的有344人，在那达慕大会和表演现场听过的有77人，其他方式听到的有348人，有110人没有写任何信息。这说明，年轻一代听过《格斯尔》史诗的占据大多数，虽然方式各有不同，或来自电子媒体，或来自家人的讲述，但仍可说明《格斯尔》史诗近30年在内蒙古自治区还是普遍流传。但从传播的角度来说，现场表演和那达慕大会上史诗《格斯尔》的表演甚少，可能是目前受众极为有限或者表演的范围和地域有限所致。

在“您了解《格斯尔》风物传说吗”问题的四个选项中，选择“了解”和“了解一点”的共528人，四个选项中选择“不了解”的达到了434人（如下图）。

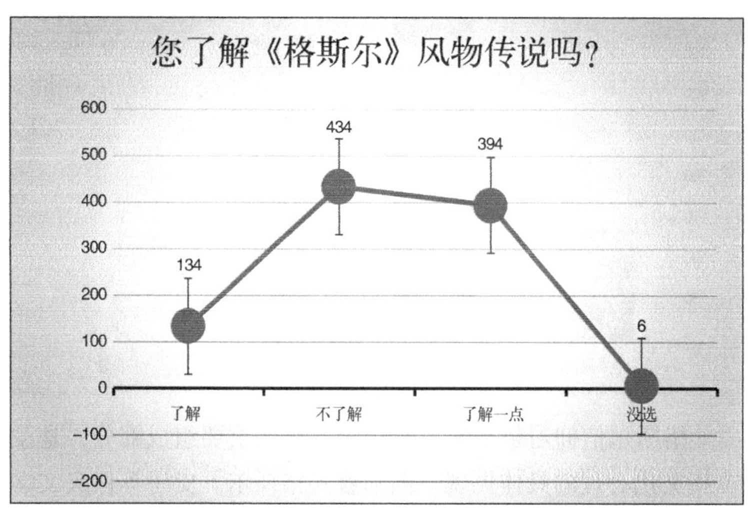

关于“您听过的《格斯尔》风物传说有几个”这一问题及其四个选项“10个以上”“3～5个”“1～2个”“没听过”，调查结果是：听过10个以上《格斯尔》风物传说的有31人，听过3～5个的有178人，听过1～2个的有343人，没有听过的竟然最多，达到了404人，还有12人没有选任何选项。其中，没有听过的占41.7%，表明《格斯尔》风物传说的讲述流传不是很普遍。

特别是从下图“您了解什么是格斯尔文化吗”的回答中可以看到，选“了解”的和选“一般”的人数之和与选“不了解”的人数基本持平，其中选“一般”的人数占据了总调查人数的三分之一。反之，从这一组数据可以看出，当前多媒体、多渠道、多方式传播格斯尔文化的力度远远不够，传播的方式也有待综合发力。

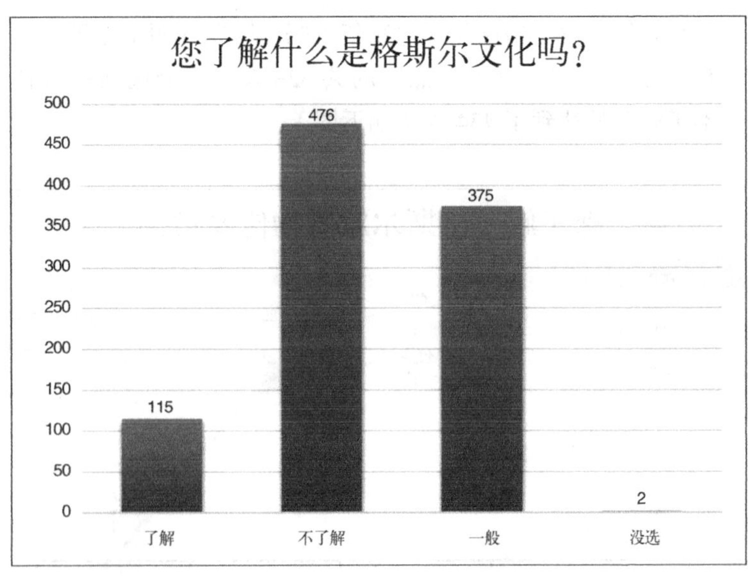

格斯尔信仰习俗是蒙古族传统文化的重要组成部分，是蒙古族文化心理的具体再现。但随着《格斯尔》史诗等口头文学传承人的减少，演述活动也从传统的演述转向今天的专题学术会议，有意地采集某位艺人的录音文本，或在那达慕等娱乐活动中表演等，表演语境产生诸多变化，民众对格斯尔信仰习俗的了解认知出现了新的情况。从“您了解《格斯尔》信仰习俗吗”调查结果可见，在四个选项中选择“了解”的有 66 人，选“不了解”的有 446 人，选“一般”的有 435 人，没选任何选项的有 21 人。可见了解的人很少，抑或一般，而且这一问题中，近一半的人不了解或不知道，说明对传统文化的传承力度远远不够。

在漫长的历史进程中，蒙古族与其他民族一同创造了辉煌灿烂的中华文化，每一个民族的进步，都是文化发展的结果，保护和弘扬传统文化人人有责。格斯尔文化丰富，其发展、演变过程与其所处的现实息息相关。调查“您对格斯尔文化感兴趣吗”这一问题时，结果为“感兴趣”的有 417 人，“不感兴趣”的有 101 人，“不确定”的有 434 人，没有选的有 16 人。

“您是否参与过格斯尔文化保护、传承与发展工作”问题的结果如下图所示：

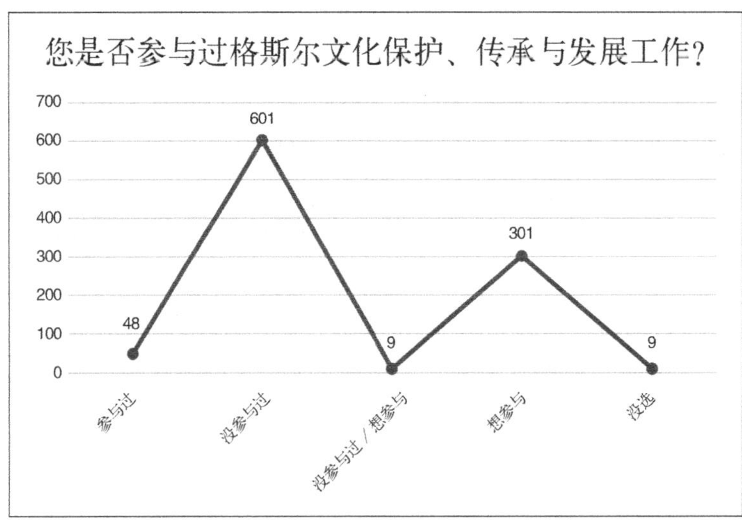

“您认为格斯尔文化传承的价值何在”的四种选项中，选“传承民族文化”的有 823 人，选“推进文化发展”的有 244 人，选“陶冶情操”的有 86 人，选“娱乐价值”的有 7 人，没有选择的只有 15 人，说明被调查者对格斯尔传统文化的价值有充分的认识。他们对于“今后如何传承、保护与发展格斯尔文化”做出了如下表的回答。

您认为今后如何传承、保护与发展格斯尔文化?	选项的人数	
A. 培养传承人	332 人	955 人 多选项组合
B. 开设专题课程	391 人	
C. 电视、微信媒体等传播	362 人	
D. 政府扶持	192 人	
E. 发展格斯尔文化产业	496 人	
F. 创建“格斯尔”品牌	197 人	
G. 没有选择	13 人	

从表中的数据看，可以说，当今大学生和中学生普遍希望以多种方式、多种传播手段，包括开设专题课程来传承、保护格斯尔文化，并在政府扶持下，创建文化品牌，发展格斯尔文化产业。这不仅是当下的现状，也是今后需要加大力度去做的工作，是时代赋予格斯尔文化工作的命题。结合学生的学习实际，本次问卷中“您有认识的《格斯尔》史诗传承人吗？如有请写出他的名字”部分，选“了解”的有46人，选“不了解”的有874人，其余48人的选项为空白。写出的传承人名字仅有傲特根巴雅尔、加·朱乃、罗布生、金巴扎木苏4位；写《格斯尔》的研究者乌·新巴雅尔的有1名，此外还有3人分别写了收藏专家马未都、额尔古纳乐队的那日苏、苏绣传承人姚建萍。

问卷中，“您了解研究《格斯尔》文化的学者吗？如了解请写出学者的名字”部分，选择“了解”选项的有34人，选“不了解”选项的有889人，没有选择的有45人。仁钦道日吉、朝戈金、布仁巴图、鲁日甫、敖·那钦（笔误，乌·纳钦）、察哈尔·格西罗桑布瑟勒图木、朱大可等学者名字的列举，显然体现了多数学生对《格斯尔》学术研究等基本不了解，且有的学者并不在这一学科之中。

关于“格斯尔文化课”一问的答案明确了格斯尔文化建设中，学校传承、保护的不可替代的重要作用。调查中，689名学生希望进行一次格斯尔文化的调查，选取“无所谓”的有202名，“不希望”的有57人。

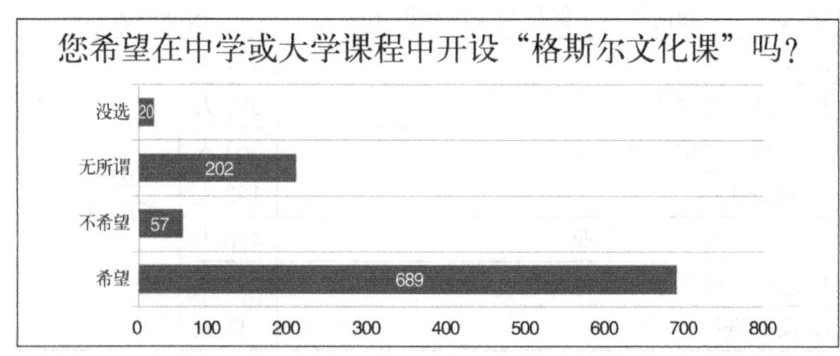

从传承人的现状困境和本次校园调查数据来看，结合问卷中的“您认为为什么传承、保护与发展格斯尔文化？您对今后传承、保护与发展格斯尔文化有哪些建议，请写出你的建议”的回答，格斯尔文化传承、保护与发展存在的问题可以概括为如下几点：

一是传承人的培养亟待大力加强，并时常请其进校园来。

二是格斯尔文化的传播有限，以民间记忆的传播为主，而活态的表演与利用现代数字媒体技术传播还远远不够，与格斯尔文化建设、保护人类文化遗产的目标极不协调。

三是在《格斯尔》流传的文化圈，各级学校教育教学中相关内容甚少，特别是高校的文化传承传播职能发挥不充分。

四是法治保护应和政府持续扶持并举。推动格斯尔文化的产业化发展，使其走向全国、面向世界，并创造经济价值和社会价值，实现传统文化与地方经济社会发展的双赢。

第三节　格斯尔文化新发展的对策与思考

《格斯尔》是人类非物质文化遗产，是蕴含着蒙古民族的精神价值、思维价值、想象力和文化心理的蒙古民族的智慧结晶，也是全人类文明的瑰宝。人类的潜力无限，人类的文化发展也是无限的。本文通过对《格斯尔》进行的全面解析，进一步思考蒙古族史诗文化的未来发展趋势，我们认为客观上要承认文化的时代性，许多产生于古老年代的文化都有共通的一面；同时，在主观上我们强调从蒙古族文化自身的基因中，寻找积极进取和自我改造的动力。而史诗《格斯尔》中呈现出的对理想人格和理想社会的不懈坚持、面对危机的化危为机的态度、敬畏自然的生态意识以及对生命的无限热爱，无疑是留给后人的巨大精神遗产。因人类所特有的潜能和文化积累的特性，《格斯尔》在悠久的历史进程中代代传承，《格斯尔》发展成史诗、传说、训谕诗、祝词、赞词、歌曲等多种口头文类，并与格斯尔崇拜信仰习俗、格斯尔庙等物质文化遗产一起形成了丰富的格斯尔文化。格斯尔文化是一个有机的整体，其各个互相联系的文化要素都起着一定的作用，相互之间的作用也影响着格斯尔文化的存在、发展状况；也是格斯尔诸多文化有机要素发展、累加并得到有效的保护，不断推进蒙古族口头叙事传统成为经济社会发展的文化资源和知识资源，在人文建设、教育发展、人类进步等诸多方面发挥着重要的作用。随着社会的发展、各种条件的变化，以及当前人类科技文化水平的不断提高、文化娱乐的多元化、价值观的多元化等，格斯尔文化的传承、保护工作也发生着深刻的变化。在新时代，为了更好地传承民族文化，弘扬民族精神，满足人民的多样化需求，格斯尔文化再发展应采取多种举措，实现新时代的全面复兴。

一、传承、保护格斯尔文化的首要前提是保护其文化生态

任何一种文化都有其产生、发展、演变的过程。格斯尔文化的发展、演变、困境与文化生态有关，与时代发展有关。文化生态的影响是普遍而深刻的。表面上看，《格斯尔》史诗表演受到文化生态的制约和影响，实则对格斯尔文化体系的诸多要素均有影响，如格斯尔信仰习俗、格斯尔口头文类的此消彼长、格斯尔传承人队伍建设等，因此与其文化生态环境相结合是保护与发展格斯尔文化的首要前提。在其文化生态中确保格斯尔文化的可持续发展，是时代赋予我们的新使命。《格斯尔》口头文学在蒙古族文化土壤上生长、发展，在演述中，留下不同时代、不同艺人的特征，口头传统维系着《格斯尔》文本的发展。由于年轻人的价值观的多元化、现代娱乐形态的多

样化，传承和欣赏《格斯尔》史诗的热情减弱，传承人虽然减少了很多，但通过调查，发现《格斯尔》史诗演述后继有人，目前尚未濒危至销声匿迹。近些年在新疆、青海、吉林前郭尔罗斯、辽宁、内蒙古等地，加强培养《格斯尔》史诗艺人工作正在有组织、有计划地进行，尽管能完整演唱史诗的艺人非常少，但演述一个章节或能录制几十个小时的艺人陆续出现。蒙古族艺人对格斯尔文化的认同，相同的思维模式、相同的道德规范、相同的价值观念和相同的语言与风俗习惯，形成了对《格斯尔》的一种内聚力。一代一代的艺人讲述着格斯尔英雄的故事，把信仰、观念收入格斯尔文化体系中，精心地把本民族的精神生活保存在史诗中，是一条最牢固的纽带，把一代代艺人连接成伟大的、历史的、活生生的整体，确保《格斯尔》的活形态发展。必须要重视保护生活在交通不便的边远地区、草原牧场或农村基层的民间艺术家、史诗传承者，这是学界的共识，也是保护人类口头非物质文化遗产的必然要求。如果《格斯尔》口头叙事传统的生态遭受不可逆转的破坏，那么《格斯尔》史诗表演的那些时而高亢清远、时而浑厚低沉的声音将会消失。因此，各级政府要高度重视在资金和政策上给予倾斜，持续扶持有关单位和部门开展《格斯尔》艺人的抢救与保护工作，采取强有力的、科学有效的措施，给予传承人切实的物质和生活保障，同时满足听众的欣赏口味和文化需求，以此来保存蒙古族民间艺术的“活化石”，这是格斯尔文化发展亟待解决的时代问题，解决好这一问题将为人类文明做出贡献。

二、加快建设格斯尔文化传播体系

在技术日新月异的今天，人们的生活节奏变得更快，获得信息的途径更便捷，网络数字媒体对人类生活的影响越来越深刻，加上人类对文化需要满足的无止境追求，使文化不断被创造，以满足一个个不同需求或更高的需求，并使人类在自己的文化中感受到日益进步所带来的幸福感。格斯尔文化正是在数字化语境中加大建设力度，开辟新型数字化平台，用现代技术构建《格斯尔》文化传播体系。《格斯尔》的流传与“一带一路”覆盖地域高度重合，在新时代网络技术的飞速发展中，《格斯尔》的保护须与媒体深度融合，利用直播、社交、视频、音频等渠道，充分利用互联网，从口头和文本传承转向互联网数字传播，这是民众娱乐需求多元化使然，也是时代发展的必然选择。格斯尔文化朝着“互联网+”与时俱进，《格斯尔》正在成为互联网里的“网红”。“《格斯尔》在‘口头—文字，传统—现代，民族—世界’的转型中，在‘口头说唱—母语书写—外（英）语翻译’的译介中；在‘族裔文化—文学文本—世界文学’的传播过程中呈现出多元并存、立体伸展的媒介融合景观，这是口传史诗传播的未来趋势。”[①]格斯尔是史诗，是文化，更是中华民族优秀传统文化遗产之一。格斯尔文化传播不仅仅是语言转换与文本翻译，更是对说唱和表演语境的文化再现。将文字外的民族志信息传递给读者，强化史诗的历史语境，才能综合再现史诗景观和说唱文化精髓。2017年6月9日，新疆尼勒克县举办了“民族团结一家亲·少儿《格斯尔》”说唱比赛，参加比赛的少年中，小的7岁，最大的13岁。他们身着民族服装，表演了精心编排的《格斯尔》说唱选段，显示了少年的《格斯尔》说唱的技艺，对《格斯尔》史诗展示推广及传承工作有着创新意义。又如蒙古语英雄史诗《格斯尔传》第八集——播音者和希格满都拉[②]、优酷和腾讯在线播放的《格斯尔史诗》片段——敖特根巴音在哈佛

① 王治国：《格斯（萨）尔域外传播的翻译转换与话语体系探析》，载《第八届〈格斯（萨）尔〉国际学术研讨会暨纪念北京木刻版〈格斯尔〉刊行300周年学术研讨会论文集》，2016年。

② 智慧钥匙广播，2017年6月20日17：08。

大学的《格斯尔》演述、1991 年 11 月 22 日香港广播电视新闻录制公司制作的罗布生艺人的专题《蒙古格斯尔奇》、1997 年中央电视台第四频道《中华民族》栏目播放的罗布生说唱的《豪尔·格斯尔》、优酷视频《路过巴林右旗想起了格斯尔艺人》以及蒙古"史诗网"的创建等线上资源虽极为有限，但对《格斯尔》的保护发展起到了一定的推介传播作用。文化其实就是一种生活态度和生活的方式，它包括了不同层次的人的生活方式，百姓民众聆听演唱史诗的民俗、文人学者迅速捕获学术信息，都是民族文化生活的方式，也是领悟民族文化独特艺术的手段。新的时代，网络化、数字化的格斯尔文化资源建设能够打破时间性、区域性的限制，成为共享资源，使格斯尔文化具有全人类性。非物质文化遗产的创新是文化创新的重要内容之一，也是文化从单一性向多样化发展进步的基本动力，格斯尔文化能够超越时空，也表现在接受者的再创造，如史诗《格斯尔可汗》通过网络游戏《可汗》在韩国被广泛接受等是最好的阐释。"随着数码媒体的出现，这些英雄故事（英雄神话）不仅在小说或电影里，而且利用一源多用的效果，在动画人物产业或动画、网络游戏等多个领域得到其商业价值的承认。"[①] 现代人的需要是多层次的，文化也是丰富多彩的。《格斯尔》的主题、英雄的故事题材，在电影、动漫、儿童剧等不同视觉艺术领域得以发展，是民间文化在更高层次上的多元化的延伸。改革开放后，《格斯尔》史诗、风物传说不断拓展，出现了独唱、舞台剧、歌舞剧等艺术种类，1984 年内蒙古乌兰察布盟（今乌兰察布市）歌舞团表演了由著名作曲家永日布作曲的大型歌舞剧《格斯尔可汗》，布里亚特曾上演过话

① 斯钦巴图:《推进蒙古族口头与非物质文化遗产保护与研究》,《中国社会科学院院报》2007 年第 2 期。

剧《格斯尔的心》和芭蕾舞《大地的儿子》[1]。从史诗文类演变为多人说唱表演的大型舞台艺术，从单人表演到多人艺术，格斯尔文化的发展跨度和空间之大是可以想见的。它不仅丰富了蒙古族音乐艺术，也为灿烂的格斯尔文化注入了新的活力。这必将推进格斯尔文化产业化发展和旅游业的发展，也体现了文化与经济关系的共生、同构与互动。

三、格斯尔文化的传承、保护纳入教育体系中，建立系统、科学、合理的教育机制是保护的有效途径

在国内，格斯尔文化进入教材主要是从20世纪80年代开始的。1979年冬天，在呼和浩特召开的会议上，中央民族大学、内蒙古大学、内蒙古师范大学、内蒙古民族师范学院及昭乌达蒙古族师专（赤峰学院前身）教授文学史课程的教师提议编写蒙古族文学史教材。经过几年的精心编写，《蒙古族文学史》[2]教材出版，其中，在第二编"封建社会的文学"部分中，第四章是《格斯尔传》，包括第一节《格斯尔传》的产生、类型及研究概况，第二节《格斯尔传》的内容与思想，第三节是《格斯尔传》的艺术特色（《格斯尔传》的形象塑造、《格斯尔传》的讽刺幽默、《格斯尔传》的故事情节与结构、《格斯尔传》的语言）等。这部高等学校的蒙古族文学史教材是大学生学习欣赏《格斯尔传》的开拓性教材。随后《格斯尔》史诗被选入高校自学教材《蒙汉合璧中国古典文学》（上、下册）的下册中，该书节选自《北京版蒙古〈格斯尔〉》的《六多矣》和节选自齐木德道尔吉改编的《英雄格斯

---

① 扎西达杰：《蒙族〈格斯尔〉音乐研究》，《音乐艺术》1995年第3期。

② 五院校合编：《蒙古族文学史》，内蒙古教育出版社，1984年，第341—370页。

尔》的《保卫北三部落》一节[①]。这部教材被誉为“具有拓荒意义的工程”，为蒙古族学生和干部用本民族语言学习中国古典文学提供了范本，也为汉族同志学习蒙古族语言文学，特别是为蒙汉双语授课提供了方便[②]，内容蒙汉对译，并附有原文及注释，其特点是便于自学。这些高校教材对《格斯尔》纳入学校教育教学具有开创性意义。随着《格斯尔》研究的不断深入，除高等学校的教材之外，《格斯尔》口头文学的多种文本、相关研究著作增多，在高校，特别是蒙古语言文学（文化）专业课程中成为基础内容得以传播。但中学或小学教育中，格斯尔文化进入校园就是晚近的事情了，制约了格斯尔传统文化在不同学生群体中的流传。在本课题的问卷中，关于“您认为今后如何传承、保护与发展格斯尔文化”这一问题，选择“开设专题课程”的有 391 人；在“您希望在中学或大学课程中开设格斯尔文化课吗”这一问题中，选项“希望”被选的最多，达到了 689 人，且 682 人希望参与一次格斯尔文化的调研。文化有着多种功能，文化功能也是一种价值。文化功能表现出来的价值和作用，其目的是满足人类的生存和社会发展的需要。教育部门应高度重视并逐步将其纳入教育体系中，使学校成为格斯尔文化研究的学术阵地的同时，结合育人工作，成为《格斯尔》非物质文化遗产的传承、保护与发展的主阵地，充分发挥学校的文化传承职能。《格斯尔》逐渐进入校园、进入课堂，不仅是为了学习研究、宣传弘扬格斯尔文化，还要打造出民族文化的经典。

《格斯尔》史诗、风物传说等口头文类和格斯尔信仰、格斯尔庙、格斯尔的风物遗迹是一张满足人民基本文化需要的

① 达木林巴扎尔编：《蒙汉合璧中国古典文学》，内蒙古文化出版社，1994 年，第 867—874 页。

② 张虎臣:《具有拓荒意义的工程——评〈蒙汉合璧中国古典文学〉》，《语文学刊》1995 年第 4 期。

相互联系着的网。《格斯尔》是蒙古民族集体记忆相互作用和体现人类创造力的一个鲜活例证。在对史诗的各种诠释中，格斯尔英雄故事在蒙古族中流传，体现了社会、政治、民俗宗教及美学价值、道德准则等。它们也是风俗、心灵上的一种习惯，直接或间接地满足着人类的精神诉求。2015年，内蒙古自治区巴林右旗编写的面向小学、中学的《格斯尔》乡土教材填补了这一空白，也是现代学校教育中传播格斯尔文化的重要举措。鉴于此，持续以高校的教育资源来培养一批多语种、专业化能力较强的《格斯尔》研究团队，发挥其在格斯尔文化传承、保护工作中的智库作用；在《格斯尔》文化圈的各级学校中，结合民族传统文化建设，应开设课程并结合教学实践进行《格斯尔》田野作业，让众多学生参与非物质文化遗产的传承、保护工作，使其在田野中认知、了解民族优秀传统文化，让学生强化实践能力，一改“满堂灌”的课程教学。中小学生通过田野作业直观地认识格斯尔遗迹等实物，对其特定的内涵、表现的形式、所起的作用有普遍的了解。特别是在高校，规范大学生采集录音、整理资料、誊写转写等田野工作流程，进而培养其发现问题、分析问题和解决问题的实际技能，这也是学校教育人才、服务社会、文化传承创新职能的最好体现。学生了解、吸收格斯尔优秀文化，对继承本民族的优秀文学传统，增强其民族自豪感、文化凝聚力，有着极为深远的意义。

四、依法保护格斯尔文化遗产，使之走上法制化轨道

制度是格斯尔文化延续发展的保证，具有推动和制约的作用。早在1994年，辽宁省阜新蒙古族自治县出台《奖励“胡尔沁”暂行办法》，对常年活动的艺人和带徒的艺人进行奖励，1999年制定了《阜新蒙古族自治县蒙古族文化工作

条例》。文化部《国家级非物质文化遗产保护与管理暂行办法（2006 年）》、2008 年 6 月 14 日起施行的《国家级非物质文化遗产项目代表性传承人认定与管理暂行办法》，这些管理办法、法规制度有效地推进了格斯尔文化的保护。特别是 2011 年 6 月 1 日起实施的《中华人民共和国非物质文化遗产法》，使《格斯尔》非物质文化遗产保护走上了法制化轨道。各地区认真贯彻《中华人民共和国非物质文化遗产法》，有针对性地做好史诗文化传承多项工作。新疆民间文艺家于 2013 年 8 月 14—17 日，在新疆博尔塔拉举办了首届新疆蒙古族图兀勒奇培训班。2014 年 6 月 16—20 日在和静县举办新疆第二届《江格尔》《格斯尔》及图兀勒传承人培训班，新疆的 40 位艺人参加培训。史诗艺人“代代相传，对传承和弘扬优秀文化传统，促进边疆地区的社会稳定，民族团结意义深远”，且“民间文化遗产的保护工作的中心是对传承人的保护。传承人是重要的文化承载者和传递者。因此，保护好传承人，完善知识结构，提高综合素质，让传承人更科学、积极地传承、培养后继人才，具有非常重要的意义[①]。2015 年 6 月 23 日在新疆乌鲁木齐举办新疆第三届《江格尔》《格斯尔》及图兀勒传承人培训班[②]，50 多位民间艺人参加了为期五天的培训。2003 年，内蒙古自治区党委、政府召开全区文化工作会议，提出了建设民族文化大区的目标。内蒙古自治区地方政府也根据相关法律制定地方法规，积极使文化遗产的保护、开发等纳入法制轨道。内蒙古自治区《格斯尔》工作办公室认真落实《中华人民共和国非物质文化遗产法》，遵照《内蒙古自治区人民政府办公厅关于抢救保护〈格斯尔〉工作实施方案的通知》（内政办发〔2012〕145 号）文件精神研究制定《内蒙古自治区抢救保

① 天山网，2014 年 6 月 19 日。
② 天山网，2016 年 6 月 23 日。

护〈格斯尔〉工作课题管理办法》，积极动员不同单位、机构协同保护格斯尔文化。内蒙古民族大学科尔沁文化研究所是第一批市级、自治区级非物质文化遗产名录《格斯尔》的保护单位。通辽市的拉西敖斯尔于2010年被评为自治区级《格斯尔》传承人，该地区现以潮尔伴唱来学习《格斯尔》的艺人有于宝林、赛纳等。国家和地方政府的保护与抢救的一系列制度、法规，使格斯尔文化保护工作有法可依、有章可循。对文化遗产价值的认识是一个渐进的过程。各级财政要加大投入，专款专用；有关传承人的保护，格斯尔庙及不同地区的格斯尔风物遗址的保护，说唱文本整理编辑的版权归属，在线资源的权限，大型的格斯尔博物馆、展览馆、赛马场，格斯尔文化墙等载体的建设，格斯尔旅游资源的开发利用，等等，要以相关法律制度规范管理，改进格斯尔文化保护行政执法工作中存在的法制不够健全、文化保护意识上的偏差、公众参与程度不高等状况，在新时代，科学规范、扎实有效地全面推进蒙古格斯尔文化传承、保护与发展工作。

结 语

《格斯尔》作为跨民族、跨文化的极具包容性的伟大文化载体，体现了中华文化的多样性、凝聚性和不可分割性，是族际文化互动、国际文化交流以及人类文化多样性的鲜活例证。人类非物质文化遗产是活态的，与社会一同发展，在社会生活中不断变异和重构。

过去关于《格斯尔》的研究集中在对某一个问题的专项研究上。在十一届三中全会之前，关于《格斯尔》的研究仅发表不足10篇论文。时至20世纪末，出现多部专著和论文著述，“格斯尔学”蔚然成风，但从文化意义上的综合探究尚显不足。本文基于民俗学、人类学民族志深度描写，进行民间文学文本分析，运用比较文学等相关学科的理论和方法，在前人学术成果基础上，对蒙古格斯尔文化进行综合研究，阐述格斯尔文学性的研究学术史取得的丰硕成果，并结合田野调查资料阐释在现代语境下如何科学有效地传承、保护和发展蒙古格斯尔文化。在多次国际研讨会上以口头和书面《格斯尔》文本及活态《格斯尔》史诗文化为对象，在非物质文化遗产保护传承方面相互借鉴启发，共谋发展。在国际口传文学平台上推介宣传《格斯尔》，这不仅对蒙古族口头文学的保护、传承具有现实意义，对非物质文化遗产持续发展具有指导意义，也展示了《格斯尔》在现代学科中极为重要的地位。

格斯尔文化传承、保护与发展工作的实践主体包括民间、学术研究团体，地方文化工作者和各级政府，通过传承人、学校、学术界、政府机关多方合力协作，才能实现格斯尔文化的保护与发展，这是一个具有中国特色的文艺实践方式。各级地方政府把《格斯尔》纳入政府文化战略项目，加大投入和扶持力度；相关机构建立健全保护和鼓励《格斯尔》口头文学传承人的长效机制和实施细则，定期或不定期举办形式多样的《格斯尔》主题文化活动；着力在中小学基础教育课程体系特色教材和大学课程中增加格斯尔文化的相关内容，弘扬传统文化，并在格斯尔文化生态区进行田野作业，深入实践“中国诗学”理论；并以《格斯尔》非物质文化遗产法制建设确保这一民族文化得到新的全面的发展。文化是一个民族的重要特征，也是民族精神的重要内容，追求优秀的精神文化品质，振兴民族文化，让民族文化同世界接轨，将自身文化中优质的、具有突出特点的文化发扬光大，使民族文化在新环境中被广泛认可，是当代文化建设发展的理想与目标之一。《格斯尔》不仅是文学，而且是一种精神象征，是蒙古民族文化的象征、精神性格的表现，是民族文化的“百科全书”，是人类文化的瑰宝。今后深化全面研究，可从格斯尔造型文化，如从壁画、雕塑、石刻等作品中寻找特色；应用影视人类学方法，从影像、画面、声音、环境、背景等方面进行综合资料的采集；以社会学、军事学角度考察其战争主题内容；从传播学与译介学角度探索《格斯尔》文本译文创编在国际跨文化中的传播理论，加强对外交流与宣传，讲好“格斯尔”的故事。

巴林是格斯尔文化之乡。内蒙古地区是蒙古族相对集中的区域，党和政府一直高度重视地区文化的发展。在 2014 年中央民族工作会议和全国文艺工作者座谈会上，习近平总书记两次强调《格萨（斯）尔》的政治意义和学术文化价值，使《格斯尔》工作得到更为广泛的关注。2019 年 7 月 15 日，习近平总书记视察内蒙古自治区时，在赤峰市博物馆二层观看了金巴扎木苏、敖特根巴雅尔、敖特根花、图门乌力吉、斯钦、布仁、宝力格、杭盖、苏力德9位艺人表演的《格萨（斯）尔》史诗，总书记指出：我国是统一的多民族国家，中华民族是多民族不断交流交往交融而形成的。中华文明植根于和而不同的多民族文化沃土，历史悠久，是世界唯一没有中断、发展至今的文明。要重视少数民族文化保护和传承，支持和扶持《格萨（斯）尔》等非物质文化遗产，培养好传承人，一代一代接下来、传下去。要引导人们树立正确的历史观、国家观、民族观、文化观，不断巩固各族人民对伟大祖国的认同、对中华民族的认同、对中国特色社会主义道路的认同。

《格斯尔》既是一部宏伟的史诗，同时也是蕴藏民族精神、民族意识的重要文化著作，深刻地汲取其中的理论养分，对于民族文化在全球语境中实现自我超越具有深刻的启示意义。尽管《格斯尔》史诗在今天面对诸多挑战，但也面临着更多的机遇，需要加强传承和保护工作。根据联合国教科文组织通过的《保护非物质文化遗产公约》，坚持因地制宜和整体保护原则，重点保护传承人和《格斯尔》口头文类的原生态语境。在学科建构上加强跨学科研究，从口头诗学、民俗学、文学、民间文艺学、文化学深化研究，并从哲学、宗教学、美学、历史学、心理学等不同视角出发，从传统的文化当中吸取其精髓，重新审视《格斯尔》所反映的文化特质，积极寻索复兴传统优秀民族文化的动力，以传统文化为根基，注入时代的独特要求，在发掘、传承优秀文化传统中改革和创新，为民族文化和民族精神增添新的活力，为人文社会科学的综合研究提供范式，推动“格斯尔学”学科体系的新发展。

在大力提倡“文明交流互鉴”的今天，以《格斯尔》口头传统的宏大叙事，强化人民，特别是青少年一代的文化认同与历史连续感，挖掘格斯尔文化资源，弘扬格斯尔惩恶扬善、为民造福、勇敢无敌的英雄精神，发挥其教育娱乐功能，确保传统文化的可持续发展。在党中央的领导下，认真贯彻落实中央关于弘扬中华优秀传统文化的重要指示精神，进一步深刻认识格斯尔文化传承、保护与发展的重要政治意义和极高的学术价值，努力培养《格斯尔》口传文类的接班人，把这项文化遗产一代一代传下去。在推动“一带一路”倡议“民心相通”工作和构建人类命运共同体的过程中，讲好格斯尔叙事传统，促进各民族和谐相处、建设美好家园，将全面推动中国文化的繁荣与复兴。

附　录

本文第四章中例举《圣主格斯尔可汗》的3章诗行时，借鉴了《蒙汉词典》和《格斯尔全书》（第一卷、第四卷）的拉丁文转写部分，对行文诗行例句进行转写时，遵循蒙古文正字规则的语音和谐规则、连接元音规则和元音辅音的相连规则，未采用口头的标音转写，具体规则如下表。

蒙古文转写规则

ᠠ	ᠡ	ᠢ	ᠣ	ᠤ	ᠥ	ᠦ	ᠨ	ᠪ	ᠫ	ᠬ	ᠭ	ᠮ	ᠯ
a	e	i	o	u	ö	ü	n	b	p	h	g	m	l
ᠰ	ᠱ	ᠲ	ᠳ	ᠴ	ᠵ	ᠶ	ᠷ	ᠸ	ᠹ	ᠺ	ᠽ	ᠼ	ᠩ
s	x	t	d	ch	j	y	r	w	f	k	z	c	ng

参考文献

一、史诗文本

[1] 桑杰扎布译：《北京版格斯尔传》（汉文），人民文学出版社，1960 年。

[2] 琶杰演唱，其木德道尔吉整理，安柯钦夫翻译：《英雄格斯尔可汗》（汉文），作家出版社，1963 年。

[3] 安柯钦夫、斯钦孟和搜集、整理：《卫拉特格斯尔传》，内蒙古文化出版社，1984 年。

[4] 内蒙古自治区社会科学院文学研究所、内蒙古自治区《格斯尔》工作领导小组办公室编：《布里亚特格斯尔》（一），尼·巴图孟和、玛·赛吉尔玛转写，1985 年。

[5] 诺民转写：《布里亚特格斯尔》（二至四），1986 年。

[6] 那顺布和译：《卫拉特格斯尔传》（汉译本），1985 年。

[7] 优·其木德道尔吉校注、整理：《格斯尔可汗传》（上、下），内蒙古人民出版社，1985 年。

[8] 布和朝鲁搜集、整理：《巴林格斯尔传（三）》，1985 年。

[9] 道荣尕整理，那·阿萨尔拉特审订：《琶杰格斯尔传》（上、下册），民族出版社，1989 年。

[10] 斯·窦步青搜集、整理：《肃北蒙古族英雄史诗》，民族出版社，1998 年。

[11] 索德那木拉布坦编撰审订：《巴林格斯尔传》，内蒙古科学技术出版社，2000 年。

[12] 斯钦孟和主编：《格斯尔全书》（卷一），内蒙古人民出版社，2000 年。

[13] 金巴扎木苏演唱，道荣尕整理：《宝格德格斯尔可汗传》，内蒙古人民出版社，2000 年。

[14] 金巴扎木苏演唱，斯钦孟和搜集、整理、注释：《圣主格斯尔可汗》（《格斯尔全书》卷二），内蒙古人民出版社，2003 年。

[15] 金巴扎木苏演唱，斯钦孟和主编：《格斯尔全书》（卷三），内蒙古人民出版社，2007 年。

[16] 斯钦孟和、巴图主编：《格斯尔全书》（卷四），内蒙古人民出版社，2009 年。

[17] 斯钦孟和、巴·布和朝鲁主编：《格斯尔全书》（卷五），内蒙古人民出版社，2008 年。

[18] 斯钦孟和主编：《格斯尔全书》（卷六），内蒙古人民出版社，2009 年。

[19] 斯钦孟和主编：《格斯尔全书》（卷七），内蒙古人民出版社，2011 年。

[20] 吴松林主编：《英雄格斯尔可汗：汉英对照》（上、下册），王民华、刘田等译，吉林大学出版社，2012 年。

[21] 却日勒扎布主编：《格斯尔可汗》（1、2、3），内蒙古少年儿童出版社，2013 年。

[22] 吉日木图改编：《格斯尔的故事》，纳日苏译，内蒙古人民出版社，2014 年。

[23] 娜仁花主编：《格斯尔：史诗歌手演唱原文记录本》，新疆人民出版社，2014 年。

[24] 格日勒图整理，巴图、敖尼苏审订：《岭〈格斯尔〉》（上、下），内蒙古文化出版社，2015 年。

[25] 格日勒图整理，巴图、敖尼苏审订：《北京木刻版〈格斯尔〉》《扎雅〈格斯尔〉》《隆福寺本〈格斯尔〉》《策旺〈格斯尔〉》《乌苏图召本〈格斯尔〉》《鄂尔多斯〈格斯尔〉》《诺姆其哈顿〈格斯尔〉》，内蒙古文化出版社，2015 年。

[26] 宝玉柱整理，巴图、敖尼苏审订：《喀喇沁〈格斯尔〉》（上、下），内蒙古文化出版社，2015 年。

[27] 陈岗龙、哈达奇刚等译：《十方圣主格斯尔可汗传》，作家出版社，2016 年。

[28] 金巴扎木苏口述，钱德海编译：《圣主格斯尔故事》，内蒙古文化出版社，2017 年。

[29] 道荣尕搜集，贺·孟和吉日嘎拉编：《格斯尔故事传说》，内蒙古文化出版社，2018 年。

[30] 巴·散布拉扎布搜集、整理：《巴林〈格斯尔〉山水传说》，内蒙古人民出版社，2018 年。

二、主要参考文献

（一）专著

[1] 巴·布林贝赫、宝音和西格编：《蒙古英雄史诗选》（二卷），内蒙古人民出版社，1988 年。

[2] 马·斯·乌力吉：《蒙藏〈格斯尔〉的关系》，民族出版社，1991 年。

[3][苏联] 谢·尤·涅克留多夫：《蒙古人民的英雄史诗》，许昌汉、高文风、张积智译，内蒙古大学出版社，1991 年。

[4] 却日勒扎布：《蒙古格斯尔研究》，内蒙古教育出版社，1992 年。

[5] 巴·布林贝赫：《蒙古英雄史诗的诗学》，内蒙古教

育出版社，1997 年。

[6] [美] 约翰 · 迈尔斯 · 弗里：《口头诗学：帕里 – 洛德理论》，朝戈金译，社会科学文献出版社，2000 年。

[7] 仁钦道尔吉：《蒙古英雄史诗源流》，内蒙古大学出版社，2001 年。

[8] 萨仁格日乐：《蒙古史诗生成论》，中央民族大学出版社，2001 年。

[9] 朝戈金：《口传史诗诗学：冉皮勒〈江格尔〉程式句法研究》，广西人民出版社，2002 年。

[10] 尹虎彬：《古代经典与口头传统》，中国社会科学出版社，2002 年。

[11] 陈岗龙：《蟒古思故事论》，北京师范大学出版社，2003 年。

[12] [蒙古] 热 · 纳仁图雅：《蒙古英雄史诗的口头与书面文本的关系》，海英转写，民族出版社，2004 年。

[13] [美] 阿尔伯特 · 贝茨 · 洛德：《故事的歌手》，尹虎彬译，中华书局，2004 年。

[14] 哈顺图雅：《蒙古格斯尔文化渊源性研究》，内蒙古人民出版社，2005 年。

[15][法] 石泰安：《西藏史诗和说唱艺人》，耿昇译，中国藏学出版社，2005 年。

[16] 巴雅尔图：《〈格斯尔〉研究》，内蒙古教育出版社，2006 年。

[17] 丹碧、纳仁毕力格、王桂兰：《卫拉特蒙古英雄史诗研究》，新疆人民出版社，2006 年。

[18] 玛 · 乌尼乌兰编：《格斯尔西蒙古变异本研究》，民族出版社，2006 年。

[19] 斯钦巴图：《蒙古史诗：从程式到隐喻》，民族出版社，2006 年。

[20] 阿拉坦宝力格：《当代蒙古族宗教信仰研究》，内蒙古大学出版社，2013 年。

[21] 郝建平等：《内蒙古历史文化遗产的保护与利用研究》，中国社会科学出版社，2013 年。

[22] 娜仁花主编：《格斯尔（史诗歌手演唱原文记录本）》，《新疆文库》编辑出版委员会，新疆人民出版社，2013 年。

[23] 曹娅丽：《〈格萨尔〉遗产的戏剧人类学研究：以青海果洛地区藏族格萨尔剧演述形态为例》，人民出版社，2014 年。

[24] 纳·宝音贺希格：《巴林民俗》，内蒙古科学技术出版社，2014 年。

[25] [俄罗斯] 霍莫诺夫：《布里亚特英雄史诗〈格斯尔〉》，陈渊宇译，内蒙古文化出版社，2015 年。

[26] 乌·新巴雅尔：《蒙古〈格斯尔〉研究》，内蒙古文化出版社，2015 年。

[27] 鲁娜、道日娜：《江格尔齐演唱的〈格斯尔〉比较研究》，新疆人民出版社，2015 年。

[28] 朝戈金：《史诗学论集》，中国社会科学出版社，2016 年。

[29] 乌云才其格：《青海蒙古族地名传说研究》，民族出版社，2017 年。

[30] 叶尔达、巴都玛拉、额日邓苏布达：《伊犁河流域新发现的托忒文〈格斯尔〉文献学研究》，民族出版社，2017 年。

[31] 贾晞儒：《语言文化学视野下的德都蒙古民间歌谣》，民族出版社，2017 年。

（二）蒙古文论文

[1][蒙古]Д · 达木丁苏荣：《蒙古〈格斯尔传〉有些名词

的解释》，《蒙古语言文学》1986 年第 2 期。

[2] 额尔顿哈达：《蒙古文〈格斯尔〉形成的内在原因》，《内蒙古师范大学学报》1987 年第 3 期。

[3] 索德那木拉布丹：《格斯尔丛书·前言》，《蒙古语言文学》1989 年第 1 期。

[4] 额·宝音乌乐吉：《关于〈格斯尔〉中的从比格后缀》，《内蒙古师范大学学报》1990 年第 2 期。

[5] 却日勒扎布：《格斯尔》与历史人物的关系，《内蒙古社会科学》（蒙古文版），1990 年第 5 期。

[6] 金海：《关于北京版〈格斯尔〉中相同故事的两章》，《内蒙古大学学报》1991 年第 2 期。

[7] 额布乐图：《〈阿拜格斯尔〉故事中的有些词汇解释》，《蒙古语言文学》1992 年第 3 期。

[8][蒙古]Д·策仁索德诺木：《蒙古口头文学研究概述》，《内蒙古民族师范学院学报》1992 年第 1 期。

[9][蒙古] 沙·嘎丹巴：《蒙古人民的英雄史诗》，《蒙古语言文学》1992 年第 4、5 期。

[10] 巴·布林贝赫：《论布里亚特格斯尔特征》，《内蒙古大学学报》1993 年第 4 期。

[11] 额尔敦毕力格：《蒙古〈格斯尔〉与萨满教》，《内蒙古民族师范学院学报》1995 年第 3 期。

[12] 巴·苏和：《〈格斯尔〉与蒙古文化传统》，《内蒙古大学学报》1996 年第 4 期。

[13] 那顺巴乙尔：《蒙古英雄史诗的叙述结构》，《蒙古语言文学》2000 年第 5 期。

[14] 玛·乌尼乌兰：《〈格斯尔传〉中的狩猎经济和其他经济》，《内蒙古民族师范学院学报》2000 年第 1 期。

[15] 孟金宝：《〈阿拜·格斯尔博克多可汗〉史诗之原始性研究》，博士学位论文，2001 年。

[16] 达・塔亚：《关于新疆卫拉特〈江格尔〉演唱场所》，《内蒙古大学学报》2001 年第 1 期。

[17] 郃银枝：《有关卫拉特〈格斯尔〉中与其他蒙古〈格斯尔〉所未有的诗章》，《卫拉特研究》2002 年第 2 期。

[18] 玛・乌尼乌兰：《〈卫拉特格斯尔〉思想化倾向浅析》，《蒙古学研究》2002 年第 3 期。

[19] 布仁巴图：《〈格斯尔传〉熟语之考察》，《蒙古学研究》2002 年第 1 期。

[20] 珠格德尔玛：《卫拉特〈格斯尔〉中的人民性和佛教影响》，《卫拉特研究》2003 年第 2 期。

[21] 宝音和西格：《蒙古史诗母题与它的生成、变更、消失》，《内蒙古大学学报》2006 年第 1 期。

[22] 哈斯其木格：《程式理论发展概述》，《中国蒙古学》2006 年第 6 期。

[23] 斯钦巴图、格日乐：《论英雄史诗〈罕青格勒〉语言程式特色》，《中国蒙古学》2006 年第 6 期。

[24] 贺宝音巴图：《蒙古族说唱艺术明鉴》，《内蒙古师范大学学报》2007 年第 3 期。

[25] 古・才仁巴拉：《青海蒙古族〈格斯尔〉及其说唱艺人》，《内蒙古社会科学》（蒙古文版）2007 年第 6 期。

[26] 玛・乌尼乌兰：《格斯尔史诗传统中金巴扎木苏所作出的贡献》，载《中国蒙古文学与文化国际学术讨论会论文汇编》，2007 年。

[27] 道日那腾格里：《蒙古文学中关于马的描述》，《中国蒙古学》2009 年第 1 期。

[28] 宝彦敖其尔：《巴林地区的〈格斯尔〉文化现象研究》，《中国蒙古学》2009 年第 2 期。

[29] 玛・乌尼乌兰：《青海〈格斯尔〉的传承与演化概况》，《中国蒙古学》2010 年第 4 期。

[30] 勒·乌苏荣贵：《建立青海省海西蒙古民间文学数据库的紧迫性》，《中国蒙古学》2011年第2期。

[31] 莫·赛吉日玛：《蒙藏与布里亚特〈格斯尔〉比较研究》，《中国蒙古学》2011年第1期。

[32] 玛·乌尼乌兰：《汉译卫拉特〈格斯尔〉的得失》，《中国蒙古学》2011年第4期。

[33] 达·塔亚：《2011年中国蒙古英雄史诗研究综述》，《中国蒙古学》2012年第6期。

[34] 乌·纳钦：《口传史诗程式分解与意象化机制》，《中国蒙古学》2014年第5期。

[35] 朝格吐、赵玉花：《试论青年格斯尔奇敖特根巴乙尔及其演唱的〈格斯尔〉》，《中国蒙古学》2014年第3期。

[36] 哈斯图雅、孟金宝：《〈巴林格斯尔〉中的嘎力邦夏日之文化渊源》，《中国蒙古学》2015年第5期。

[37] 乌云其木格：《蒙古族英雄史诗的汉译述程中重视民族文化要素》，《中国蒙古学》2015年第5期。

[38] 郃银枝：《古代民间艺人苏和演唱的英雄史诗特点》，《中国蒙古学》2015年第5期。

[39] 扎拉嘎夫：《论神话的史诗化——卫拉特神话与史诗为例》，《内蒙古社会科学》2015年第6期。

[40] 格·那木吉拉：《论源于〈格斯尔〉的故事谚语》，《中国蒙古学》2016年第6期。

（三）汉文论文

[1] 孟和：《关于蒙文三种版本〈格斯（萨）尔〉的关系及其渊源》，《中央民族学院学报》1992年第5期。

[2][俄]鲍·符拉基米尔佐夫：《卫拉特蒙古英雄史诗》，朝戈金译，《民族文学研究》1993年第1期。

[3] 巴莫曲布莫：《史诗传统的田野研究：以诺苏彝族史诗“勒俄”为个案》，博士学位论文，2003年。

[4] 朝戈金：《“口头程式理论”与史诗“创编”问题》，《中国民俗学年刊》1999 年。

[5] 朝戈金：《破解史诗说唱艺人记忆之迷》，《中国民族杂志》2001 年第 3 期。

[6] 朝戈金：《口传史诗文本类型——以蒙古族史诗为例》，《民族文学研究》2000 年第 4 期。

[7] 陈弘法：《〈格斯尔传：过去和现在〉内容评介》，《蒙古学信息》1995 年第 3 期。

[8] 格日乐扎布：《蒙古《格斯尔》的流传及艺人概览》，《民族文学研究》1992 年第 4 期。

[9] 呼日勒沙：《〈格斯尔传〉中的死亡与复生母题》，《民族文学研究》1989 年第 3 期。

[10] 金淑华：《俄国对史诗〈格斯尔传〉的研究》，《蒙古学信息》1996 年第 3 期。

[11] 金海：《蒙古族变异史诗中的形象特征》，《民族文学研究》1997 年第 4 期。

[12] 九月：《蒙古英雄史诗婚约之探讨》，《民族文学研究》2000 年第 4 期。

[13][芬兰] 劳里·航柯、孟慧英：《史诗与认同表达》，《民族文学研究》2001 年第 2 期。

[14] 郎樱：《〈玛纳斯〉的叙事结构》，《民族文学研究》1989 年第 5 期。

[15] 罗明成：《“争夺英雄妻子“母题的社会文化研究——以几部有代表性的英雄史诗为例》，《民族文学研究》1995 年第 2 期。

[16][美] 罗斯玛丽·列维·朱姆沃尔特：《口头传承研究方法纵横谈》，《民族文学研究》2000 年增刊。

[17] 李善娥：《英雄史诗《〈格斯尔可汗〉在现代的接受状况——以网络游戏〈可汗〉事例为中心》，载《中国蒙古文

学与文化国际学术讨论会论文汇编》，2007年。

[18] 却日勒扎布：《书面格斯尔的故事情节和结构类型》，《民族文学研究》1996年第1期。

[19] 仁钦道尔吉：《蒙古英雄史诗情节结构的发展》，《民族文学研究》1989年第5期。

[20] 仁钦道尔吉：《关于巴尔虎史诗和卫拉特史诗的共性与特性研究》，《内蒙古民族师院学报》1983年第2期。

[21] 仁钦道尔吉：《蒙古史诗的类型研究》，《民族文学研究》1985年第4期。

[22] 仁钦道尔吉：《〈格斯尔〉文本的一项重大的发现——被埋没的天才艺人金巴扎木苏》，《民族文学研究》2002年第1期。

[23] 仁钦道尔吉：《新发现的蒙古〈格斯尔〉》，《西北民族大学学报》2006年第4期。

[24] 斯钦孟和：《关于卫拉特〈格斯尔传〉》，《民族文学研究》1986年第3期。

[25] 斯钦巴图：《青海蒙古史诗的地域特征》，《中国蒙古文学与文化国际学术讨论会论文汇编》，2007年。

[26] 萨仁格日勒：《〈江格尔〉中的女性与“光”文化浅析》，《民族文学研究》1996年第3期。

[27] 糖吉思：《北京版〈格斯尔传〉特征之探讨》，《青海社会科学》1986年第5期。

[28][美]瓦尔特·翁：《基于口传的思维和表述特点》，《民族文学研究》2000年增刊。

[29] 万建中：《寻求民间叙事》，《民族文学研究》2004年第4期。

[30] 斯钦巴图：《图瓦〈克孜尔〉与蒙古〈格斯尔〉的比较研究》，《内蒙古民族大学学报》2005年第4期。

[31] 徐国琼：论《〈格萨尔〉与〈格斯尔〉“同源分流”

的关系》，《青海社会科学》1986年第3期。

[32] 乌力吉：《蒙文格斯尔中的婚姻家庭略考》，《民族文学研究》1997年第1期。

[33] 巴·苏和：《蒙古人的格斯尔崇拜》，《黑龙江民族丛刊》2006年第5期。

[34] 乌力吉巴雅尔：《追踪蒙古文文献中的格斯尔》，《中央民族大学学报》2007年第6期。

[35] 陈岗龙：《内格斯尔而外关公——关公信仰在蒙古地区》，《民族艺术》2011年第2期。

[36] 于静、王景迁：《〈格斯尔〉史诗中佛教精神的建构——从“非此即彼”到共同建构》，《西北民族大学学报》2012年第6期。

[37] 扎拉嘎：《〈格斯尔〉与〈格萨尔〉——关于三个文本的比较研究》，《民族文学研究》2003年第2期。

[38] 图娅：《国内格萨（斯）尔研究论文资料索引（1958—1986）》，《蒙古学资料与情报》1987年第2期。

[39] 龙梅：《流传在巴林右旗的蒙古“格斯尔”》，《实践：思想理论版》2008年第10期。

[40] 朝戈金、尹虎彬、巴莫曲布嫫：《中国史诗传统：文化多样性与民族精神的“博物馆”代序》，《国际博物馆》（全球中文版）2010年第1期。

[41] 娜仁花：《新疆蒙古族〈格斯尔〉》，《民间文化论坛》2011年第4期。

[42] 努·照日格图：《简论卫拉特〈格斯尔〉》，《民间文化论坛》2011年第4期。

[43] 斯钦巴图：《青海蒙古口传〈格斯尔〉与北京木刻版〈格斯尔〉的异同》，《民族文学研究》2012年第5期。

[44] 程洁：《千年格萨尔：东方的“荷马史诗”》，《中国社会科学报》2013年10月24日第1版。

[45] 叔嘎拉：《非物质文化遗产语境下的民间口传文学保护——以内蒙古自治区非物质文化遗产项目为例》，《内蒙古艺术》2014 年第 2 期。

[46] 乌·纳钦：《格斯尔本土形象与信仰——以巴林右旗为例》，《内蒙古社会科学》（汉文版）2016 年第 2 期。

[47]《第八届〈格斯（萨）尔〉国际学术研讨会暨纪念北京木刻版〈格斯尔传〉刊行 300 周年学术研讨会论文集》，2016 年。

[48] 斯钦巴图：《〈格斯尔〉降妖救妻故事变体与佛传关系考述》，《西北民族研究》2017 年第 4 期。

[49] 朝戈金：《口头传统在文明互鉴中的作用》，《中国民族报》2019 年 5 月 24 日第 6 版。

（四）文献集成

[1] 赵秉理编：《格萨尔学集成》第一至三卷，甘肃民族出版社，1990 年。

[2] 赵秉理编：《格萨尔学集成》第四卷，甘肃民族出版社，1994 年。

[3] 赵秉理编：《格萨尔学集成》第五卷，甘肃民族出版社，1998 年。

后 记

《蒙古格斯尔文化传承、保护与发展研究》一书是在作者主持的国家社科基金西部项目“蒙古格斯尔文化传承、保护与发展研究”（12XMZ059）的阶段性成果及结项成果基础上修改完成的。蒙古《格斯尔》史诗是蒙古族古典文学的三大高峰之一，由民间艺人代代口耳相传至今，是活形态史诗的典范。在蒙古地区，人们往往把山川、河流等与史诗英雄格斯尔可汗的英雄业绩联系在一起，创编出情节生动精彩、故事感人至深的口头文类，并与之相应产生了格斯尔庙的祭祀、格斯尔信仰习俗等，形成了具有鲜明蒙古民族特色和地方特色的格斯尔文化。格斯尔文化是不断发展着的活态文化。在格斯尔文化的传承、保护与发展过程中，一代代民间艺人和仁人志士、学者做出了卓越的贡献。2009 年，蒙藏《格斯（萨）尔》史诗被列入联合国非物质遗产名录，迎来了《格斯尔》工作的全面深化阶段。在前人研究的基础上，笔者搜集、整理文献资料进行综合分析，并结合田野调查和针对当前格斯尔文化面临的现状进行的问卷调查数据，论述了现代语境下的格斯尔文化发展的对策与思考，从《格斯尔》史诗口头文类着手，对蒙古格斯尔文化进行多视角解读与学理阐释。

蒙古格斯尔文化是中华优秀传统文化的重要组成部分，

是世界文化的瑰宝。它不仅包含了口头非物质文化遗产活形态的《格斯尔》史诗、风物传说等多种口头文类，其丰富独特的内容和精神特质更彰显了少数民族优秀传统文化的特性。全文在新时代、“一带一路”建设及东西方文明对话的全球化语境中，深刻论述了格斯尔文化生生不息的活力，弘扬其英雄精神，挖掘中国非物质文化遗产的精神内核并推动其繁荣发展，这是本文的社会价值及创新所在。

《格斯尔》史诗是蒙古族文学的经典，是最具权威的文学起源形式，它所蕴含的蒙古民族的历史生活、思想文化、习俗民风等，随着社会的嬗变和演进，得到进一步的丰富和发展。格斯尔多元文化的研究，是诠释这一人类非物质文化遗产当代价值的有益学术实践。在本书的写作过程中，注重格斯尔文化研究的综合性、时代性、学术性，力求创新文学研究，以文化学视域对前人研究《格斯尔》的成果进行梳理，并对当下的保护、传承工作进行人类学角度的深度描写；在传统的民间文学文本分析、比较研究基础上，客观论述《格斯尔》工作新成就、新成果，又直面现代困境与问题，理论建构与对策建议相融，旨在推进“格斯尔学”的向前发展。

在本书的写作过程中，笔者向研究《格斯尔》的诸位前辈学者和专家咨询请教，在此表示由衷的谢忱！在项目研究的多次田野调查中，得到内蒙古自治区少数民族古籍与《格斯尔》征集研究室的龙梅，内蒙古赤峰市委政法委的朝格巴达拉胡，赤峰市巴林右旗政府地方志办公室的纳·宝音贺希格，巴林右旗学生资助管理中心的哈斯其木格，巴林右旗“格斯尔文化研究发展中心”的阿拉木斯，巴林右旗大板蒙古族中学教师马牡丹，巴林右旗教育局的青格乐，《新疆畜牧业》杂志编审哈斯巴依尔，新疆民间文艺家协会的娜仁花、尼玛，新疆尼勒克县文化局的多尔吉拉·巴图加甫，青海民族大学郎银枝教授，内蒙古民族大学音乐学院包清文副教授、学报编辑部王立平副编审等及金巴扎木苏、敖特根花、乌图那生等多位《格斯尔》传承人的支持与帮助，在此向各位深深致谢！无论是在酷暑或寒冬的田野作业中，他们都竭尽全力提供资料，热情细致地协助笔者，确保调查和写作得以顺利进行。

特别感谢“中国蒙古学文库”编委会的常务总编格·孟和教授对书稿给予的指导！向辽宁民族出版社蒙古文编辑室主任包满都拉、本书责任编辑王哈申的鼎力帮助与辛苦付出，表示最崇高的敬意与诚挚的谢意！

由于本人学识水平有限，加之时间仓促，书中难免有很多遗漏和不足，恳请专家同仁和读者批评指正。

秋 喜

2019年冬于内蒙古民族大学

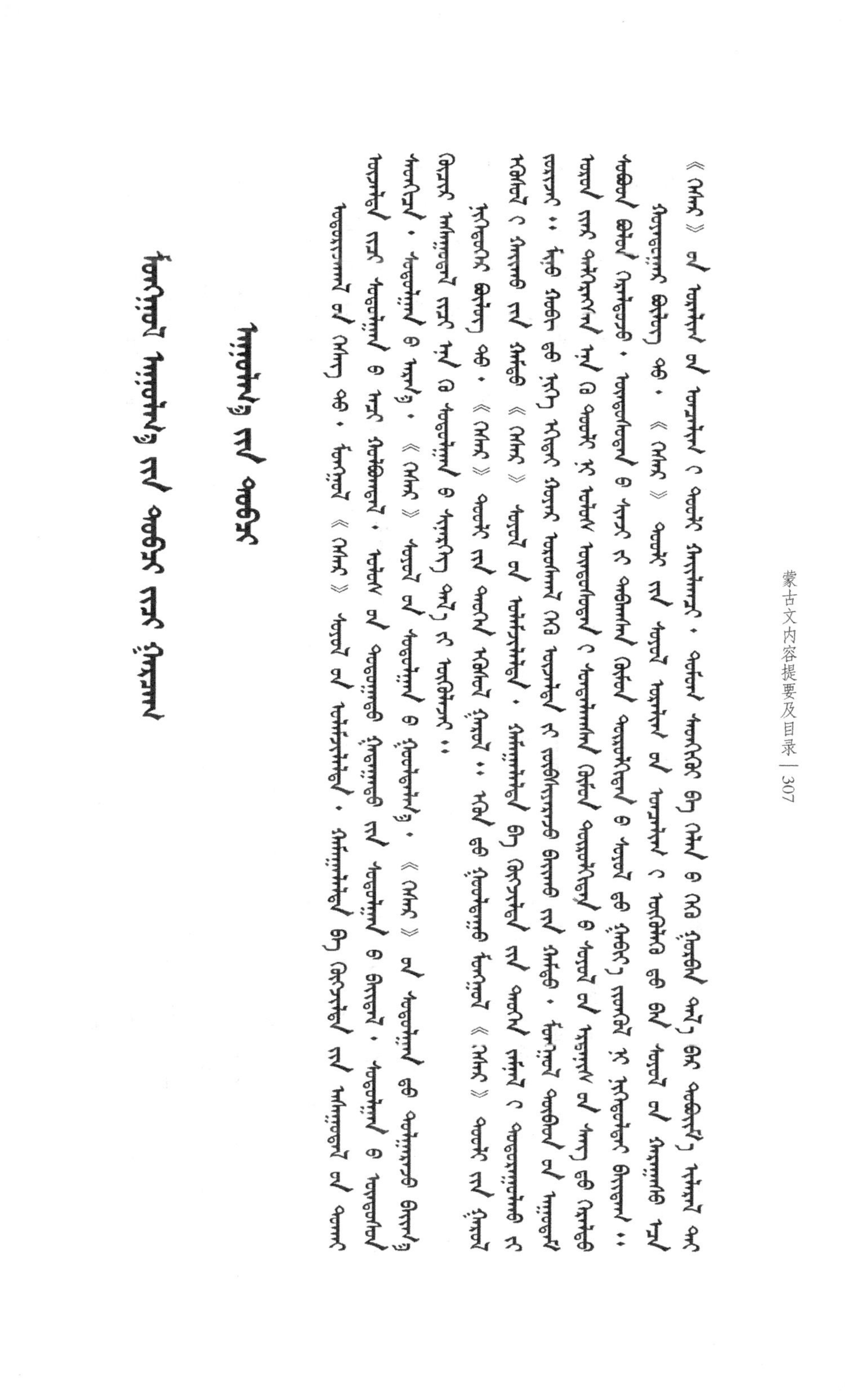

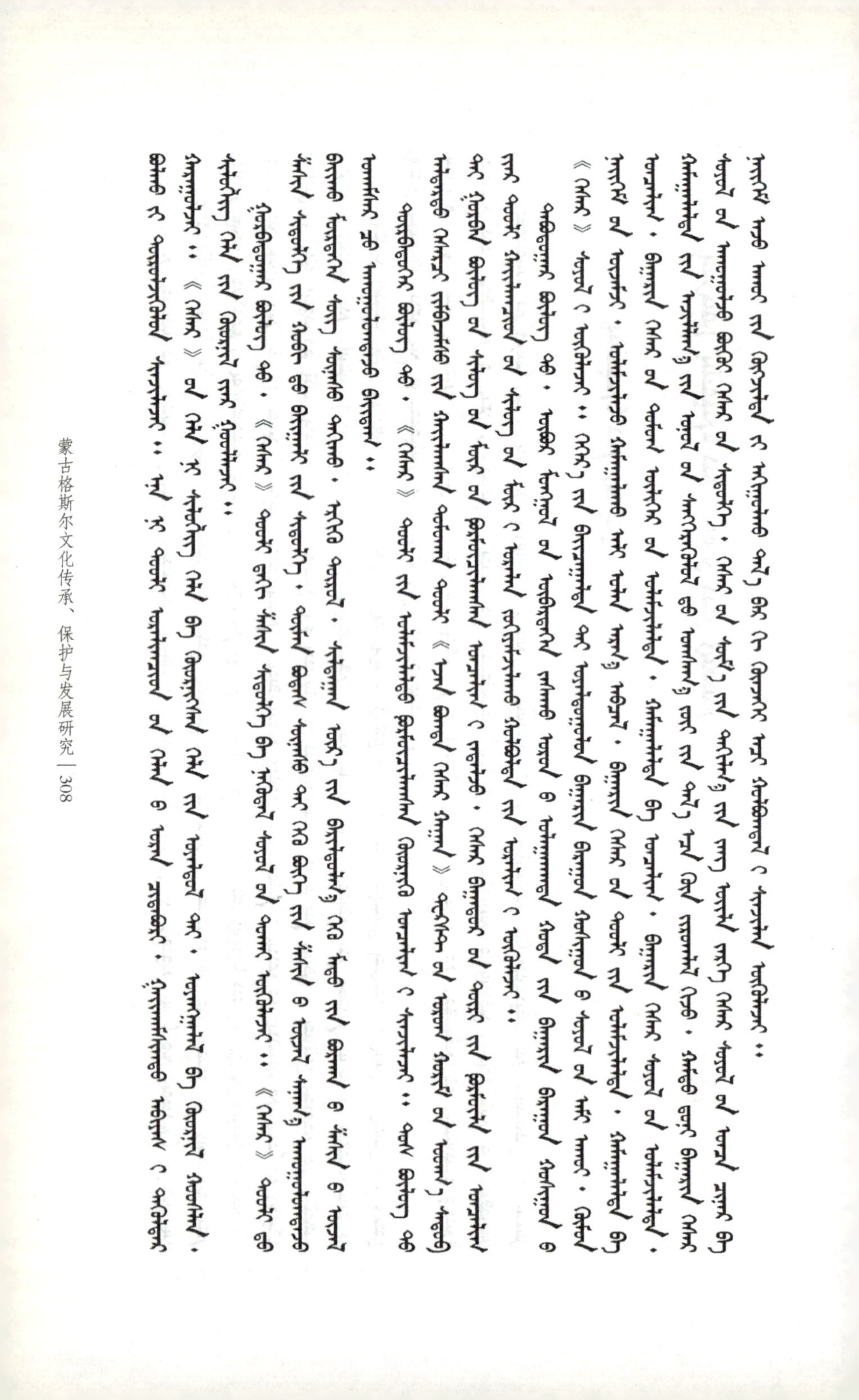

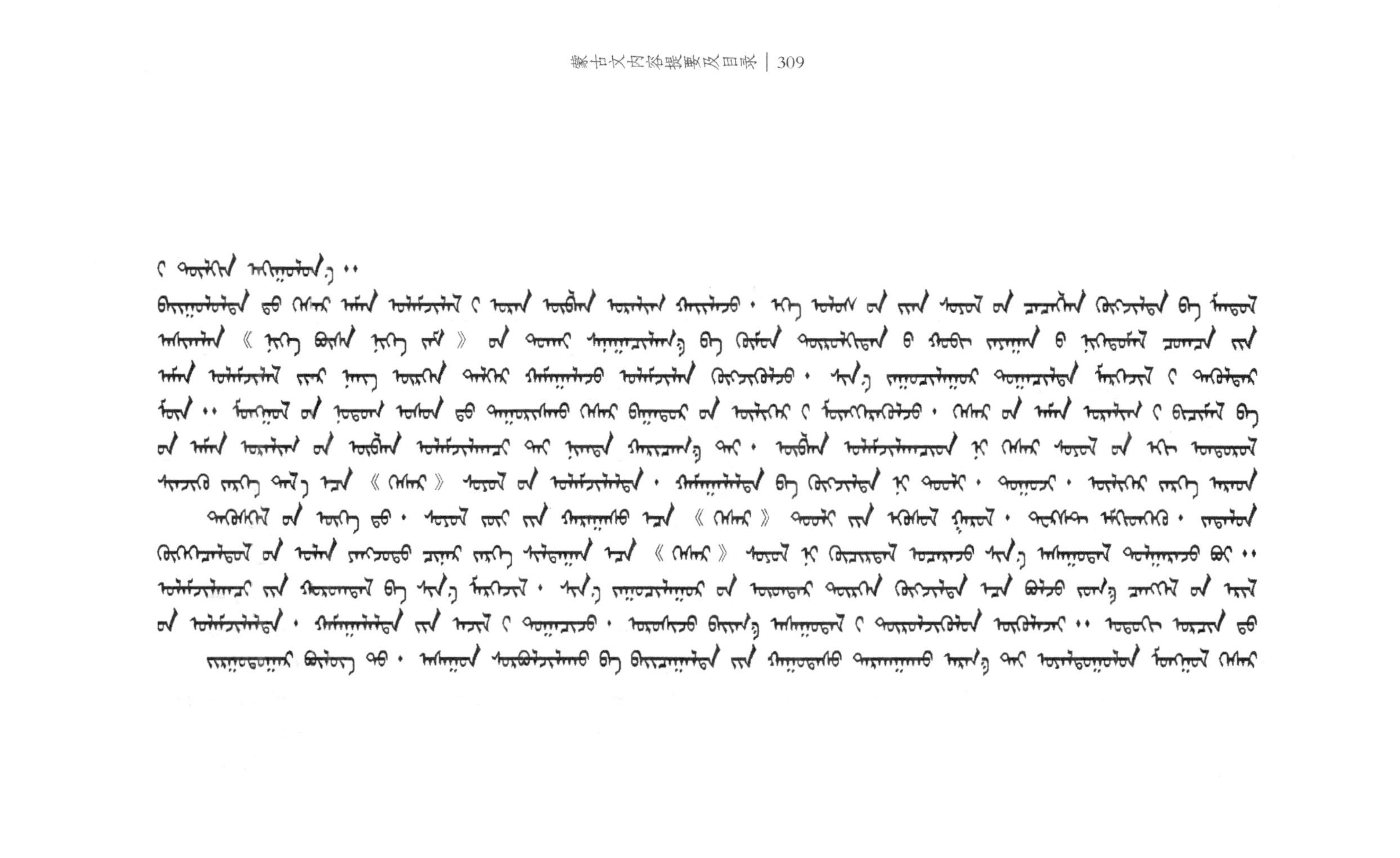

ᠭᠠᠷᠴᠠᠭ

《中国蒙古学文库》已经出版书目

（按出版日期顺序排列）

1.《成吉思汗哲学思想研究》（格·孟和著，蒙古文，1997年6月出版，定价33.00元）

2.《蒙古族逻辑思维研究》（图·乌力吉著，蒙古文，1997年6月出版，定价14.00元）

3.《蒙古族儿童文学概要》（哈斯巴拉等著，蒙古文，1997年6月出版，定价17.00元）

4.《阿尔寨石窟回鹘蒙古文榜题研究》（哈斯额尔敦、丹森等著，蒙古文，1997年6月出版，定价16.00元）

5.《蒙古族音乐史》（呼格吉乐图著，蒙古文，1997年6月出版，定价34.00元）

6.《中国人民解放战争时期内蒙古骑兵史》（乌嫩齐主编，汉文，1997年6月出版，定价16.00元）

7.《蒙古族正骨学》（旺钦扎布著，蒙古文，1997年6月出版，定价35.00元）

8.《蒙古学论著索引（1986—1995）》（额尔德尼编，汉文，1997年6月出版，定价21.00元）

9.《蒙古族美术研究》(阿木尔巴图著，汉文，1997年6月出版，定价48.00元)

10.《古代蒙古法制史》(奇格著，汉文，1999年9月出版，定价23.00元)

11.《蒙古文书法概论》(额尔很巴雅尔主编，蒙古文，1999年9月出版，定价20.00元)

12.《蒙古族民歌与交响乐研究》(永儒布著，汉文，1999年10月出版，定价48.00元)

13.《蒙古族文物与考古研究》(盖山林著，汉文，1999年12月出版，定价48.00元)

14.《〈蒙古源流〉研究》(乌兰著，汉文，2000年4月出版，定价55.00元)

15.《蒙古族全史》(第1卷)(留金锁著，蒙古文，2000年12月出版，定价25.00元)

16.《蒙古族美学史》(满都夫著，汉文，2000年12月出版，定价45.00元)

17.《中国民族语文工作的创举》(舍那木吉拉著，汉文，2000年12月出版，定价18.00元)

18.《蒙古族民歌与交响乐研究》(永儒布著，原为汉文，那顺乌尔塔译成蒙古文，2000年12月出版，定价48.00元)

19.《蒙古学论著索引(1986—1995)》(额尔德尼编，原为汉文，诺尔金等译成蒙古文，2000年12月出版，定价58.00元)

20.《中古蒙古语研究》(嘎日迪著，蒙古文，2001年10月出版，定价45.00元)

21.《蒙古族美术研究》(阿木尔巴图著，原为汉文，那顺乌尔塔译成蒙古文，2001年12月出版，定价68.00元)

22.《蒙古族传统疗法》(郭·道布清、图门巴雅尔编著，蒙古文，2001年12月出版，定价40.00元)

23.《蒙古族土地所有制特征研究》(额尔敦扎布、萨日娜著，蒙古文，2001年12月出版，定价30.00元)

24.《蒙古族曲艺研究》(贺喜歌芒来著，蒙古文，2001年12月出版，定价45.00元)

25.《忽必烈汗思想研究》(巴图巴干著，蒙古文，2002年4月出版，定价30.00元)

26.《蒙古族商业发展史》(额斯日格仓、包·赛吉拉夫著，蒙古文，2002年6月出版，定价38.00元)

27.《现代蒙医学》(琪格其图主编，汉文，2002年7月出版，定价30.00元)

28.《中国蒙古学研究概论》(吉木斯、特·额尔敦陶克套主编，蒙古文，2002年8月出版，定价60.00元)

29.《中国人民解放战争时期内蒙古骑兵史》(乌嫩齐著，原为汉文，牧仁译成蒙古文，2002年8月出版，定价55.00元)

30.《蒙古族哲学思想史》(苏和、陶克套著，汉文，2002年9月出版，定价36.00元)

31.《蒙古族儿童文学概论》(哈斯巴拉等著，原为蒙古文，蒋丽君等译成汉文，2002年10月出版，定价30.00元)

32.《佛教与蒙古文学》(德斯莱扎布著，蒙古文，2002年12月出版，定价30.00元)

33.《蒙古族古代典型战例》(阿木尔门德著，汉文，2002年12月出版，定价36.00元)

34.《蒙古文书法概论》(额力很巴雅尔著，原为蒙古文，额力很巴雅尔译成汉文，2003年12月出版，定价25.00元)

35.《蒙古族古代军事史》(胡泊主编，汉文，2004年3月出版，定价95.00元)

36.《蒙古族经济思想史研究》(陈献国主编，汉文，2004年4月出版，定价28.00元)

37.《蒙古族古代名将录》(叶喜著，汉文，2004年10月出版，定价22.00元)

38.《松巴堪布诗学研究》(额尔敦白音著，蒙古文，2004年10月出版，定价50.00元)

39.《古代蒙古法制史》(奇格著，原为汉文，奇格译成蒙古文，2004年12月出版，定价25.00元)

40.《中国民族语文工作的创举》(舍那木吉拉著，原为汉文，舍那木吉拉等译成蒙古文，2004年12月出版，定价35.00元)

41.《蒙古族哲学思想史》(苏和、陶克套著，原为汉文，齐秀华译成蒙古文，2004年12月出版，定价45.00元)

42.《蒙医学史与文献研究》(吉格木德著，蒙古文，2004年12月出版，定价32.00元)

43.《蒙古族近现代思想史论》(宝力格著，汉文，2005年3月出版，定价20.00元)

44.《元大都研究》(昔宝尼赤·却拉布吉著，蒙古文，2005年3月出版，定价75.00元)

45.《蒙古族宗教史》(苏鲁格著，汉文，2005年4月出版，定价32.00元)

46.《哈撒儿研究》(包·赛吉拉夫著，蒙古文，2005年6月出版，定价50.00元)

47.《蒙古语构词法研究》(特格希都楞著，蒙古文，2005年7月出版，定价20.00元)

48.《蒙古族正骨学》(旺钦扎布著，原为蒙古文，旺钦扎布译成汉文，2005年7月出版，定价45.00元)

49.《现代蒙医学》(琪格其图主编，原为汉文，琪格其图译成蒙古文，2005年7月出版，定价48.00元)

50.《成吉思汗哲学思想研究》(格·孟和著，原为蒙古文，何金山等译成汉文，2005年7月出版，定价45.00元)

51.《蒙古族近代战争史》(巴音图、张成业著，汉文，2005年11月出版，定价42.00元)

52.《〈蒙古源流〉研究》(乌兰著，原为汉文，阿拉坦巴根译为蒙古文，2005年12月出版，定价60.00元)

53.《蒙古族传统疗法》(郭·道布清、图门巴雅尔编，原为蒙古文，

郭·道布清、图门巴雅尔译成汉文，2005年12月出版，定价22.00元）

54.《蒙古族古代典型战例》（阿木尔门德著，原为汉文，策·诺尔金译成蒙古文，2005年12月出版，定价60.00元）

55.《元朝时期的山西地区》（瞿大风著，汉文，2005年12月出版，定价35.00元）

56.《蒙古族治疗骨伤的创新》（慕精阿、海志凡、海波著，汉文，2005年12月出版，定价42.00元）

57.《乌鲁别克传》（孛儿只斤·旺其格著，蒙古文，2006年6月出版，定价30.00元）

58.《蒙古语语法化过程研究》（套格敦白乙拉著，蒙古文，2006年8月出版，定价36.00元）

59.《蒙古族古代名将录》（叶喜著，原为汉文，那顺乌日塔译成蒙古文，2006年9月出版，定价35.00元）

60.《17世纪蒙古编年史与蒙古文文书档案研究》（希都日古著，汉文，2006年9月出版，定价26.00元）

61.《元朝时期的山西地区》（瞿大风著，汉文，2006年9月出版，定价40.00元）

62.《蒙古兽医研究》（巴音木仁著，汉文，2006年10月出版，定价40.00元）

63.《蒙古语构词法研究》（特格希都楞著，汉文，2006年11月出版，定价30.00元）

64.《蒙古族音乐史》(呼格吉勒图著，原为蒙古文，龙梅、乌云巴图译成汉文，2006年12月出版，定价40.00元)

65.《法式善“梧门诗话”研究》(宏伟著，汉文，2006年12月出版，定价42.00元)

66.《蒙古族科学技术简史》(李迪著，汉文，2006年12月出版，定价32.00元)

67.《蒙古族古代交通史》(德山、乌日娜、赵相璧著，汉文，2006年12月出版，定价28.00元)

68.《中古蒙古语研究》(嘎日迪著，原为蒙古文，嘎日迪译成汉文，2006年12月出版，定价40.00元)

69.《蒙古族商业发展史》(额斯日格仓、包·赛吉拉夫著，原为蒙古文，哈斯木仁、胡格吉勒图、杨晓华译成汉文，2007年5月出版，定价28.00元)

70.《藏传佛教与蒙古族文化》(唐吉思著，汉文，2007年6月出版，定价40.00元)

71.《蒙古族姓氏研究》(奥都高德·博·苏达那木道尔吉著，蒙古文，2007年6月出版，定价90.00元)

72.《忽必烈汗思想研究》(巴图巴干著，原为蒙古文，吉木斯、哈日赤译成汉文，2007年6月出版，定价25.00元)

73.《蒙古哲学宏旨研究》(格·孟和著，蒙古文，2007年7月出版，定价50.00元)

74.《成吉思汗兵法研究》(胡泊著，汉文，2007年7月出版，定价28.00元)

75.《成吉思汗与蒙古文化》(那仁敖其尔等著，蒙古文，2007年7月出版，定价35.00元)

76.《蒙古族曲艺新探索》(贺希歌芒来著，原为蒙古文，贺希歌芒来译成汉文，2007年7月出版，定价48.00元)

77.《清代八旗蒙古汉文著作家政治思想研究》(张力均著，汉文，2007年11月出版，定价25.00元)

78.《蒙古族近现代思想史论》(宝力格著，原为汉文，萨础拉、陈永庆译成蒙古文，2007年11月出版，定价25.00元)

79.《蒙古族治疗骨伤的创新》(慕精阿、海志凡、海波著，原为汉文，旺钦扎布译成蒙古文，2007年12月出版，定价52.00元)

80.《蒙古族书面文学的基本体系研究》(满全著，蒙古文，2007年12月出版，定价45.00元)

81.《蒙古族天文历法史》(孛儿只斤·旺其格著，汉文，2008年3月出版，定价67.00元)

82.《蒙古文“金光明经”词汇研究》(上、下册)(乌力吉陶格套著，蒙古文，2008年4月出版，定价95.00元)

83.《制度视域下的草原生态环境保护》(盖志毅著，汉文，2008年5月出版，定价42.00元)

84.《哈撒儿研究》(包·赛吉拉夫著，汉文，2008年5月出版，定价45.00元)

85.《蒙古族美学史》(满都夫著，原为汉文，桑杰、其木格译成蒙古文，2008年6月出版，定价75.00元)

86.《清代满蒙文词典研究》（春花著，汉文，2008年7月出版，定价50.00元）

87.《蒙古族传统文化的现代价值》（齐秀华、额尔敦陶格套著，蒙古文，2008年9月出版，定价32.00元）

88.《蒙古族生态经济研究》（暴庆伍著，汉文，2009年1月出版，定价38.00元）

89.《蒙古族姓氏大全》（明安特·沙·东希格著，蒙古文，2009年1月出版，定价95.00元）

90.《蒙古族生态智慧论》（乌峰、包庆德主编，汉文，2009年1月出版，定价35.00元）

91.《蒙古族数学史》（孛儿只斤·旺其格著，蒙古文，2009年1月出版，定价50.00元）

92.《蒙古语修辞学研究》（德力格尔著，蒙古文，2009年4月出版，定价40.00元）

93.《红山诸文化与游牧民族原始宗教比较研究》（王其格著，蒙古文，2009年5月出版，定价38.00元）

94.《蒙古语语法的认知功能研究》（套格敦白乙拉著，蒙古文，2009年5月出版，定价28.00元）

95.《八思巴文变形体研究》（乌力吉白乙拉著，蒙古文，2009年5月出版，定价30.00元）

96.《藏传佛教与蒙古文化》（唐吉思著，原为汉文，唐吉思译成蒙古文，2009年6月出版，定价55.00元）

97.《蒙古语词语的文化研究》（天峰著，蒙古文，2009年7月出版，定价30.00元）

98.《清代内蒙古地区寺院经济研究》（胡日查著，汉文，2009年7月出版，定价30.00元）

99.《蒙古语语音实验研究》(呼和著,汉文,2009年7月出版,定价30.00元)

100.《尹湛纳希人文思想研究》（席布仁门德著，蒙古文，2009年7月出版，定价38.00元）

续版已经出版书目

1.《近代内蒙古行政建制变迁研究》（孟和宝音著，汉文，2010年12月出版，定价40.00元）

2.《蒙汉历史接触与蒙古语言文化变迁》（曹道巴特尔著，汉文，2010年12月出版，定价45.00元）

3.《阿尔寨石窟回鹘蒙古文榜题研究》（哈斯额尔敦等著，原为蒙古文，纳·巴图吉日嘎拉、纳楚格、嘎日迪译成汉文，2010年12月出版，定价35.00元）

4.《清代官修民族文字文献编纂研究》（乌兰其木格著，汉文，2010年12月出版，定价38.00元）

5.《蒙古族佛教文化调查研究》（唐吉思著，汉文，2010年12月出版，定价98.00元）

6.《元国书官印汇释》(照那斯图、薛磊著，汉文，2011年4月出版，定价40.00元)

7.《蒙古文学史学研究》(乌日斯嘎拉著，蒙古文，2011年5月出版，定价36.00元)

8.《蒙古族全史》(第1卷)(留金锁著，原为蒙古文，浩斯巴特尔、包阿拉塔译成汉文，2011年7月出版，定价30.00元)

9.《蒙古哲学原理研究》(格·孟和著，蒙古文，2011年8月出版，定价85.00元)

10.《蒙古族古代军事史》(胡泊著，原为汉文，查干高娃编译，蒙古文，2011年8月出版，定价100.00元)

11.《新牧区建设与牧区政策调整——以内蒙古为例》(盖志毅著，汉文，2011年11月出版，定价75.00元)

12.《古代蒙古货币研究》(虹宝音著，汉文，2011年11月出版，定价30.00元)

13.《蒙古族古代汉文文化研究》(宏伟著，蒙古文，2011年12月出版，定价45.00元)

14.《元朝时期札剌亦儿部研究》(谢咏梅著，汉文，2012年3月出版，定价38.00元)

15.《蒙古文学文体转化研究》(包红梅著，蒙古文，2012年5月出版，定价40.00元)

16.《蒙古文字结构研究》(王桂荣著，蒙古文，2012年5月出版，定价50.00元)

17.《近现代内蒙古游牧变迁研究》（阿拉腾嘎日嘎著，汉文，2012年6月出版，定价35.00元）

18.《蒙古文文论理论建构》（孟和乌力吉著，蒙古文，2012年6月出版，定价70.00元）

19.《蒙古语形态研究》（包满亮著，蒙古文，2012年6月出版，定价60.00元）

20.《蒙古语言的语法化过程与机制》（套格敦白乙拉著，蒙古文，2012年7月出版，定价45.00元）

21.《蒙古历史文化的哲学解读》（格孟和著，蒙古文，2012年7月出版，定价56.00元）

22.《尹湛纳希与儒家文化》（胡格吉乐图著，汉文，2012年9月出版，定价30.00元）

23.《蒙古族现代诗歌研究》（黄金著，蒙古文，2012年11月出版，定价63.00元）

24.《现代蒙古语语义框架研究》（德·萨日娜著，蒙古文，2013年3月出版，定价30.00元）

25.《蒙古民歌的程式化研究》（哈斯其木格著，蒙古文，2013年3月出版，定价36.00元）

26.《蒙古帝国政治制度及政治思想研究》（扎拉嘎著，蒙古文，2013年3月出版，定价55.00元）

27.《近代内蒙古行政建制变迁研究》（孟和宝音著，原为汉文，孟和宝音、娜仁其其格译成蒙古文，2013年6月出版，定价65.00元）

28.《游牧社会形态论》(额灯套格套著，汉文，2013年8月出版，定价65.00元)

29.《乌珠穆沁部落研究》(高·阿晔著，蒙古文，2013年10月出版，定价50.00元)

30.《蒙古文化中的人与自然关系研究》(马桂英著，汉文，2013年11月出版，定价37.00元)

31.《清代蒙古文出版文化研究》(宝山，哈斯格日乐著，蒙古文，2013年11月，定价52.00元)

32.《清代蒙古寺庙管理体制研究》(胡日查著，汉字，2013年11月，定价42.00元)

33.《大蒙古国与金国战争史》(鲍格鲁特·鲍音著，蒙古文，2013年12月，定价40.00元)

34.《蒙古族太阳崇拜研究》(阿拉坦格日乐著，蒙古文，2013年12月，定价45.00元)

35.《蒙古族传统医学史纲》(热·王钦扎布、娜日娜著，蒙古文，2013年12月出版，定价40.00元)

36.《蒙古族生态智慧论》(乌峰、包庆德著，原为汉文，孟根宝力高、包玉兰译成蒙古文，2014年4月出版，定价50.00元)

37.《蒙古语短语结构知识库相关研究》(达胡白乙拉著，蒙古文，2014年4月出版，定价45.00元)

38.《蒙古族藏文文论体系研究》(树林著，蒙古文，2014年4月出版，定价65.00元)

39.《蒙古民族敖包祭祀文化认同研究》（那仁毕力格著，汉文，2014年4月出版，定价32.00元）

40.《嫩科尔沁史概略》（包额尔德木图著，蒙古文，2014年6月出版，定价58.00元）

41.《蒙古羊肉食文化研究》（群可加著，蒙古文，2014年6月出版，定价45.00元）

42.《〈蒙古秘史〉逻辑思想研究》（莫日根巴图著，汉文，2014年7月出版，定价40.00元）

43.《劳斯尔及其作品研究》（朝克图、赵玉华著，汉文，2014年10月出版，定价56.00元）

44.《蒙古地名研究》（天峰著，蒙古文，2014年10月出版，定价50.00元）

45.《玛拉沁夫小说民族文化源缘研究》（额尔敦仓著，汉文，2014年11月出版，定价42.00元）

46.《外部环境与内部环境：蒙古族当代文学前沿问题研究》（满全著，蒙古文，2014年12月出版，定价70.00元）

47.《制度视域下的草原生态环境保护》（盖志毅著，原为汉文，吴宝山、乌兰编译成蒙古文，2014年12月出版，定价80.00元）

48.《蒙古族生态文学研究》（巴·苏和著，蒙古文，2015年1月出版，定价56.00元）

49.《编辑学概论》（阿拉木斯、莫日根高娃著，蒙古文，2015年4月出版，定价68.00元）

50.《蒙古语地名文化遗产保护研究》(仁钦道尔吉著，汉文，2015年4月出版，定价56.00元)

51.《13—19世纪蒙古法制沿革史研究》(那仁朝格图著，汉文，2015年4月出版，定价50.00元)

52.《蒙古民间文学研究：以青海民间文学为例》(呼和编著，蒙古文，2015年7月出版，定价68.00元)

53.《蒙古语句法结构的认知研究》(阿拉坦苏和、套格敦白乙拉著，蒙古文，2015年12月出版，定价50.00元)

54.《蒙古族传统伦理要义》(斯仁著，蒙古文，2015年12月出版，定价65.00元)

55.《蒙古史诗的非物质文化价值研究》(关金花，蒙古文，2015年12月出版，定价72.00元)

56.《探秘〈江格尔〉》(张越著，汉文，2016年5月出版，定价55.00元)

57.《蒙古语地名保护研究》(仁钦道尔吉著，蒙古文，2016年5月出版，定价78.00元)

58.《日本侵占时期“兴安省”经济统制政策研究》(齐百顺著，汉文，2016年5月，定价60.00元)

59.《蒙古史诗美学研究》(额尔敦高娃著，蒙古文，2016年6月出版，定价80.00元)

60.《喀尔喀车臣汗部研究》(姑茹玛著，汉文，2016年7月出版，定价48.00元)

61.《蒙古文化概论》（格·孟和著，汉文，2016年9月出版，定价75.00元）

62.《蒙古族十二生肖文化研究》（今晓著，蒙古文，2016年12月出版，定价60.00元）

63.《果亲王允礼藏〈密印授记请问经〉研究》（根泉著，蒙古文，2017年2月出版，定价65.00元）

64.《乌拉特三贤探微》（乌力吉巴雅尔著，蒙古文，2017年3月出版，定价70.00元）

65.《清代至民国时期土默特地区社会变迁研究》（乌仁其其格著，汉文，2017年5月出版，定价65.00元）

66.《启蒙思潮中的蒙古文学》（敖特根白乙拉著，蒙古文，2017年6月出版，定价70.00元）

67.《成吉思汗祭奠仪式及其文化功能研究》（额灯套格套主编，蒙古文，2017年7月出版，定价75.00元）

68.《中国蒙古文学学术史》（巴·苏和，特日乐著，汉文，2017年7月出版，定价70.00元）

69.《成吉思汗传说研究》（宝音德力根著，蒙古文，2017年10月出版，定价75.00元）

70.《卡尔梅克语土尔扈特土语研究》（秀花著，蒙古文，2017年11月出版，定价80.00元）

71.《蒙古贞历史》（暴风雨、项福生主编，汉文，2018年3月出版，定价65.00元）

72.《蒙古人崇拜自然的意识研究》（席·哈斯巴特尔著，蒙古文，2018年4月出版，定价75.00元）

73.《蒙古族全史·第二卷》（留金锁著，蒙古文，2018年5月出版，定价70.00元）

74.《蒙古哲学概论》（格·孟和著，汉文，2018年5月出版，定价75.00元）

75.《内蒙古牧区合作经济组织研究》（敖仁其、艾金吉雅编著，汉文，2018年8月出版，定价68.00元）

76.《清代蒙古地方法规研究》（金山、包斯琴著，汉文，2018年8月出版，定价70.00元）

77.《乌珠穆沁女性风俗研究》（玉荣著，汉文，2018年8月出版，定价40.00元）

78.《阿拉善旗经济史研究》（普·乌力吉著，蒙古文，2019年4月出版，定价76.00元）

79.《近代蒙古族社会变革中的藏传佛教》（胡日查著，汉文，2019年4月出版，定价45.00元）

80.《珠日海学》（武殿林编著，蒙古文，2019年5月出版，定价72.00元）

81.《西拉木伦河流域文化研究》（布和温都苏著，格根柱拉、拉西东日布整理，蒙古文，2019年5月出版，定价83.00元）

82.《成吉思汗社会思想研究》（格·孟和著，蒙古文，2019年5月出版，定价105.00元）

83. 《元大都研究》（昔宝赤·却拉布吉著，汉文，2019年7月出版，定价70.00元）

84. 《〈蒙古秘史〉及卫拉特蒙古语》（别·策吕克著，蒙古文，2019年7月出版，定价70.00元）

85. 《蒙古法律文化研究》（特木尔宝力道著，蒙古文，2019年7月出版，定价100.00元）

86. 《经典民歌〈嘎达梅林〉研究》（宝音陶克陶、代兴安、马国林著，蒙古文，2019年8月出版，定价75.00元）

87. 《蒙古族非母语创作研究——以辽宁为例》（萨仁图雅、金秀梅著，汉文，2019年8月出版，定价60.00元）

88. 《〈蒙古秘史〉管理学研究》（吴宝山著，蒙古文，2019年8月出版，定价80.00元）

89. 《〈陶格陶胡之歌〉历史文化研究》（芙蓉、宝音娜著，蒙古文，2019年8月出版，定价60.00元）

90. 《别里古台研究》（包赛吉拉夫著，蒙古文，2019年10月出版，定价60.00元）

91. 《蒙古族叙事民歌中的汉文化影响研究》（包海青著，蒙古文，2019年10月出版，定价68.00元）

92. 《蒙古族游牧智慧研究》（扎格尔著，蒙古文，2019年10月出版，定价80.00元）

93. 《清代蒙译本〈水浒传〉研究》（金荣著，汉文，2019年10月出版，定价40.00元）

94. 《胡尔奇研究》（包金刚著，蒙古文，2019年10月出版，定价68.00元）

95. 《十七世纪前半叶满蒙关系文书研究》（斯琴高娃著，蒙古文，2019年10月出版，定价70.00元）

96. 《 察哈尔万户研究》（宝音初古拉著，汉文，2019年10月出版，定价75.00元）

97. 《成吉思汗大札撒研究》（朝克图著，蒙古文，2019年12月出版，定价48.00元）

98. 《蒙古格斯尔文化传承、保护与发展研究》（秋喜著，汉文，2020年8月出版，定价48.00元）

99. 《现代蒙古语多义词计量研究》（萨日娜、呼日乐吐什著，蒙古文，2020年12月出版，定价55.00元）

100. 《蒙古羊食肉文化研究》（群克加著，原为蒙古文，群克加、耿排力译，汉文，2021年1月出版，定价65.00元）